云南社科普及系列丛书

生活中的
市场营销学

宁德煌　张晓霞　著

Everyday Marketing

云南出版集团公司
云南科技出版社
·昆　明·

图书在版编目（CIP）数据

生活中的市场营销学 / 宁德煌，张晓霞著. -- 昆明：云南科技出版社，2015.6
ISBN 978-7-5416-9124-9

Ⅰ. ①生… Ⅱ. ①宁… ②张… Ⅲ. ①市场营销学 Ⅳ. ①F713.50

中国版本图书馆CIP数据核字(2015)第149217号

责任编辑：胡凤丽
罗　璇
刘　康
整体设计：晓　晴
责任校对：叶水金
责任印制：翟　苑

云南出版集团公司
云南科技出版社出版发行
（昆明市环城西路609号云南新闻出版大楼　邮政编码：650034）
昆明卓林包装印刷有限公司印刷　全国新华书店经销
开本：889mm×1194mm　1/16　印张：15.75　字数：250千字
2015年7月第1版　2015年7月第1次印刷
印数：1～1500册　定价：39.00 元

内容简介

市场营销(Marketing)是个人和集体通过创造、提供出售并同别人自由交换产品和价值，来获得所需所欲之物的社会过程。市场营销的任务是辨别和满足人类与社会的需要。对市场营销最简洁的定义，就是“一个满足可以获利的需要的过程”。营销管理（Marketing management）是选择目标市场，并通过创造、传播和传递更高的顾客价值来获得、保持和增加顾客的一门艺术和科学。

许多人都认为市场营销学是一门很高深的学问，其实它就体现在我们的日常生活当中，只是我们从没有认为它就是一种市场营销行为！营销真是无处不在。无论是有意识的还是无意识的，任何组织与个人都在从事着各种各样的市场营销活动。良好的市场营销日益成为商业成功的重要因素。市场营销对我们有着深刻的影响，它已经根植于我们的日常生活之中。我们可以“在生活中学营销，在营销中学生活”。

目前，在我国科普图书市场上，像《生活中的经济学》《生活中的管理学》《生活中的心理学》等科普通俗读物均有出版，唯独还缺少一本《生活中的市场营销学》。《生活中的市场营销学》的出版，将为推动我国市场营销学知识普及工作，努力提高广大人民群众的市场营销科学文化素质，繁荣发展市场营销学作出应有的贡献。

《生活中的市场营销学》一书共收录了108个生活中的市场营销案例或故事，一部分来自于著者在二十多年“市场营销学”教学与科研工作中收集的案例、做过的科研项目和撰写的论文，另一部分是著者从市场营销学的角度对现实生活经历的观察、思考和感悟。

本书各篇内容编写，将按照市场营销学的基本概念、理论和方法概述，生活中的市场营销案例或故事及其对我们生活的启示，如何通过生活来学习市场营销学等问题；而且，每个市场营销案例或故事还配以相应的图片，做到图文并茂。

我国著名经济学家茅于轼教授曾说过：“我从事研究有一个信条，即不论多深奥的理论，如果透彻地理解了它，必定可以还原为日常生活中的现象”。本书著者同意茅于轼教授的观点。

《生活中的市场营销学》是一本市场营销科普通俗读物，它面向具有高中以上文化程度、对市场营销学感兴趣的读者。本书强调系统性、贴近性、可读性、实用性和启发性，把“市场营销学”从大学象牙塔中请出来，以鲜活生动的市场营销案例或故事，面对生活、解释生活、诠释人们身边发生的市场营销智慧。

总序

哲学社会科学承载着“认识世界、传承文明、创新理论、资政育人、服务社会”的重要功能。在现实生活当中，哲学社会科学是人们认识人类社会，适应人类社会发展规律，激活人类文明创新、推动人类社会向前发展的思想工具，社会科学知识的普及与传播直接关系着一个地方和社会的发育完善程度。当前我国改革发展正处于经济体制深刻变革,社会结构深刻变动,利益格局深刻调整,思想观念深刻变化的社会转型期,各种社会矛盾凸显,广大干部群众迫切需要一批科学规范、通俗易懂、实用有效的哲学社会科学科普读物，来认识社会指导实践。繁荣发展哲学社会科学，大力开展哲学社会科学知识普及就显得尤为重要。面向广大民众有效开展哲学社会科学研究成果的普及与传播，是哲学社会科学工作者的一项基本使命，同时也是有效构建具有中国特色社会主义学术话语体系的根本要求，在中国现代文明建设中具有不可替代的作用和意义。

经过多年的实践和调查研究，我们深刻意识到加强哲学社会科学普及工作，传播普及社会科学知识，必须形成一套有效的科普体系，并有一定数量的科普读物作为支撑。我们希望通过实施“云南省哲学社会科学普及规划项目”，搭建科普读物创作、编写平台，凝聚全省社科界的智慧和力量，激发社科专家创作编写科普读物的积极性，逐步推出一批立足云南、面向全国、独具特色的优秀社科普及读物。

云南虽然是一个边疆多民族省份，但得天独厚的自然地理环境和精彩纷呈的民族文化，为云南哲学社会科学丰厚而独具特色的学术研究提供了有利条件，经过几代人的努力，云南哲学社会科学研究的学术特色和优势正在不断彰显和加强，已经成为云南文化符号中认知度较高的重要品牌。遗憾地是，由于哲学社会科学独特的学科性质，也由于长期以来学术界同仁中重学术、轻普及的观念较为浓厚，由于科普专家匮乏和经费等方面的原因，使哲学社会科学普及难以走出学府、走出书斋，没有形成面向大众的科学普及成果。

就当下的实际情况而言，社会科学普及读物的编写在云南社科界还存在一定的困难。大家写小文，把深奥的科学知识变成通俗的普及读物，达到科学性、通俗性、可读性、文学性的有机结合，还有一定难度。究其原因，主要还是科普项目的大多数承担者对于如何面向大众需求特点、认知特点、阅读特点来编写科普读物上认识还不到位、技能还不熟练。这也从另一个侧面反映了我们尽快组织出版一批高质量哲学社科科普读物，以发挥示范性和引领性的紧迫性和重要性。

经过专家的精心指导和编著者的反复修改，目前形成2015年《云南社科普及系列丛书》第二批一套5本，分别是《元谋人科普读本》《经典阅读与现代生活》《生活中的市场营销学 》《农村家庭投资理财指南》《滇中传统童谣与民俗风情》，由云南科技出版社负责统一设计装帧出版。

我们在编辑这套丛书时，一是力求体现云南科普读物的特点，侧重于云南政治、经济、社会、文化方面相关知识的普及；二是力求体现时代性、知识性、科学性、通俗性、趣味性的结合，吸收最新研究成果，重在介绍和阐发科学知识、科学方法、科学思想和科学精神，努力贴近实际、贴近群众、贴近生活，深入浅出、通俗易懂，达到普及推广、提高人们哲学社会科学素养之目的。我们希望通过10年左右时间的共同努力，使云南省社会科学普及读物达到种类齐全、普及到位、大众喜爱的水平。

哲学社会科学知识的宣传和普及，离不开群众喜闻乐见的通俗读物。丛书的出版既是云南哲学社会科学知识宣传和普及的有益探索，也标志着云南哲学社会科学普及事业迈出了重要的一步。对此项功在当代、利在千秋的事业，我们需要长期坚持不断努力，同时也希望更多的社会科学工作者，尤其是大家、名家积极主动地投入科普读物的创作，形成一个充分展示最新研究成果、最高学术水平、最通俗易懂的文字表达的科普读物创作、编写氛围，使哲学社会科学知识真正走向大众。

云南省社科联主席　范建华

序言

市场营销到底是什么？我们生活在一个市场营销无处不在的世界里。无论是作为有意识的企业品牌战略，还是作为无意识的个人沟通技巧，市场营销都深刻影响着我们的生活。在大学商学院里面，市场营销学是一门重要的必修课，它综合心理学、经济学等诸多学科，形成一套完整、独立、严格的学术体系。但是在生活中，撇开难懂的学术理论和框架，我们还能看到市场营销学的智慧吗？回答是肯定的。

本书的作者，用108个来自生活中的案例和故事，阐述了市场营销学的奥秘。所涉及案例和故事，既包括一些我们耳熟能详的知名品牌，例如肯德基、箭牌口香糖、中国移动，又谈及一些我们不那么熟悉的场景和故事，例如伦敦的“左撇子用品商店”、云南少数民族花馔、拿左脚给人试鞋的鞋店伙计等等。这些案例和故事既深入浅出，又细致翔实，让人读来兴趣盎然、爱不释手。从行业来看，涵盖了制造业（例如海尔电气）、服务业（云南过桥米线）、娱乐业（“非诚勿扰”电视节目）、非盈利行业（河南少林寺）、政府（“为人民服务”的政府形象）、地方和国家（云南大理和丽江）以及个人（跨栏运动员刘翔）等等。这样的涵盖面，能给各行各业、不同背景的读者以有益的启发。

在每个案例和故事的结尾，作者对案例和故事加以总结，画龙点睛，指出其背后市场营销的智慧，帮助读者在愉快的阅读里自然而然地学习到市场营销的理论和实践。在这本书里，这样的例子实在太多，举不胜举，我在这里就提一个。赵本山、郭德纲、周立波代表了今日中国三个风格迥异，但是各自成功的喜剧、相声团队。从营销的角度来看，这三个团队之所以都能各自成功，很大程度上得益于他们追逐不同的目标客户群，让他们的表演形式和目标客户品味实现高度匹配，也就是我们常说的“食无定味，适口者珍。”这样的案例，来源于我们的生活，但又高于我们的生活。它们可以帮助读者举一反三、反思以及发现生活里的市场营销学。

在内容的编排上，作者把营销学的精要分为五个篇章，按照市场营销导论、市场调研、市场营销战略、市场营销组合策略、新理论和方法这样一个体系来编写，尊重了市场营销学学科的体系完整性和系统性。每一篇的开头，作者既介绍了相关的市场营销基本概念、理论和方法，又避繁就简，着重通过案例和故事来向读者介绍市场营销概念和框架。这样的构建，既不失学术的严谨，又兼顾了科普的生动。从市场营销学的社会普及上来说，这本书实在是一部不可多得的佳作。

在国际上，近年来对社会学科的科普读物需求量巨大。比如美国芝加哥大学教授史蒂芬·列维特（Steven D. Levitt）撰写的《魔鬼经济学》（《Freakonomics》），向普通读者介绍生活中的经济学原理。又比如诺贝尔奖得主丹尼尔·卡尼曼教授（Daniel Kahneman）编撰的《思考, 快与慢》（《Think Fast and Slow》），向读者阐述复杂心理学理论在生活中的应用。这些新出版的科普读物在国际上都获得了巨大的成功，甚至登上最畅销流行书的排行榜。反观国内，社会学科的科普读物，虽然有，但是并不多。专门介绍市场营销学，又特别面向中国读者的科普读物，少之又少。这一本《生活中的市场营销学》填补了国内市场营销科普教育的空白，甚至有潜力向对中国感兴趣的外国读者介绍中国的市场营销哲学和实践。从我自己在中国和美国从事市场营销教育和研究的经验来看，我郑重向读者们推荐这一本难得的好书。我相信它一定会给我们的社会和读者带来难以估量的价值。

章启宇 博士
美国罗佑拉马里兰大学
Sellinger商学院市场营销学系终身教授
2014年3月于美国马里兰

目 录

1 第一篇 市场营销哲学

27 第二篇 市场调研

65 第三篇 市场营销战略

119 第四篇 市场营销组合策略

217 第五篇 市场营销理论和方法的新发展

第一篇 市场营销哲学

DIYIPIAN

基本概念、理论和方法概述

市场营销无处不在。无论是有意识的还是无意识的，任何组织与个人都在从事着各种各样的市场营销活动。市场营销与我们每个人息息相关，不管是营销有形商品、服务、财产、人物、地点、事件、信息、思想，还是组织。市场营销对我们有着深刻的影响，它已经根植于我们的日常生活之中。我们可以“在生活中学营销，在营销中学生活”。

什么是市场?

市场（Market）是商品经济的产物，只要有商品生产和商品交换，就必然存在着市场。从消费者的角度来看，市场就是商品集聚、交换、买卖的场所（Marketplace），例如，农贸市场、超市和购物中心等，它突出的是“地点”；从经营者或公司的角度来看，市场就是顾客或客户（Customer），也就是公司生产的商品或提供的服务是否有人购买，如果有人购买就叫有市场，没有人购买叫没有市场，它突出的是“人”。在市场营销学中，市场是指顾客有货币支付能力的需求。“顾客永远是对的”、“顾客就是上帝”，“顾客是公司的衣食父母”，对任何公司来说，顾客都是公司的生存之本、利润之源。

什么是市场营销?

对于英文“Marketing”一词，中国两岸三地中文翻译不同，在中国大陆被翻译为“市场营销学”，在香港被翻译为“市场学”，在台湾被翻译为“行销学”。

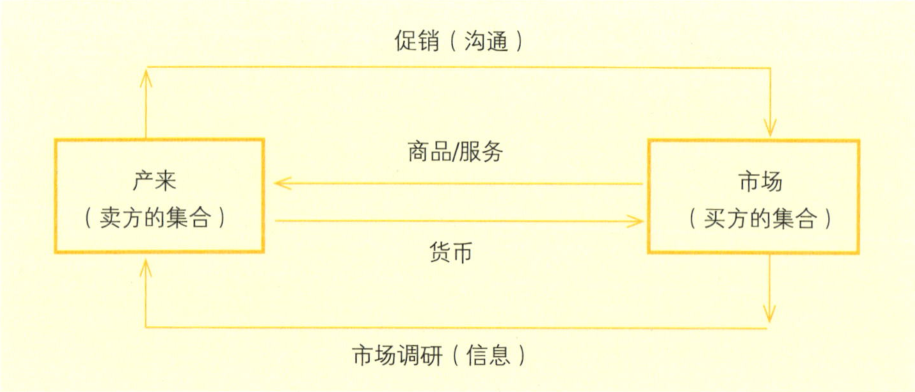

图1-1 简单的市场营销系统

现代市场营销学奠基者、美国西北大学教授菲利普·科特勒（Philip Kotler）认为：市场营销（Marketing）既是一种组织职能，也是一种创造、传播、传递顾客价值的思维方式。菲利普·科特勒教授被称为“现代市场营销之父”，他于1967年出版了经典的市场营销学教材《营销管理》（Marketing Management）（第1版），到2013年为止，该书已经出版到了第14版，菲利普·科特勒《营销管理》一书被誉为“市场营销学的圣经”，它是我们深入学习市场营销学的必读书籍。

菲利普·科特勒的兄弟、市场营销实践家米尔顿·科特勒（Milton Kotler）认为：今天全球产品供过于求，顾客成为一种稀缺的资源。市场营销（Marketing）就是一门寻找顾客、创造真正的顾客价值的科学。

从市场营销角度来看，卖方构成产业，买方构成市场。产业和市场的关系如图1-1所示。买卖双方有四种流动联系起来。卖方把商品或服务、沟通送到市场，作为回报，他们从市场收到金钱和信息。内圈说明金钱和商品的交换，外圈则说明信息的交换。

所谓市场营销（Marketing，也简称营销），就是识别并满足人类和社会的需要。对“市场营销”比较简短的定义如下：

（1）市场营销是一个“有利益地满足需要”的过程

（2）市场营销是一个“满足可以获利的需要”的过程

（3）市场营销是一个“创造顾客价值、共赢”的过程

上述“市场营销”定义中的“共赢”，通俗的讲就是买卖的双方没有输家。“赚了钱的买卖不一定是成功的买卖，而成功的买卖是买卖双方都满意的买卖”，这就是共赢。

李嘉诚先生曾经说过：如果一单生意只有自己赚，而对方一点不赚，这样的生意绝对不能干。李嘉诚的意思是，生意人应该利益均沾，这样才能保持久远的合作关系。相反，光顾一己利益，而无视对方的权益，只能是一锤子买卖，自己将生意做断做绝。总想在交易中通过损害对方的利益而获得自己的利益，最终导致的必将是自己的失败。

有些人认为，市场营销学就是教人如何低价买进和高价卖出、如何推销积压商品、如何坑蒙拐骗等等，但这种认识是错误的。事实上，市场营销学讲授的是如何创造顾客价值、实现买卖双方共赢。菲利普·科特勒认为：即使是世

界上最优秀的营销部门，也无法销售劣质产品或没人需要的产品。

市场营销过程是一个价值创造和传递过程。市场营销过程始于产品以前，行于产品开发之中，在产品销售之后还应延续。

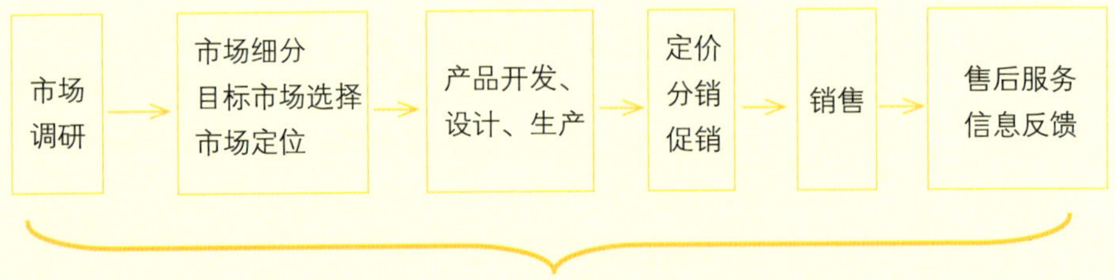

图1-2　市场营销过程

市场营销（Marketing）不同于销售（Sale）、推销（Selling）或促销（Promotion）。美国著名管理学权威彼得·德鲁克（Peter F·Drucker）曾指出："可以设想，某些推销工作总是需要的。然而，市场营销的目的就是要使推销成为多余。市场营销的目的在于深刻地认识和了解顾客，从而使产品或服务完全适合他的需要而形成产品的自我销售。理想的市场营销会产生一个做好准备来购买的顾客。剩下的事就是如何使顾客得到这些产品或服务"。

可口可乐公司的前营销总监赛尔吉奥·齐曼（Sergio Zyman）认为："营销就是销售更多的商品给更多的人，以获得更多的收入，从而赢得更多的利润。"可是，这不是营销观念，这是推销观念！

海尔集团公司总裁张瑞敏指出："促销只是一种手段，但营销是一种真正的战略"。营销意味着企业应该"先开市场，后开工厂"。

营销什么？

营销无处不在。一般而言，市场营销者（Marketer）主要经营以下十大类产品（Product）：有形的商品（Goods）、无形的服务（Service）、事件（Events）、体验（Experiences）、人物（Persons）、地点（Places）、财产（Properties）、组织（Organizations）、信息（Information）和观念/创意（Ideas）等。

推销观念和营销观念的比较

美国市场营销学家西奥多·莱维特（Theodore Levitt）对推销观念和营销观念做了深刻的比较：推销观念注重卖方需要，而营销观念则注重买方的需要。推销观念以卖方需要为出发点，考虑的是如何把产品变成现金；而营销观念考虑的则是如何通过产品以及与创造、交付产品和消费最终产品有关的所有事情，来满足顾客的需要。

推销观念采用从内向外的顺序，它从工厂出发，以公司现存产品为中心，并要求通过大量推销和促销活动来获得盈利性销售；营销观念则采用从外向内的顺序，它从明确的市场出发，以顾客需要为中心，协调所有影响顾客的活动，并通过使顾客满意来获利。如图1-3所示。

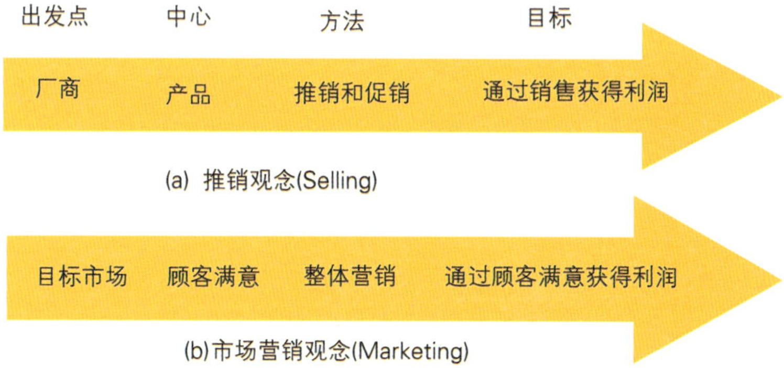

图1-3 推销观念与营销观念的比较

营销观念：不是为产品找到正确的顾客，而是为顾客找到正确的产品。

市场营销学研究的主要内容

市场营销学研究的主要内容可用图1-4表示。其含义是：公司通过市场研究和市场分析，首先确定公司的目标市场，然后在恰当的时间，将市场营销策略加以整合，为构成目标市场的顾客提供有效的产品或服务，满足顾客的需要，从而使公司的营销获得成功。公司所面临的外部环境因素是不可控因素，制定各种营销策略是公司可控的营销手段，将两者相协调以实现公司预期目标，这就是市场营销学研究的主要内容。

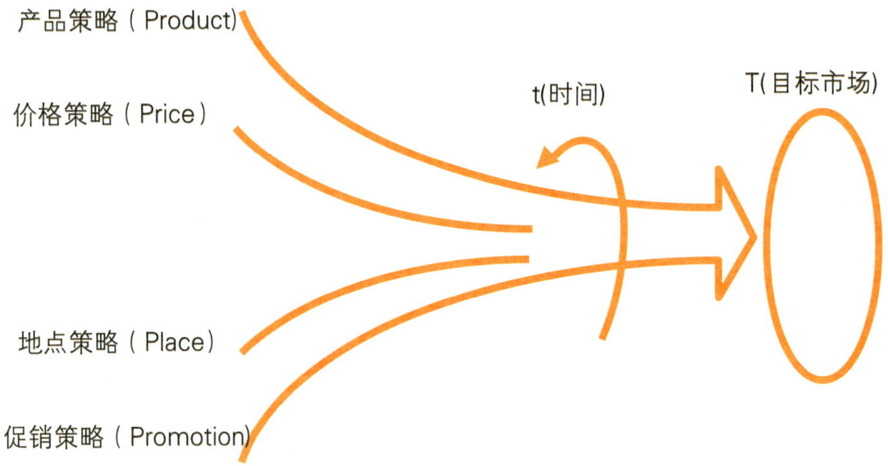

图1-4　市场营销学研究的主要内容

市场营销组合策略（Marketing Mix）就是公司的四种营销活动，即市场营销中所说的“4P”：产品（product）、价格（price）、地点（place）和促销（promotion）。

营销管理的定义及其主要步骤

当一方考虑通过各种方式促使另一方做出预期的反应（如购买）时，就产生了营销管理。因此，我们可以把营销管理（Marketing management）看成艺术和科学的结合——选择目标市场，并通过创造、交付和传播优质的顾客价值，来获得顾客、挽留顾客和提升顾客的科学与艺术。

市场营销人员把营销管理视为由五个基本步骤组成的过程，它可以表示如下：

R ⟶ STP ⟶ MM ⟶ I ⟶ C

R——代表研究，市场调研（Research）。

STP——代表目标市场营销战略，即市场细分（Segmentation）、目标市场选择（Targeting）和市场定位（Positioning）。

MM——代表市场营销组合策略（Marketing Mix），即产品（product）、价格（price）、渠道（place）和促销（promotion）。

I——代表执行（Implementation），即根据既定的营销战略和策略来进行产品的生产、定价、分销和促销。

C——代表控制（Control），即获得市场反馈信息，评估结果，修订或改良目标市场营销战略和市场营销组合策略。

消费者的需求及营销管理任务

市场营销者不仅要满足、激发消费者对其产品的需求，而且还需要努力去影响需求的水平、时机和构成，以便使消费者需求符合组织的目标。一般来说，消费者可能存在以下8种需求。

表1–1　需求状况和营销管理任务

需求状况	需求内容	营销管理任务
负需求	消费者对某个产品感到厌恶，甚至愿意花钱去回避它。例如：现在许多人不喜欢吃动物内脏、甜食等。	改变需求
无需求	目标消费者可能对产品毫无兴趣或者漠不关心。例如：一般人对废旧物品不感兴趣；有的大学生可能对学外语完全没有兴趣。	激发需求
潜在需求	有相当一部分消费者对可能对某物有一种强烈的渴求，而现有的产品或服务却又无法满足这一需求。例如，烟民需要味道好，而焦油含量低的香烟；消费者对优质医疗或教育服务需求。	实现需求
下降需求	消费者逐渐减少或停止购买某个产品或服务。例如：我国民办大学招生面临压力，报考人数在减少。	恢复需求
不规则需求	消费者的购买具有每个季节、每月、每周、每天甚至每个小时都在变化的需求。例如：旅游需求受季节变动影响比较大；城市公共交通需求有高峰和非高峰时段。	调节需求
充分需求	在市场上，消费者恰如其分地购买市场上所有的产品。	维持需求
过度需求	消费者想要购买产品的数量超过了市场上所能提供的数量。例如：消费者对名胜古迹、独特旅游资源的旅游需求超过了旅游资源的承受能力。	抑制需求
不健康需求	产品能吸引消费者，但却会对社会产生不良后果。例如：消费者对烟、酒、毒品和色情电影等的需求。	消灭需求

资料来源

改编自菲利普·科特勒，凯文·莱恩·凯勒·营销管理（第14版）. 上海：上海人民出版社，2012.

01 把木梳卖给和尚
——发现和满足顾客的需要

启示
Enlightenment

把木梳卖给和尚、把剃须刀卖给女士、把电冰箱卖给爱斯基摩人等等，这些营销案例听起来匪夷所思，但是营销人员逆向思维，在别人看似不可能的地方发现了新大陆，开发出了新市场，发现并满足了顾客的需要。

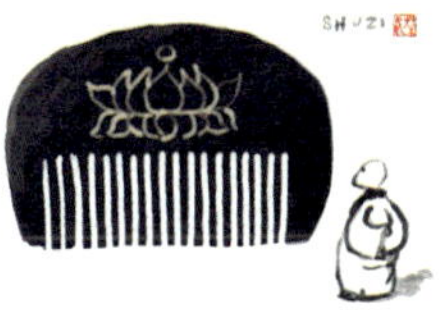

资料来源

改编自王颖，陈圆. 把木梳卖给和尚. 跨世纪人才，2000（11）.

有一家效益相当好的大公司，决定进一步扩大经营规模，高薪招聘营销人员。广告一打出来，报名者云集。

面对众多应聘者，该公司招聘工作的负责人说："相马不如赛马"。为了能选出高素质的营销人员，公司出了一道实践性的试题：就是想办法把木梳尽量多地卖给和尚。

绝大多数应聘者感到困惑不解，甚至愤怒，出家人剃度为僧，要木梳有何用？岂不是神经错乱，拿人开涮？没过一会儿，应聘者接连拂袖而去，几乎散尽。最后只剩下3个应聘者：小伊、小石和小钱。

该公司招聘工作的负责人对剩下的这3个应聘者交代："以10日为限，届时请各位将销售结果报告给我。"

10日期限到。

负责人问小伊："卖出多少？"答："1把。""怎么卖的？"小伊讲述了历尽的辛苦，以及受到众和尚的责骂和追打的委屈。好在下山途中遇到一个小和尚一边晒着太阳，一边使劲挠着又脏又厚的头皮。小伊灵机一动，赶忙递上了木梳，小和尚用后满心欢喜，于是买下一把。

负责人又问小石："卖出多少？"答："10把。""怎么卖的？"小石说他去了一座名山古寺。由于山高风大，进香者的头发都被吹乱了。小石找到了寺院的住持说："蓬头垢面是对佛的不敬。应在每座庙的香案前放把木梳，供善男信女梳理鬓发。"住持采纳了小石的建议。那山共有10座庙，于是买下10把木梳。

负责人又问小钱："买出多少？"答："1000把。"负责人惊问："怎么卖的？"小钱说他到一个颇具盛名、香火极旺的深山宝刹，朝圣者如云，施主络绎不绝。小钱对住持说："凡来进香朝拜者，多有一颗虔诚之心，宝刹应有所回赠，以做纪念，保佑其平安吉祥，鼓励其多做善事。我有一批木梳，您的书法超群，可先刻上'积善梳'三个字，然后便可做赠品。"住持大喜，立即买下1000把木梳。并请小钱小住几天，共同出席了首次赠送"积善梳'的仪式。得到"积善梳"的施主与香客，很是高兴，一传十，十传百，朝圣者更多，香火也更旺。住持还希望小钱再多卖一些不同档次的木梳，以便分层次地赠给各种类型的施主与香客。

就这样，小钱在看来没有木梳市场的地方开创出很有潜力的市场。

02 它不是餐饮业，而是娱乐业

——美国麦当劳王国

麦当劳的奠基人雷·克罗克（Ray Kroc）不断地告诉他的加盟者及餐馆经理："麦当劳不是餐饮业，而是娱乐业"。他的看法是，麦当劳并不是典型的消费业，也不是一般所谓的餐厅，它独特的快速服务和厨房设计，使得消费者首次能够亲眼看见商业厨房的内幕，这本身就兼具了娱乐价值。

麦当劳在全球各地针对不同市场——儿童、青少年、青年及中年，提出不同的销售主张，但万变不离其宗的是，都以欢乐、温暖和亲切为广告主题。麦当劳增强顾客对麦当劳餐馆的印象，认识到那里不仅可以获得可口的食物，而且还是个好玩的地方。

启示

Enlightenment

麦当劳承诺为顾客带来简单、轻松和欢乐的用餐体验。餐饮也能欢乐，这是值得我国餐饮企业学习和借鉴的！

麦当劳叔叔（Ronald McDonald）

麦当劳成功的秘诀在于克罗克经常说的："食物、家人、欢乐"（Food，Folks，and Fun）那句话里。

顾客上麦当劳是为了享受一种文化：

儿童在那里寻找到了自己希望的欢乐。

青年人在那里寻找到了自己独立人格的实现。

成年人在那里找到了惬意的消遣。

老年人也在那里找到了自己向往的宁静。

……

1965年，麦当劳在其60秒的商业广告中引进了麦当劳叔叔（Ronald McDonald）这一人物形象。很快，其他卡通形象如奶昔大哥（Grimace）、汉堡神偷（Hamburgler）和芝士汉堡市长（Mayor McCheese）开始在麦当劳的广告活动中登台亮相，帮助吸引孩子们走进餐厅，享用简单而美味的食物以及有趣的体验。

麦当劳叔叔是麦当劳快餐连锁店的招牌吉祥物和企业的形象代言人，官方将麦当劳叔叔设定为"孩童最好的朋友"。麦当劳叔叔是个貌似小丑的人物，顶着一头火红的爆炸头，笑口常开，身着鲜黄色的连身工作服及红色的大短靴，里衫及袜子皆为红白相间的条纹式样。麦当劳叔叔的形象喜庆、友善、可爱、可亲，这首先从视觉识别上、心理上吸引住了顾客，给人们留下深刻而良好的印象。当顾客光顾麦当劳快餐店的时候，就会遇到穿着整洁、彬彬有礼、脸孔笑面相迎的"麦当劳叔叔"，然后他会向你招手微笑，逗你发笑，使顾客享受到一种温暖的家庭的欢乐气氛。儿童们甚至把餐厅当作乐园，当作是属于自己的世界。

麦当劳叔叔在美国4～9岁儿童心中，是仅次于圣诞老人的第二个最熟悉的人物，他象征着麦当劳永远是大家的朋友。麦当劳叔叔深受儿童欢迎。麦当劳叔叔滑稽可爱，很适合儿童的口味，而通过儿童影响父母的快餐店选择。

资料来源：

菲利普·科特勒，等. 营销管理（第14版）. 上海：格致出版社，上海人民出版社，2012；刘小萱，方晓. 魅力金拱门. 广州：广东旅游出版社，1998.

多年来麦当劳坚持在餐厅建造“儿童乐园”，目前全球30%的麦当劳餐厅中都有“儿童乐园”。“儿童乐园”牢牢抓住了低龄顾客。还有在麦当劳吃套餐送“史努比”玩具，而“史努比”玩具却是成套的，有多个！

03 “伟哥”正烫手，“伟姐”又登场
——营销的任务就是要满足顾客的需求

伟哥（Viagra，中文名：万艾可）是由美国辉瑞公司研制开发的一种口服治疗ED的药物，用于治疗勃起功能障碍以及早泄，对于勃起功能减退与早泄有非常显著的改善。

在中国，据不完全统计，约有320种以上的杂志和1800种报纸刊文介绍过美国“伟哥”，国内企业加入“伟哥”商标注册申请大战的达30多家。这小小的蓝色药片，已成为世纪末男性的图腾。“伟哥”正在成为男权社会的一个新的文化符号。

还从来没有哪一种药物能与这粒蓝宝石外形的“爱之丸”媲美。1998年3月底开始，这个小东西一在美国登场，立刻成为照耀全球的“明星”。持续到现在，它所激发的热度还从未降温。“蓝色精灵”“蓝色天使”“蓝色幽灵”“蓝色黄金”“蓝色巨人”，所有的桂冠一股脑儿都戴在了它的头上，甚至1998年诺贝尔生理学与医学奖都与之有关。它就是“伟哥”，英文名“Viagra”，曾用化学名“昔多芬”，正式化学名“枸橼酸西地那非”。风雨兼程的“伟哥”终于“攻破”亚洲最后的堡垒，获得了中国的“通行证”，但是换了称谓，叫“万艾可”，一个意味深长的名

启示
Enlightenment

美国辉瑞公司为有需要的男士生产“伟哥”（Viagra），美国宝洁公司为有需要的女士生产“伟姐”（Intrinsa），营销的任务就是要为顾客找到正确的产品，最终满足顾客的需要。

资料来源

张双武.“伟哥”的队啊，咋排得这么长.中国青年报，2000-01-07；伟哥来了——“万艾可”登堂入室.北京青年报，2000-07-04；http://en.wikipedia.org/wiki/Intrinsa；女版“伟哥”将在英国发售，有助刺激女性性欲.网易探索（广州），http://discovery.163.com /10/0415/09/64A4P7AU000125LI.html.

“伟哥”（Viagra）漫画

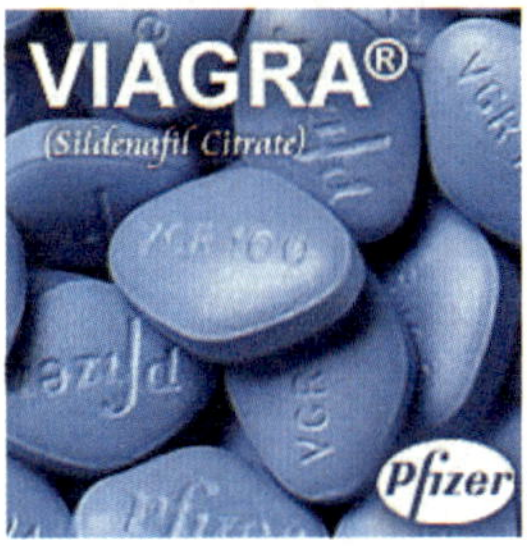

“伟哥”（Viagra）

字。

在辉瑞公司内部可以开的“伟哥”玩笑只有一个：一天下午，爷爷对孙子皮特说“去药店，给爷爷买一点伟哥。”孙子按此照办，回来后接过爷爷付给的100美元小费蹦蹦跳跳地跑了。第二天早上爷爷看见孙子说“皮特，爷爷给的小费怎么样？”孙子回答“当然好了，不过刚才奶奶也奖励我100美元。”

美国宝洁公司（ Procter & Gamble ）开发出了一种新型药物Intrinsa睾酮贴片，由于治疗女性性功能障碍（FSD），被称为女版“伟哥”、“伟姐”。

目前，全球大约有1000万名妇女接受了卵巢摘除手术，而在她们之中约有五分之一的患者丧失性冲动。

Intrinsa实为一种女性催情睾酮贴片，其可以发挥和伟哥相似的作用，但目前其只使用于绝经期并被诊断患有性生活障碍的妇女。Intrinsa只有鸡蛋大小，外观呈透明状。患者使用时只需将其贴在肚脐下方即可，每周需更换两贴。该种药物的药理主要是透过皮肤向血液中释放男性荷尔蒙“睾丸素”以提高性欲。

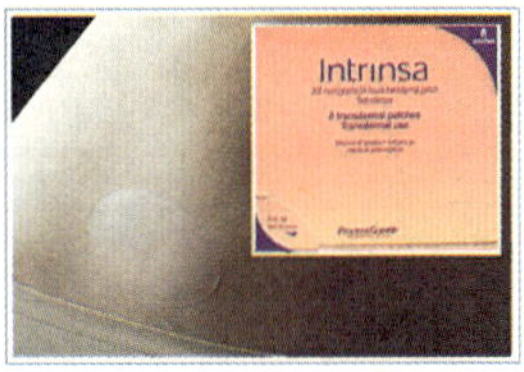

通过研究发现，超过九成的男性性功能障碍问题只是纯粹的生理问题，而女性的性功能障碍则是社会因素、心里因素以及精神因素等等的综合体。

“伟姐”（Intrinsa）

Intrinsa的生产商宝洁公司表示通过对数百位女性试用者的临床试验发现，Intrinsa能够有效增强使用者的性欲并且增加性生活的次数。试验还显示对于由于切除子宫而丧失性欲的女性来说，Intrinsa同样有效。

据估计，男性性药市场需求每年的价值为15亿英镑，女性性药市场需求将更强，尤其是那些身心疲惫的职业妇女。

04 “利以义制，名以清修”
——晋商视商誉如生命

山西商人（晋商）视商誉如生命，以诚信取胜，他们经商虽以盈利为目的，但取利均以道德信义为根据，坚持“利以义制，名以清修”的诚信观。晋商在明清两代曾经辉煌了500 年之久。500 年间，晋商足迹遍华夏，声名振欧亚，影响之大，在中国、在亚洲甚至于世界商业史上都占有一定的位置。在儒家义利思想的影响下，晋商身入财利之场而不断污，守信耐劳，堪称商界典范。

晋商们在其世代的经营中，会把商家的信誉当作自己的生命，做到诚实守信；更会把事业的兴衰与国家的荣辱紧紧相连，而敢于身死为国殇。正是遵循了“利以义制，名以清修”的原则，使得晋商的经营活动有了深厚的道德基础和广泛的社会基础，也使其在义与利的博弈中找到了平衡点。

自从2006年电视连续剧《乔家大院》热播以来，晋商文化引起了人们的普遍关注。《乔家大院》的主人公乔致庸能够成为晋商中的杰出代表，不只因为他是一个成功的商人，更因为他是一个诚信之人！他最终实现了货通南北、汇通天下的夙愿。

可以说晋商的成功秘笈和生存之道就是：“利以义制，名以清修！”。

山西祁县乔家大院

启示
Enlightenment

市场经济是法制经济，更是信用经济，信用是企业的生命线。中国是文明古国，商业道德是中国传统文化中的重要美德之一。商业道德是商业文化的灵魂，是商品交易者应遵循的最起码的行为准则。中国古代商人自觉地把商业道德概括为“义”和“信”两个字。义者，“买卖不成仁义在。”即遵纪守法，公平交易，互利互惠，货真价实，童叟无欺，和气生财，礼貌待客等。信者，“人无信不立，事无信不成，商无信不兴。”即信誉至上，一诺千金。

资料来源

宁德煌. 市场营销与信誉. 经济问题探索，2002（5）.

05 “炮制虽繁，必不敢省人工；品味虽贵，必不敢减物力”

——同仁堂的诚信观

启示
Enlightenment

企业，要见利思义，不能见利忘义；要取之有道，而不能取之无道。

北京同仁堂是全国中药行业著名的老字号，1669年（清康熙八年）乐显扬创办同仁堂药室，1723年（清雍正元年）由皇帝钦定同仁堂供奉清宫御药房用药，独办官药，历经八代皇帝，长达188年。

同仁堂是中国民族药业一块响当当的金字招牌，它历经300 多年长盛不衰，是道德信念创造了奇迹。同仁堂最重要的经验就是继承发扬传统，诚信为本。同仁堂人坚信:“是对顾客、对职员、对股东、对中国民族药业的诚信创造了同仁堂今天的非凡成就。”提起同仁堂，必然就会想起他们坚持了三百年的古训:“炮制虽繁，必不敢省人工；品味虽贵，必不敢减物力。”正是有这样的传统，才使得同仁堂成为品牌、名店。“修合无人见，存心有天知”，这是同仁堂一位老药工对古训的理解和注释。正是企业职工有了这种诚信为本的慎独自律精神，才保证了同仁堂制药的每一道工序的质量，保证了同仁堂品牌的含金量。同仁堂人至今仍牢牢把握自己的“以义为先，义利并举”，“以人为本，同修仁德，济世养生”的信念。同仁堂人300多年言行铸就的以诚信为核心的商业精神，也当之无愧的成为社会主义道德建设中一枝璀璨的奇葩。

同仁堂的价值取向源于“可以养生，可以济人者惟医药为最”的创业宗旨。它所体现的正是儒家思想的核心“仁、德、善”。因此，“患者第一，顾客至上”始终是同仁堂追求的最高境界。

资料来源

摘编自 宁德煌. 市场营销与信誉. 经济问题探索，2002（5）.

同仁堂质量文化是以药品疗效为核心的全面质量保障体系和现代制药规范。它概括为“安全有效方剂；地道洁净药材；依法科学工艺；对证合理用药”。它所形成是一种对药品质量高度负责的文化理念，并渗透于制药、营销管理和各项工作之中。

同仁堂经营理念是“诚信为本，药德为魂”。具体体现是以患者为中心的“以义取利，义利共生”的行为理念。它所形成的是“德、诚、信”的思想和诚信文化。

1989年，“同仁堂”商标被国家工商行政管理局认定为全国第一个“中国弛名商标”，受到国家特别保护。同仁堂商标还是中国第一个申请马德里国际注册的商标，大陆第一个在台湾申请注册的商标。同仁堂集团被国家工业经济联合会和名牌战略推进委员会，推荐为最具冲击世界名牌的16家企业之一，被中宣部命名为全国文明单位和精神文明建设先进单位，集团领导班子被中组部和国务院国资委授予“四好领导班子”； 2004年被中宣部、国务院国资委确定为十户国有重点企业典型经验之一。 2006年同仁堂中医药文化进入国家非物质文化遗产名录，同仁堂的社会认可度、知名度和美誉度不断提高。2008年同仁堂入选世界品牌价值实验室编制的《中国购买者满意度第一品牌》，排名第八。

06 恪守合同，不惜代价

——德国公司空运地铁车厢到羊城

2002年11月29日德国公司空运地铁车厢到羊城

2002年11月29日，早晨6时30分，广州地铁二号线第一列列车的其中两节车厢有德国空运到广州白云机场。这是世界上首次用飞机空运地铁车厢。随后，还将有5架次的“安-124”运送另外10节车厢前来广州。这是德国方面为保证广州地铁二号线一个月后的试运行采取的非常之举。

承运商估算，其主顾大约需要为这些运输飞行支付300万美元的运费。德国庞巴迪公司（注：加拿大庞巴迪集团德国子公司）此举的初衷是为了履行与广州地铁公司的合同，如期将该公司制造的列车送到广州。该公司不计代价恪守合同的举动在广州赢得了一片赞誉。

原计划第一列车在今年十一月初由船运抵广州，但由于生产上的原因，无法在规定时间由船运抵。经双方协商，德国庞巴迪公司从诚信的角度考虑，决定开历史先河：自行担负费用，花费比船运高出10倍的天价，用世界上载重量最大的运输机“安-124”进行空运，以确保广州地铁二号线首段如期开通。

此次运输地铁的飞机是世界上载重量最大的运输机，但因机内空间有限，每次只能运送两节车厢。广州地铁二号线每列车有六节车厢，因此，首列车（六节车厢）需要3次才能运完。根据计划，如顺利，另外四节车厢将分别于十二月三日和十三日分两批到达广州。

“安-124”型运输机到达广州白云机场后，将机身头部打开，铺设一道铁轨，用牵引车将地铁列车牵引出来，随后再用大型吊车起吊到运输车辆上。地铁装卸时间大约需要8个小时。为确保安全，装卸作业只能在白天进行。根据需要，每次进场运输的车辆包括两辆一百五十吨的吊车、两辆三十二米长的大平板车和四辆货车等。由于运输装卸的车辆超长、超重，不能按照正常的行驶路线进出机场，只能在夜间进出机场。地铁列车装卸完毕后，装卸的物资及设备只能暂时停放在停机坪内，等到当天晚上再运走。

据悉，运载地铁车厢的飞机是北京时间11月27日17：00时从德国起飞，中途经停俄罗斯加油后，经过约38个小时的飞行，于今晨到达广州白云机场。

启示

Enlightenment

所谓信誉，就是牺牲短期利益，换取长远利益。对一个企业来说，最长远的资本就是企业的信誉，在经营活动中，要牢记这一点。事实上，信誉本身就是企业重要的无形资产。

我国加入WTO后，国内市场与国际市场将逐步连为一体，我国企业将在自己的国土上与外国企业竞争，市场竞争会更加剧烈，国际竞争的最终结果是信誉的竞争、品牌的竞争，国际商务的游戏规则将变成我们的共同规则。与国际经济接轨，就要按国际惯例办事，入世后我国企业要强化信用意识，否则，不守规则的企业终将在竞争中被淘汰出局。

资料来源

林炜．恪守合同，不惜代价——德国公司空运地铁车厢到羊城．中国青年报，2002-11-30.

07 信誉的破产
——南京冠生园

启示
Enlightenment

信誉是企业的生命！那些不讲信誉的企业，就是不要命的企业。

2001年9月3日，CCTV《新闻30分》披露南京冠生园用“陈馅”做月饼，即南京冠生园“月饼事件”：南京著名的食品企业———冠生园，在它沿街的一幢厂房里，有整整一层的窗户都被纸蒙得严严实实，记者发现2000年的中秋节过后，冠生园食品厂当年没有卖完的价值几百万元的月饼被陆续从各地回收了回来，并运进了一间蒙着窗户纸的车间。它们都将在经历几道工序后，入库冷藏被重新加以利用。 在2001年的7月2日，也就是离中秋节还有整整三个月的时候，冠生园就正式开工做新月饼了。在从早到晚的生产过程中，冷库的门被打开了，这些保存了近一年的馅料也被悄悄派上了用场。2001年7月3日上午，4箱莲蓉馅从冷库直接拖进了生产车间；2001年7月23日下午，20箱凤梨馅被从冷库拖出。在以后的几天时间里，记者又陆续拍到了好几次月饼馅出库并投入生产的镜头。 在这些馅料中，有不少已经发霉变质。据当时的目击证人说，上面已经长满了霉菌。还有凤梨馅，也能清楚地看到它发绿的部分就是已长出的霉菌，在这箱馅料上，还摆放着一张说明标签，标明它们原本的生产日期是2000年9月9日。有时，这些发霉的馅料会在重新使用之前再被回炉处理一下。2001年7月18日，一批桶装的豆沙馅被送进半成品车间接受二次回炉。最终，所有这些馅料都被送上了生产线，用来加工做成新月饼。在这样的车间里，月饼以大约每天9万只的生产量被源源不断地生产出来，销往各地。

2002年2月4日，因“陈馅月饼”事件在全国掀起轩然大波的南京冠生园，以“经营不善，管理混乱，资不抵债”为由向南京市中级法院申请宣告破产。

这家有着80多年历史的知名企业即将寿终正寝，令人伤感、痛惜。南京冠生园因何破产？感慨之余人们纷纷评说。一位经济学专家痛切地指出，南京冠生园的破产与其说是经营破产，不如说是信誉破产。

因失信而后破产，南京冠生园破产案成了近年来国内知名企业中的的第一例，因此也倍受各界的广泛关注。

近年来，欺骗消费者的各种事件层出不穷，失信行为蔓延，少数企业和个人甚至以背信手段实现了暴富，却少有受到严厉惩处者，这种负面的示范效应，致使社会上信誉观念日渐淡漠。

南京冠生园申请破产的消息传出，立刻引起社会各界的关注，街头巷尾，报刊电视上，人们议论纷纷。

“南冠破产”谁之过？南京各方人士对此表露出不同心态：有人固执地将其破产的原因归于媒体的曝光，是“他杀”；也有人说这是企业丧失信誉的必然结果，属“自杀”。

该公司一位老师傅痛心地说，冠生园1918年创立，发展到今天，倾注了多少代人的心血，实在不应该有今天这样的结局。

“南京冠生园的破产其实是信誉破产。”南京经济学院工商管理系副教授戴庆华一针见血地指出，如果南京冠生园8年前就开始用陈馅制作新月饼属实，那它早已踏上了一条不归之路。戴庆华认为，媒体曝光只是导火线，并非因果关系，而其信誉缺失迟早会出现这种结局，南京冠生园以牺牲信誉为代价攫取利益，无异于杀鸡取卵式的自杀行为。

08 只拿六分

——精明的最高境界是厚道

有一位建筑商，年轻时就以精明著称于业内。那时的他，虽然颇具商业头脑，做事也成熟干练，但摸爬滚打许多年，事业不仅没有起色，最后还以破产告终。

在那段失落而迷茫的日子里，他不断地反思自己失败的原因，想破脑壳也找寻不到答案。论才智，论勤奋，论计谋，他都不逊于别人，为什么有人成功了，而他离成功越来越远呢？

百无聊赖的时候，他来到街头漫无目的地闲转，路过一家书报亭，就买了一份报纸随便翻看。看着看着，他的眼前豁然一亮，报纸上的一段话如电光石火般击中他的心灵。

他迅速回到家中，把自己关在小屋里，整夜整夜地进行思考。

后来，他一万元为本金，再战商场。这次，他的生意好像被施加了魔法，从杂货铺到水泥厂，从包工头到建筑商，一路顺风顺水，合作伙伴趋之若骛。短短几年内，他的资产就突飞猛进到一亿元，创造了一个商业神话。有很多记者追问他东山再起的秘诀，他只透露四个字：只拿六分。

又过了几年，他的资产如滚雪球般越来越大，达到一百亿元。有一次，他来到大学演讲，其间不断有学生提问，问他从一万元变成一百亿元到底有何秘诀。他笑着回答，因为我一直坚持少拿两分。学生们听得如坠云里雾里，望着学生们渴望成功的眼神，他终于说出一段往事。

他说，当年在街头看见一篇采访李泽楷的文章，读后很有感触，记者问李泽楷：“你的父亲李嘉诚究竟教会了你怎样的赚钱秘诀？”李泽楷说：“父亲从没有告诉我赚钱的

启示
Enlightenment

小胜靠智，大胜靠德。市场营销是一个买卖双方“共赢”的过程。

市场营销是一个买卖双方“共赢”的过程

资料来源

摘编自 于台．利润只拿六分．领导文萃，2010（17）．

方法，只教了我一些做人处世的道理。”记者大惊，不信。李泽楷又说：“父亲叮嘱过，你和别人合作，假如利润你拿七分合理，八分也可，那我们李家拿六分就可以了”。

他动情地说：这段采访我看了不下一百遍，终于弄明白了一个道理，精明的最高境界就是厚道。

细想一下就知道，李嘉诚总是让别人多挣一两分，所以，每个都知道和他合作会多获利，就有更多的人愿意和他合作。如此一来，虽然他只拿六分，生意却多了一百个，假如拿八分的话，一百个会变成五个。

到底哪个更赚呢？奥秘就在其中。

我最初犯下的最大错误就是过于精明，总是千方百计地从别人身上多赚钱，以为赚越多，就越成功，结果是，多赚了眼前，输掉了未来。

演讲结束后，他从包里掏出一张泛黄的报纸，正是报道李泽楷的那张，多年来，他一直珍藏着；报纸的空白处，有一行毛笔书写的小楷：七分合理，八分也可以，那我只拿六分，他说，这就是一百亿的起点。

09 为人民服务
——政府也营销

启示

Enlightenment

政府营销不只是沟通，而是一种以公民为导向的思维。

资料来源

宁德煌. 市场营销在公共管理中的应用. 中国行政管理，2001（10）.

随着我国公共管理事业的发展，在政府职能定位和社会问题的解决等方面，都迫切需要一些现代管理理论、手段和方法来指导。从国外公共管理的成功实践来看，市场营销是一种行之有效的、较好的公共管理手段和方法。应该引入市场营销观念，使政府树立服务意识和“顾客”至上意识。

20 世纪80 年代中后期，在西方国家出现了“新公共管理”（New Public Management）运动。新公共管理是一种新的管理模式，它关注政府实施的各种计划、项目的有效性，表现出了一种目标导向的趋势，目标是中心，行政权力和行政行为是从属于这一中心的，是服务于目标的。而这个目标的具体表现就是“顾客”的满意。根据新公共管理的设计，公共管理把需要服务的公众视为公共机构的顾客，通过调查，倾听顾客的意见，建立明确的服务标准，向顾客做出承诺以及赋予顾客选择“卖主”的权利，以实现改善公共服务质量的目的。这样一来，就必然会把顾客放在公共管理的中心，即以公共管理的客体为中心，而不是以其主体为中心。新公共管理表现出一种破除权力拜物教的趋势，使人们把视线从关注权力和权力的运行转向关注管理的效果上来。因为政府不再是唯一的公共管理组织和部门，也不再是唯一执掌公共权力的组织和部门，它对公共权力的垄断将随之而成为历史，公共权力随着公共管理的社会化而社会化，众多非政府公共管理组织都成为公共权力的执掌者。公共权力的社会化，或者说公共权力在公共管理体系中的非中心化，实际上也就是管理的服务化，即公共管理变成了一种为公众的服务。所以，服务将是新公共管理的主题。

现代政府是由人民大众产生的，我国宪法也确立了人民组织政府的权力，这表明了政府与公民之间的一种基本关系，这一关系表明政府的本质是为人民服务。但是，中国数千年的官贵民贱的封建传统，使得一些官、民在心理上存在着旧的阴影，他们都缺乏一种纳税人意识。用现代经济学的理论来说，社会公众是为政府提供税收的“纳税人”和享受政府服务作为回报的“顾客”或“客户”。顾客至上意识或人民大众至上意识必须是政府行为的一个起点。政府服务应以“顾客”为导向，应增强对社会大众需要的响应力。政府对社会公众的愿望和要求不仅不能无动于衷和无所作为，而且必须做出迅速反应。此外，政府提供的服务应该是高质量的，这一质量的评定者是社会大众。现代政府一旦丧失服务原则，它就会变成一个追逐自身利益的、腐败而享有特权的、与社会大众对立的利益集团。

当今世界上每一个国家都存在着各种各样社会问题，每一个国家的政府都在试图解决这些问题。这些社会问题可谓是形形色色，诸如文盲、发展中国家人口过度增长、滥用毒品、酗酒、贿赂和腐败、青少年怀孕、艾滋病蔓延、营养不良、醉酒开车、浪费能源、环境污染和不安全的性行为等等。社会问题的解决涉及到社会变革，而社会变革运动的成功离不开社会营销。“社会营销”一词最早出现于1971年。社会营销（Social Marketing）是指运用市场营销的原理和技巧倡导社会运动的观念或行为，它是以对社会有利的方式来改变公共行为的一种策略和方法。很多社会营销手段已在商业应用中得以验证，并且正逐渐在社会应用中得到验证。社会营销的目标是变革有害的观念或行为，或者使公众接受新的观念或行为。

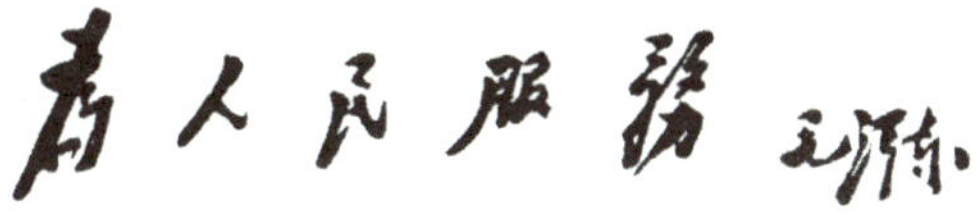

启示
Enlightenment

作为非营利组织的大学也需要营销！港大、中大在大陆加大招生宣传力度，运用营销手段以高额奖学金吸引中国各省（区）状元考生，既提高了大学品牌形象，又保证了生源质量。可是，绝大多数大陆学生到香港高校读书自己都是要支付全额学费和生活费的。

10 用丰厚奖学金狂揽高考状元
——港大、中大PK北大、清华

香港高等教育在100年来的发展中，不断地探索发掘、调整改革，从适应社会发展到引导社会前进，逐渐形成凝聚世界教育精髓和先进理念的香港特色。香港现有：香港大学（港大）、香港中文大学（中大）、香港科技大学（科大）、香港理工大学（理大）、香港城市大学（城大）、香港浸会大学（浸大）等著名大学。

在英国“泰晤士报”2013世界大学排名中，港大排名第35位、中大排名第124位、北大排名第46位、清华排名第52位。

近年来，我国大陆地区高考状元中，青睐就读香港高校的状元逐年增多，香港大学（港大）、香港中文大学（中大）与北大、清华的“掐尖战”愈演愈烈。

“香港大学公布了2013年内地招生情况，今年港大在全国高考人数连续5年下降的情况下，申请人数达到1.2万人，创下历史新高。今年港大最终录取了303人，远超过原定的250～300人规模。在录取的学生中，有16位全国各省市区的高考状元。……针对这些优秀学生，香港大学为他们设立了丰厚的入学奖学金，其中，全额奖学金可达每年17.5万港币，包括了全年的学费（每年港币13.5万元），以及生活费和住宿费。今年有超过四分之一的学生获得了不同额度的奖学金。”

“记者从香港中文大学获悉，该校今年（2013年）共录取了305名内地尖子，其中有19名是全国各省市的状元，加上此前港大揽得16名内地高考状元，至此，今年至少35名内地高考状元被港校录取。教育专家分析，近年来港校热持续升温，折射出内地高校竞争力与港校差距正在拉大，如果不变革内地现行的教育体制，内地优质生源流入港校的趋势还将加剧。”

资料来源

张灵. 香港大学狂揽16省份状元. 京华时报，2013-07-11；高金花，赵祎，贝景仪. 港中大揽走19名内地状元. 信息时报，2013-07-18.

11 飞？还是不飞？
——一名乘客的航班

启示
Enlightenment

旅客购买了一张机票，形成了乘客与航空公司之间的契约关系，航空公司作为营运人就有责任将其运送到目的地。否则，航空公司信誉受到的损害将会远远超过一名乘客航班的经济损失；此外，如果该执飞航班当天安排满了飞行计划，它都必须按照飞行计划来飞，否则就有可能导致之后的航班出现连串延误。

1999年3月9日，海南航空股份有限公司从广州飞往成都的一个航班，148个座位中，只有一名乘客。

一架波音737客机，从广州飞成都，总费用在7万～8万元之间，只运载一名乘客，远远不够运输成本。但飞机还是照常起飞了。而且，航行途中照常举行乘客抽奖活动，这位惟一的乘客以100%的中奖率，获得一张免费机票，等于不花钱享受到了乘坐专机的待遇。

这件事，引起人们的争论。当地报纸上出现了几种不同的声音。有的为海航“一名乘客的航班”叫好，大为赞赏公司以客人利益为重，恪守信誉的做法。有的对“一名乘客的航班”不解。认为：“按照市场经济的一般规律，148比1这个数字的比例就已经失去了这个专机航班存在的理由。”

海南航空公司

资料来源
汤定娜，万后芬. 中国企业营销案例. 北京：高等教育出版社，2001.

有的则觉得可以循国内外许多航空公司常规的做法：或者向乘客讲明情况，帮助乘客调整航班；或者在乘客同意的前提下，给予退票和相应的赔偿。

海南航空公司自办的一张报纸发表评论员文章。文章说："海航从来都不是按常规发展起来的。""为了整体利益和长远利益而牺牲局部利益是值得的。一名乘客的航班，照飞。"

一名乘客的航班，该不该飞？

附注：除了1999年3月9日海南航空公司广州飞成都出现"一名乘客的航班"外，因为各种原因，后来也多次出现了只有一名乘客的航班：2005年7月4日南方航空公司CZ6468航班（西安飞沈阳）（原因：飞机机械故障）、2007年2月10日东方航空MU2455航班（武汉飞北京）（原因：天气大雾弥漫）、2008年12月23日南方航空公司CZ3302航班（天津飞广州）（原因：大雪天气）、2009年11月2日中国国际航空CA1272次航班（兰州飞北京）（原因：飞机机械故障）。

第二篇 市场调研

DIERPIAN

基本概念、理论和方法概述

应当看到，生产什么卖什么的时代已经过去了。市场已经从公司的末端移到了公司的前端，不能生产完了产品再往外卖，而是在生产产品之前就必须考虑市场需求。仅仅依靠提高产量和降低成本，并不能确保产品在市场上取得优势，还必须实现与消费者的信息沟通，更深层次地理解市场需求，认识市场竞争的演变趋势，更充分地满足消费者的需求，通过赢得人心去占领市场。一个公司要想发展壮大，进而成为世界顶尖的公司，就必须尽可能多地了解市场、了解消费者的需求，而要做到这一点，只有通过市场调研来实现。

《孙子兵法》中说：“知己知彼，百战不殆；不知彼而知己，一胜一负；不知彼，不知己，每战必殆。”意思是说，在军事纷争中，既了解敌人，又了解自己，百战都不会有危险；不了解敌人而只了解自己，胜败的可能性各半；既不了解敌人，又不了解自己，那只有每战都有危险。商场如战场，市场调研就是“知彼”、“知己”的开门钥匙。

市场调研是市场营销的起点，它始于公司还没有生产任何产品之前。一个公司在其市场营销活动中，需要做出各种不同的决策，例如，生产什么产品？顾客在购买某一产品时，他们的实际需要是什么？希望得到什么利益？如何满足顾客的需求？某种新产品是否应该开发？公司的竞争对手是谁？如何在激烈的市场竞争中立于不败之地？等等。所有这些问题都需要通过市场调研来解决。

市场调研的定义

市场调研的定义，有狭义及广义两种。

（1）狭义的市场调研（Market research），即传统的市场调研，主要是针对消费者所做的调研，即以具体产品的消费者为对象，以科学方法搜集这种消费者购买以及使用产品的事实、意见、动机等有关资料，并给以分析研究的手段。

所谓消费者购买以及使用产品的“事实”，就是消费者购买什么样产品？一次购买多少？在什么地方购买？什么时候购买？和谁一起去购买？怎样购买？如何使用产品？等等。所谓消费者购买商品的“动机”以及使用商品的“意见”就是：消费者为什么要购买这种产品而不去购买其他产品？对这个产品的看法怎么样？认为很好呢？还是太差？等等的心理状态。

现代市场极其复杂、变化多端，只进行单纯的消费者调研已经不能适应形势的要求了，因此，市场调研就发展为现在广义的市场调研。

（2）广义的市场调研（Marketing research），即市场营销调研，其调研对象扩大了，除了对消费者进行调研以外，还要对公司的市场营销环境和市场营销状况进行调查。

市场调研的目的

当前，我国经济已经处于供大于求的买方市场条件下，许多公司抱怨市场疲软，消费者有钱不花。事实上，从来没有疲软的市场，只有疲软的产品与公司！当前所谓的“供大于求”，并不是产品太多了，人们消费不了，而是不适合人们需求的产品过多了，消费者仍然有许许多多的、形式多样的需求未得到满足，市场上仍然存在着大量的“需求空档”，而这些也正是公司的发展机会。

市场调研的目的不仅在于通过调研发现公司市场营销中存在的问题，找出解决问题的方法；更重要的是，通过调研为公司找到更好的市场营销机会（即生存发展机会）。

市场调研的内容

市场调研的内容包括下列两个方面：

（1）公司外部环境调研——国内外市场环境调查、技术发展调查、市场需求容量调查、消费者和消费者购买行为调查、竞争情况调查。

国内外市场环境调查的主要内容是：国内外政治法律环境、经济环境、人口环境和社会文化环境等。

技术发展调查的主要内容有：新技术、新工艺、新材料、新能源的发展趋势和发展速度；新产品的技术现状、发展趋势和对市场可能带来的影响。新产品应用新技术、新工艺、新材料的情况；国内外新产品的发展情况，以及引进、改造和生产的条件。

市场需求容量调查的主要内容有：国内外市场的需求动向；现有的和潜在的市场需求量；社会拥有量、库存量；同类产品在市场上的供应量或销售量，供求平衡状况如何？本公司和竞争公司的同类产品的市场占有率；本行业或有关的其他行业的投资动向；公司市场营销策略的变化，对本公司和竞争单位销售量的影响等。

消费者和消费者购买行为调查的主要内容有：消费者类别、消费者购买能力、消费者的购买欲望和购买动机、谁是主要购买者？消费者的购买习惯等。

竞争情况调查的主要内容有：竞争单位的调查分析、竞争产品的调查分析。

（2）公司市场营销可控因素调研——公司市场营销组合策略（4P’s）及其实施效果调查。

市场调研的数据来源

市场调研的形式基本上可以分为两类：间接调查和直接调查。市场调研的数据来源，如图2–1所示。

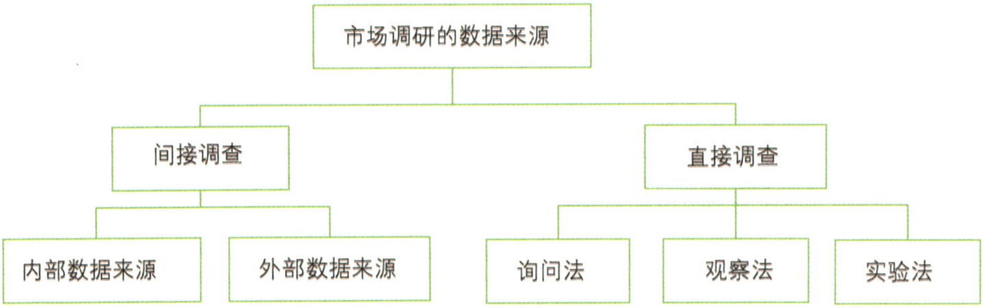

图2–1　市场调研数据来源

市场调研的过程

一个有效的市场调研过程应当包括六个步骤，如图2–2所示。

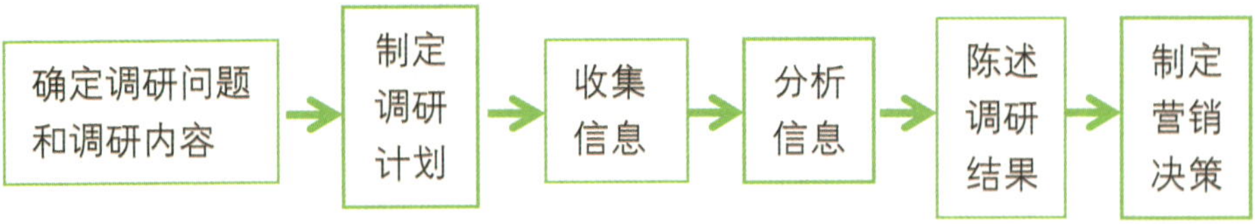

图2–2　市场调研过程

市场调研的抽样方法

根据抽样原则的不同，市场调研的抽样方法可以分为随机抽样法和非随机抽样法两类。随机抽样法可以判断误差，但是只能定期做，不省钱、不省时、不方便；非随机抽样法不能判断误差，但是可以经常做，省钱、省时、方便。

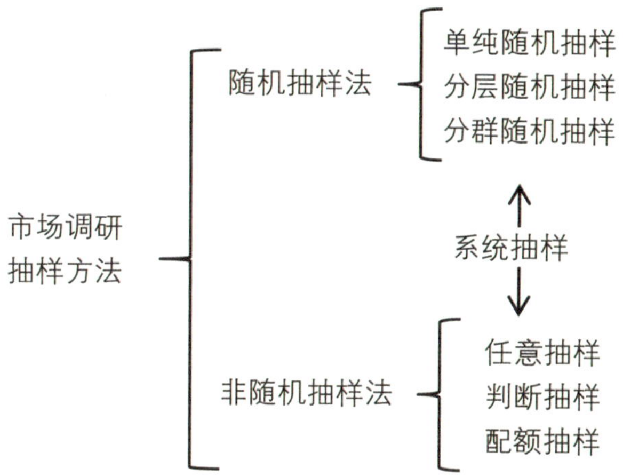

图2-3　市场调研抽样方法

12 把剃须刀卖给女士
——吉列Venus女性专用剃毛刀

吉列（Gillette）是国际知名的美国男用安全剃须刀品牌。吉列公司由金·吉列（King C·Gillette）创办于1901年，2005年宝洁（P&G）公司并购了吉列公司。

吉列Venus是最成功的女性剃毛刀，该品牌市场份额在全球女性剃毛刀市场中已经超过了50%。该品牌的成功也是消费者调研的结果。吉列公司正是基于市场营销调研发现，进行产品设计、包装设计和广告创意的，从而更好地满足了女性美容的需求。

吉列公司斥资3亿美元开发只为女性使用的第一代剃毛刀，其中一部分资金用于消费者调研和大量的市场测试。品牌为Venus的女性剃毛刀设计与早期女性剃毛刀显著不同。调研发现当女性每次使用剃毛刀美容时，其手握剃毛刀的动作或角度至少要更换30次。这样，吉列所重新设计的Venus女性剃毛刀采用柔软护鳍的宽体手柄，从而易于手握和控制，还有用来放置使用过的刀片的盒子可以粘贴在沐浴间的墙上。研究也发现女性并不愿意为了更换刀片而离开沐浴间，所以，存放刀片的盒子需要足够的空间。后来吉列的研究发现，女性剃毛刀使用者有四个不同的细分市场，即剃毛彻底者、皮肤呵护者、功能务实者和方便使用者，因此公司为每一个细分市场设计了具体的Venus产品。

启示
Enlightenment

通过市场调研可以为公司找到更好的市场营销机会。吉列Venus女性专用剃毛刀的成功开发，正是基于市场调研的应用。

吉列Venus女性专用剃毛刀

资料来源

菲利普·科特勒，等. 营销管理（第14版）. 上海：格致出版社，上海人民出版社，2012.

13 什么东西最好吃?

——食无定味，适口者珍

启示

Enlightenment

中国人饮食需求的地域特征十分明显。俗话说“民以食为天”，“吃”也位列旅游六大要素（吃、住、行、游、购、娱）之首。因此，我们在餐饮营销、旅游营销中要十分重视调查了解不同顾客的饮食需求！不同的顾客，饮食需求不同；即使是相同的顾客，由于季节或时间的不同，他（她）的饮食需求也会有不同！

俗话说“百人百味，众口难调”。南方人喜欢吃大米，北方人喜欢吃面食；南方人习惯于甜淡，北方人习惯于咸浓；沿海多选用鱼虾，牧区多选用牛羊；青年人喜食脆硬的，老年人喜食软烂的；伊斯兰教徒不食猪肉，佛教中部分信徒不食荤腥；夏秋清淡，冬春浓郁。

对于什么是美味佳肴？我国南宋林洪在《山林清供》里说：“食无定味，适口者珍”。它说的是：不同的人对味道的偏好不一样，菜肴只要能满足人们对于味的选择的需要，只要能适应人的食性和口味，便算得上是珍馐和佳肴。

一般说来，人们普遍认为最好吃的菜就是自己的家乡菜、自己家庭和母亲做的菜肴。

目前，中国有四大菜系（川、粤、鲁、苏）、八大菜系（川、粤、鲁、苏、湘、闽、徽、浙）之说。中国菜系，是指在一定区域内，因物产、气候、历史条件、饮食习俗等的不同，经过漫长的历史演变而形成的一整套自成体系的烹饪技艺，并被全国各地所认可的地方菜。

中国八大菜系分布图

从中国四大菜系的命名看，虽然以四川、广东、山东、江苏等省命名，但是它影响所及则远远超出各省的界限，凡在饮食习俗方面都受其影响，口味、烹调要求一般相同，这就是菜系的范围。黄河流域受鲁菜系（山东菜）影响、长江中上游受川菜系（四川菜）影响、长江中下游受苏菜系（江苏菜）影响、珠江流域受粤菜系（广东菜）影响。例如，川菜系的影响范围包括：四川、贵州、云南、湖南、湖北、广西桂林等。

鲁菜系被俗称为“官府菜”。孔子“食不厌精、脍不厌细”的饮食观，对鲁菜的发展有着深刻的影响。鲁菜的特点：一是取料广泛、选料考究、刀工精细、工于火候。二是烹调技法全面，尤以爆、炒、烧、炸、熘、扒见长；善以葱调味，以咸鲜为本，调味纯正；精于制汤，味浓淳厚，原汁原味。三是烹制海鲜有独到之处，尤其对海珍品和小海品的烹制堪称一绝。四是筵席丰盛完美，名目繁多，讲究筵席礼仪，在席位安排上突出主宾，尊敬长者。

川菜系被俗称为“百姓菜”。川菜的特点：一是取料广泛，四川号称“天府之国”，烹饪原料丰富而富有特色。调料善用“三椒”，即：辣椒、花椒和胡椒。二是调味多样。素以“尚滋味”、“好辛香”著称，因此，有“味在四川之美誉”。川味有23种调味味型，其中怪味味型、鱼香味型和家常味型味川菜首创。三是品种繁多。川菜可以做到一日三餐，餐餐变样，一年365天，天天不同。

苏菜系被俗称为“文人菜”。江苏自古以来富庶繁华，人文荟萃，经济、文化、科技较为发达。苏菜系特点：一是十分讲究刀工，刀法很多，花刀富于变化，刀工精细。二是善用火候，注重火工，擅长炖、焖、煨、焐、烤诸技法。三是用料特别注重新鲜，动物性原料多用活料，以求突出鲜活的本味；调味适当，注重本味，清鲜平和，咸甜适中。

粤菜系被俗称为“大亨菜”。粤菜驰名中外，享有“食在广州”之美誉。粤菜系特点：一是选料广博奇杂，鸟兽蛇虫均可入馔。菜肴所用的原料，非常广泛，除猪、牛、羊、鸡、鸭、鱼外，还采用蛇、猴、猫、狗、鼠、穿山甲、果子狸等为原料，运用独特的烹调技法，制成形态各异，色香味俱佳的佳肴，令人赞叹不已。二是有浓厚的南国风味，菜肴讲究鲜、脆、爽、嫩、滑。由于广东冬暖夏长，平均气温较高，在炎热的气温下，人们喜欢清淡口味，因此，形成清淡、生脆、爽口的特色，咸、酸、苦、鲜、香俱佳。

中国八大菜系除了上述的川、粤、鲁、苏等四种菜系外，还包括湘、闽、徽、浙等四种菜系：

湘菜系（湖南菜）的特点：在质感和味感上注重鲜香酥软；在烹制上以炒、蒸、熘等见长。集酸、辣、咸、甜、焦、香、鲜、嫩为一体，而以酸、辣、鲜、嫩为主。

闽菜系（福建菜）的特点：一是刀工巧妙；二是汤菜考究；三是调味奇特，善用红糟、虾油、糖、酒、沙茶、辣椒酱、芥末、橘汁调味，构成闽菜别具一格的风味；四是烹调细腻，在烹制上擅长炒、熘、蒸、炸、煨等。

徽菜系（安徽菜）的特点：向以烹制山珍野味、河鲜与讲究食疗食补见长。具有选料严谨，火工独到，原汁原味，菜式多样，适合南北方人口味等主要特征。

浙菜系（浙江菜）的特点：一是用料表现为精细、独特、鲜嫩；二是着重火候、擅长炒、炸、烩、熘、蒸、烧等，烹制河鲜海味有独到之功；三是口味侧重清鲜脆嫩，讲究辅佐“和合之妙”，突出主料本色真味；四是秀丽雅致，讲究菜品内在美与形态美的统一。

启示

Enlightenment

中国的独生子女政策为麦当劳提供了广阔的儿童消费市场。孩子是家庭的核心、是“小皇帝”，只要是孩子喜欢吃的东西，大人们就会带着孩子去吃，得“小皇帝”者得天下。

14 “汉堡与馒头”——什么是未来的市场?

洋人的“汉堡”怎么能让吃惯了几千年馒头的中国人接受呢？这个问题一直萦绕在国人心头，也是麦当劳进入中国前的担心。麦当劳在进入中国之前研究中国市场 8 年

（研究俄罗斯更长，14年）。研究什么？从国家政策到市场环境、原料产地、饮食习惯、文化习俗、收入水平、家庭结构等等，无所不包。最后下决心进入中国市场。为什么敢下这个决心？因为它最后将研究视线聚焦到中国独生子女的身上。研究的结论是：中国小孩4～7岁时是味觉形成期，7～12岁时是味觉固定期。如此一来，决策就有了科学的依据：4～7岁的中国小孩吃什么都一个味，不管是馒头还是汉堡；不管是“土豆泥”还是“炸薯条”。靠什么吸引小孩呢？红红黄黄的标识、各种尺寸的小旗、各种玩具以及游戏区弄得中国小孩“流连忘返”。只要去了麦当劳一次就天天闹着爸爸妈妈去。

汉堡与馒头

我的小孩一周必去麦当劳一次，我曾经问我的四岁半小儿子：“你为什么喜欢麦当劳？”他的回答证实了“老麦”的研究成果：“好玩儿。”——看看，他没说好吃。而随着我小儿的成长到7岁之时，他对国货馒头及土豆泥已厌烦得不能再厌了——根本不吃。这又证明了“老麦”的科学研究的真谛。而这绝不仅仅是我儿子一个人的问题，而是一代人甚至几代人的问题。稍有想象力的人都可以预见：这一代孩子是大人领进麦当劳的；而当他们长大了，会领着他们的儿子主动去；他们的儿子更会领着他们的孙子去…… 这叫“子子孙孙，无穷匮也”。我有时心生佩服：老外好生厉害，不仅占领中国的物质市场，还在偷偷地占领中国人的心灵市场。

资料来源

李显君. 管理的科学与实验精神. 企业管理，2001（7）.

15 卖矿泉水、墨镜和？——拉斯维加斯街边小贩

拉斯维加斯（Las Vegas）座落在美国西部的内华达州，

拉斯维加斯街边卖矿泉水和墨镜的小贩（2005年10月）

拉斯维加斯（City of Las Vegas）夜景

启示

Enlightenment

营销就是要满足顾客的需要。顾客需要什么，公司就生产和销售什么。拉斯维加斯小贩能够准确地把握游客的需要：在拉斯维加斯，天气干燥，上午游客出门观光可能口渴需要喝水，街边小贩就卖矿泉水；拉斯维加斯中午太阳光极为强烈，游客可能需要戴墨镜防护，街边小贩就卖墨镜。该小贩会不会也学过市场营销学?

它是内华达州的最大城市。拉斯维加斯拥有数以万计的娱乐、赌场、餐饮、夜生活及其他休闲场所，这使它成为一个无以伦比的旅游胜地。它拥有“休闲天堂”“美国娱乐之都”和“世界婚礼之都”的美誉，它也以“赌城”“不夜城”“成人游乐场”著称。有人讲“没到美国不算出国，没到拉斯维加斯不算到美国”。

拉斯维加斯地处内华达、亚利桑那、犹他和加利福尼亚四州交汇之处，它被荒凉的沙漠和半沙漠地带包围的山谷地区，雨量很少，空气较为干燥，冬季和夏季的温差相当大。夏季极其酷热，最高温度可达摄氏50度；冬季寒冷多风沙，偶然的暴雨会导致洪水。它属于亚热带沙漠气候。

2005年中国国庆节期间，N先生去拉斯维加斯旅游。最后一天上午9点钟，N先生离开自己居住的曼德勒海湾酒店（Mandalay Bay Hotel），沿着拉斯维加斯南大道（Las Vegas Blvd. S. ）一路向北观光游览，当N先生走到一处过街天桥时，发现了一个小贩把两只大保温箱放在一个桌子上卖冰镇矿泉水。本来拉斯维加斯大街上买东西的小贩就不多，小贩的售卖行为引起了N先生的注意。

到了这天下午1点多钟，当N先生由原路返回曼德勒海湾酒店时，又在同一个位置看到了该小贩，该小贩的售卖行为使得N先生大吃一惊，小贩竟然在卖防太阳光用的墨镜！N先生立即拿出相机给小贩拍了一张照片。

当天晚上，N先生在麦卡伦国际机场坐飞机离开了拉斯维加斯。坐在飞机上的时候，N先生还在想——那个小贩今天晚上又会去卖什么东西呢？

16 专业、私密、关怀和尊严

——昆明医科大学第一附属医院VIP健康呵护中心

昆明医科大学第一附属医院是一所集医疗、教学、科研、干部保健于一体的大型“三级甲等医院”。为了适应社会经济的快速发展，满足社会不同层次人群对特殊医疗服务的需求，该医院于2010年8月正式成立了VIP健康呵护中心（VIP门诊）。

该中心目前开设的科室有内科（包括呼吸、心脏、消化、肾脏、神经、内分泌、糖尿病、风湿免疫），外科（包括骨外、胸外、心外、神经、肝胆胰、乳腺、胃肠与甲状腺、泌尿、肿瘤、男性、器官移植、痔瘘），妇产科、眼科、耳鼻喉科、皮肤科、精神科、超声科等近40个专科。该中心拥有医院各科室主任等知名专家团队坐诊，可以整合和利用全院医疗资源和检测设备。该中心还拥有最先进的眼科检查设备、耳鼻喉科综合检查台、生物治疗反馈仪等高、精、尖设备，让就医者不用奔波即可享受最先进的医疗资源，提供高品质的医疗保健服务。

启示

Enlightenment

如今，我国部分三甲医院纷纷推出特需医疗服务，满足富裕阶层得到更优良充分的医疗服务，争抢高端医疗市场的大蛋糕。这也说明我国医疗服务领域已经出现服务需求多样化和供给主体多元化的格局。

该中心设立于医院门诊六楼，具有星级宾馆的就医环境、一对一私密性强的医疗服务、浓浓的人文关怀和就医尊严。它配套设施完备，提供人性化的服务，候诊厅氛围温馨，备有茶水、杂志、电视、音乐和水族箱，设有配餐间，餐厅宽敞明亮舒适。诊疗室区域设有输液观察室、收费处、心电图室、超声检查室、家庭式的心理咨询室、压力释放室。

该中心挂号实行定额管理，每位专家限挂10个号；专家对每位就医者诊查医疗服务时间为20~30分钟。

目前，昆明医科大学第一附属医院门诊挂号收费情况如下：

普通专家门诊：主任医师（教授）——7.5元/每人次（其中诊查费7元、普通挂号费0.5元）；副主任医师（副教授）——5.5元/每人次（其中诊查费5元、普通挂号费0.5元）。

VIP门诊：主任医师（教授）——157元/每人次（其中诊查费7元、挂号费150元）；副主任医师（副教授）——125元/每人次（其中诊查费5元、挂号费120元）。

在昆明医科大学第一附属医院，主任医师VIP门诊挂号费是普通挂号费的300倍；副主任医师VIP门诊挂号费是普通挂号费的240倍。

17 老公寄存处
——深圳一商场设地，“寄存”老公

跟着老婆逛街的男士们可能经常会抱怨老婆一逛起来就忘了时间，不过在深圳一商场逛的男士们不必担心了，只

要愿意受一点委屈被“寄存”着，就可以在商场的老公寄存处里免费悠闲地看书、读报了。为了老婆们逛得开心，深圳一些老公们欣然接受了商场里设立老公寄存处，但也有部分老公表示不满。有关专家表示，商场提供休闲的休息场所值得提倡，但是“寄存老公”提法欠妥，对男性有点不尊重。

昨日，按照门口标牌的提示，果然在该商场C座二楼找到了“老公寄存处”。“寄存处”是由原先专门接待贵宾的商场会所改造的，温软舒适的沙发依墙对列而放，黑胡桃木的储物架上放着各种风格的雕像和干花，十几种书刊、报纸整齐地呈列在书报栏中，空气中弥漫着淡淡的清香，完全没有了室外的喧嚣，让人感觉像是进入一个情调高雅的咖啡厅。

在沙发上坐下不久，值班人员就用精制的玻璃杯倒好一杯温热的矿泉水放在面前的茶几上，“您可以在这里看书报杂志、欣赏音乐、下棋聊天，没有时间限制，也不会收取任何费用。”

老婆老公看“寄存”：

（1）老婆——调侃一下无所谓

对于商场里设立的寄存处受到了一些女性欢迎。一位在商场购物的刘小姐称，一般女性都喜欢逛商场，如果时间长了老公们肯定不耐烦，有了一个寄存处让男士们休息一下肯定效果不错。而且，这种做法也迎合了女性消费心理，在商场里女性顾客当然是上帝，老公们被“调侃”一下也没什么。

肖女士的意见则不同。“并不是每次都能够和老公一起逛街，一般到了周末才会都有空闲时间。本来机会就很少，如果逛到一半，老公被‘寄存’了，那多没意思”，肖女士说。

（2）老公——听起来不顺耳

在寄存处里休闲地看杂志的李先生说，刚刚陪老婆逛了两个多小时，感觉很累，但是老婆仍然兴致不减。不得已

启示

Enlightenment

一般说来，女人逛街是享受，男人陪老婆逛街是无奈、受罪、煎熬……“老公寄存处”的出现既迎合了女性顾客的心理，又满足了她们老公的需要。不过，“老公寄存处”的出现只是我国在某一个特定时期的产物，今后，随着购物中心（Shopping Mall）的大量出现，全家每个人在购物中心里都能找到适合自己的购物、休闲、娱乐方式，到时候，就再也不需要“寄存”老公或“寄存”孩子了。

资料来源

何涛，赵岚．商场设地，“寄存”老公．广州日报，2003-11-10.

"老公寄存处"
（资料来源：广州日报，2003-11-10）

"老公寄存处"漫画
（资料来源：合肥晚报，2011-02-21）

来到"寄存处"，没想到这里环境很舒服，服务热情，感觉很好。至于"老公寄存处"的称呼，他认为也比较有趣，男人被暂时"寄存"一下，无所谓。

尽管一些老公甘愿被"寄存"，但还是有不少老公表示了不同看法。一位刘先生说，一般都是说寄存包、寄存货物，如果我们也是被寄存的范围，那老公岂非与物品等量齐观了，听起来也是不顺耳的。

（3）商家——迎合女性消费者心理

在老公寄存处专门提供服务的周小姐表示，每天来寄存处的老公们约有10～20人不等。一些老公来寄存处后看到优雅的环境都比较满意。该商场有关负责人表示，老公寄存处在该商场全国的连锁店内都会推出这项服务。女性是购物的主体，男性的角色是陪同的作用，有时候在陪同时，男性不会很耐心，"寄存处"这个概念就是为了迎合女性消费者的心理。这个名称从趣味性和心理上都比较亲和女性顾客。

18 效益佳企业
——北京王府井大街公厕

记者2000年6月24日从王府井大街管委会了解到，在王府井这条闻名全国的商街上，位于好友商店南面的收费厕所赫然进了王府井效益一流企业，这个面积只有100多平方米的小厕所养活了10个人。

（1）人均年创利超过万元

2000年5月，王府井大街有关管理部门对王府井沿街商业单位经营状况作了调查，共调查了200多家企业的经营状况，结果发现，从企业人均利润看，出现负利的1999年占到33.8%，年人均创利在1万元以下（包括负利）的企业比

资料来源

摘自朱鹰. 是经营有道还是奇厕可居，王府井爆出冷新闻——公厕成了效益佳企业. 北京青年报，2000-6-25.

例高达74.7%，2000年一、二月，王府井大街被调查的企业有70%人均月创利不足1000元，而好友商场南公厕现每月的利润在1万元以上，全部职工为10人，人均月创利超过1000元，人均年创利超过万元。也就是说，在王府井30%的“效益佳”企业中，这家公共厕所已榜上有名。

（2）错位经营错得“正好”

一个一次收费3角的公共厕所在商业金街上列入了效益佳企业，有关人士认为，这是王府井大街厕所太少的缘故。

按照北京市政府有关部门颁布的城市公共设施建设规定，像王府井大街这样人口密集的街道，公厕与公厕的距离应小于300米。据统计，目前北至新东安、南至长安街的王府井步行街总长810米，在这段路中，共有菜厂胡同、大阮府胡同、甜水井胡同、好友商场南、帅府园口内5家公厕，厕所与厕所的平均间隔为200米左右，加上百货大楼、新东安、工美等商场内都有厕所，从距离来说，是符合国家规定并能满足顾客需求的。

但是按照国家另一项规定，王府井这样的繁华大街千

启示

Enlightenment

通过市场调研，我们才知道在寸土寸金的王府井大街上，不是每家企业都能够赚钱，经济效益佳的企业只占30%，而在“效益佳”企业中，居然有一家公共厕所。王府井大街上的这家公厕错位经营错的“正好”，成了王府井大街效益一流企业。市场调研是公司发现市场营销机会的有力武器。

王府井大街不起眼的小厕所爆了一个大冷门（摄影：王旗）

人应拥有8～15平方米公厕。

目前王府井的客流量平日约25万人，周末30万人，五一等节日高峰约90万人，王府井现有公厕加商场内厕所总面积约1200多平方米，低峰时合千人4.8平方米，最高峰时合千

人1.33平方米，远远满足不了顾客的需求。因此，在王府井这条不缺商店、相对却缺厕所的大街上，投资盖厕所算是选中了“好行当”，错位经营错得“正好”。

（3）公厕建设该有个“规范”了

好友厕所效益佳还引出了一个规划大问题。有人认为它的效益有一部分来自于它的相对醒目。

不论上王府井还是上别的地方，找不着厕所是许多人共有的感觉。有关专家指出，这是因为迄今为止我们国家大街上的公厕建设，无论是在地理位置还是在标识上都没有一个统一规划。在国外通常在地铁出口或一些固定设施附近相应会建有公厕，厕所与厕所的间隔距离也有一定的“准儿”，这样顾客在行走一定的距离后，看到相应的设施，就会知道附近一定有厕所。

而据有关人士介绍，目前北京的厕所是“见缝插针式”的，有块小地就盖个厕所，厕所挨着谁“没谱”；厕所的样子和颜色也五花八门，找厕所就是“练眼力”。在王府井大街上，凡胡同里有厕所的胡同口都设了明显标志，但倘若没走到这胡同，顾客怎么也不会知道这胡同里还有个厕所。

启示

Enlightenment

现代人视事业如生命，可是，一旦身患疾病，危及了生命，事业也将不再存续。现实生活中的悲剧为我们敲响了警钟：没有什么比健康更重要！医疗观光旅游可以满足人们观光与健康的双重需要。

19 医疗观光旅游
——玩并健康着

医疗观光旅游是近年来伴随医疗业和旅游业的融合而兴起的一个新兴行业，它是指以医疗护理、疾病与健康、康复与休养为主题的旅游服务，即医疗旅游是集医疗、保健、养生、旅游、娱乐为一体，寓休闲于治病，寓治病于休闲。医疗观光旅游属于保健旅游或者健康旅游范畴。这种新型的旅游方式潜藏着巨大的需求，促进了全球医疗旅游的蓬勃发展。

世界著名的医疗旅游目的地主要有：

日本（防癌健康检查）、巴厘岛（避世静修）、菲律宾（器官移植）、台湾（人工关节移植手术、植牙）、泰国（膝关节置换术、心脏手术、64层CT扫描、变性手术）、印度（心血管病手术）、韩国（整形美容、干细胞疗法）、新加坡（减重手术、健康检查）、马来西亚（健康检查）、匈牙利（修复残齿、种植新牙）、以色列（世界试管婴儿之都）、中国（中医医疗、全肺灌洗治疗矽肺病、干细胞疗法）等等。

资料来源

宁德煌，刘娟.国际医疗旅游发展研究综述.中南林业科技大学学报（社会科学版），2013（2）.

20 闻香识男人
——男士香水

随着人们思想观念的与时俱进及东西方文化的逐步交融，男士使用香水已经不被看作是新奇之事。香水已成了男士表明品位、凸现个性的载体，成为男士追求时尚和新生活方式的标识，甚至已经成为男士文化层次和经济地位的象征。

范思哲牌男用香水广告

品牌是男性选购香水的动力。男士在选用香水时，品牌是一个很重要的因素”。专家介绍这是因为经常使用香水的男士，一般都是有一定文化层次和经济基础，他们有更多机会接触名牌香水，选择香水时会更注重品牌因素。

大卫杜夫牌男用香水广告

一般来讲，男士香水按香型划分，主要有：运动型的香水，以清淡香为主；而另一类则是正装型的香水，一般用于庄重的工作或者是比较隆重的场合，味道比较正式或浓烈，而且正装型男士香水是目前主要的销售类型，但国内男士香水市场已展露出对清淡香水开始喜爱的趋势。

从心理层面看，男性使用香水与女性心理差别悬殊，男士除了用香水表达个人魅力外，还可以通过它诉说自己感性的一面，向女友、家人、朋友传达一种自信的富有激情的讯息——谦谦君子或狂野一族、绅士型或运动型、书卷气质或江湖气概。显然，香水开始成为男士的个性代言人。

从性格上讲，男子多数趋向活泼、外向、豪爽、洒脱。在使用香水上多以清香和草木香为主，如素馨、百合花、熏衣草、松木、麝香、柑橘、檀香等香型，香气雅而不俗、清而不混、独特超群。男士对香水的要求与女性不同，主要是体现在味道上。正如女人用香水多半给男人闻，男人用香水也多半是给女人闻的。而女人喜欢的味道跟男人喜欢的味道不一样，女人更喜欢一些硬性的，给人感觉较强壮的味道，如淡淡的烟草味，稍浓一些的酒精味等。

如果说香水之于女人是一种魅力的叠加，那么男士们若隐若现的香气背后彰显的则是一份与众不同的迷人情怀与内心世界的真实写照。

启示
Enlightenment

化妆品制造商在实施市场开发战略，生产男士香水时，要注意：香水使用，男女有别。

资料来源

田晓俊．开启男士香水市场之门．日用化学品科学，2005（1）；闻香识男人http://news.xinhuanet.com/fashion/2013-10/31/c_125587606.htm.

21 狼来了！
——解读昆明外资零售业

目前，昆明零售市场已完全是外资的天下。世界零售业排名前三位的公司，美国的沃尔玛（Wal-Mart）、法国的家乐福（Carrefour）和德国的麦德龙（Metro），以及英国的百安居（B&Q）、马来西亚的百盛（Parkson）等等都已入住昆明。昆明零售市场如战场，到处硝烟弥漫，竞争之惨烈在全国三线城市中是不多见的。

外资零售企业来势为何如此凶猛？

启示
Enlightenment

零售企业的竞争不在于“卖什么”，而在于“怎么卖”。昆明外资零售企业凭借其在经营理念、管理、机制、规模、营销及品牌、服务等方面的优势，确立了“怎么卖”的鲜明形象。

（1）以新型业态投资进入

我国商务部于2004年7月9日在“关于贯彻实施国家标准《零售业态分类》的通知”中，将零售业分为：食杂店、便利店、折扣店、超市、大型超市、仓储会员店、百货店、专业店、专卖店、家居建材店、购物中心、厂家直销中心、电视购物、邮购、网上商店、自动售货亭、直销、电话购物等18种业态。

零售业态直观而言是指零售企业的店铺形态，它反映一个零售企业到底是什么点、卖什么、卖给谁和怎么卖。

在昆明零售市场上，沃尔玛先后有两种零售业态进入：沃尔玛购物广场属于大型超市、山姆会员店属于仓储会员店；家乐福属于巨型超级市场；麦德龙属于大型仓储会员店；百安居属于建材超市；百盛属于百货店。

在西欧和美国，零售业态是一个逐渐演进的过程，“薄利、低价、低地位经营”是新兴零售业态的立足点，一旦它失去这个立足点，又会有创新者改革经销技术，降低成本和售价，催生更新的零售经营和组织形态，新的零售业态将继续出现以满足新的消费需求和新的情况。

这个规律也适用于昆明。只是由于各种零售业态在外部已经演变成熟，不需要在昆明演化，所以一下子几乎全部进入了昆明，给人以爆发式涌现的感受。

（2）连锁经营低成本扩张

每个进入昆明的大型外资零售企业虽然在昆明只有一家或几家分店，但它们本身都是规模庞大的连锁企业。

连锁经营是一种零售组织形式，也叫合作零售。它享有规模经济效应、更大的采购能力、更广泛的品牌认知、更训练有素的员工。连锁经营、连锁店是20世纪零售业最主要的突破性商业思想之一，超级市场也是同样伟大的商业思想。它们结合在一起，不但大大降低了商品的售价，也大大节约了管理和扩张成本。而低成本始终是商业最核心的竞争力。

全球第一大零售商
沃尔玛（美国）

全球第二大零售商
家乐福（法国）

全球第三大零售商
麦德龙（德国）

大型国际装饰建材零售商
（英国）

连锁百货商店
（马来西亚）

资料来源

摘编自 宁德煌，杨文虎. 解读昆明外资零售业. 民族时报——城市报道，2002-12-25.

（3）以人为本巩固拓展成就

零售企业是与人打交道的行业，包括企业与内部员工打交道、企业与顾客打交道。

在昆明，家乐福的购物推车分小孩用、成人用等规格，还特别配置了设有加强室，可以把小孩放在其中共享购物乐趣的购物车，据说一辆价值即为5000元。沃尔玛、家乐福的退货、退款政策受到了昆明顾客好评。

（4）本土化运作扎根当地

成功的跨国公司的经营准则是："思维全球化，行动本土化"。跨国公司"本土化"是跨国公司针对东道国市场的某些独特的方面所做出的适应性调整， 通过这种调整可以使企业保持或提高竞争优势，更好地融入东道国，从而取得跨国经营的成功。本土化包括：技术研发、原料采购、人力资源、产品、销售渠道和促销等六个方面的本土化。

昆明的沃尔玛将臭豆腐、泡鸡脚、甲鱼、牛蛙、猪血、鸽子等食品摆上了柜台，这恐怕也是全球沃尔玛仅有的。在西方，鸽子是和平的象征，人们是不吃的，但在中国的沃尔玛，油淋乳鸽同样上柜，是美食。

外资零售企业在昆明同时实施员工本土化、采购本土化。

"洋超市"们实际上是穿着中山装，甚至是长衫马褂走进中国、走进昆明的。这正是它们的成功之处。当春节来临时，我们一定可以看到本土化的员工身着唐装在"洋超市"门口和店内热情的为顾客服务、收银台服务员在收费同时还个顾客免费派发"福"字和红包口袋等等。

我们对昆明外资零售企业了解越多，就越感到其可怕。如果昆明本土零售企业不在"怎么卖"上有所突破，将面临着全军覆灭的危险。

22 吃肉？还是不吃肉？
——佛教饮食习俗

世界上有三大宗教，基督教、伊斯兰教和佛教。不同的宗教，其教规、教义、信仰和禁忌不同。

中国佛教根据流传情况和经典实用的文字加以分类，可以分为汉语系佛教（又称汉传佛教、汉地佛教）、藏语系佛教（又称藏传佛教、喇嘛教）、巴利语系佛教（又称南传上座部佛教、小乘佛教）。云南有26种民族，是名符其实的“少数民族王国”，也是“宗教王国”。云南的佛教包括汉语系佛教、藏语系佛教、巴利语系佛教等三大系。

佛教中规定僧人不准吃荤，禁吃五荤，一般是指禁食葱、姜、蒜、芫、韭等五种气味浓烈、刺激性较强的蔬菜，也叫做“小五荤”，而不是禁止吃肉。

素食是中国汉语系佛教的特色，素食制度是中国汉族僧尼特有的禁止肉食的制度。按佛教比丘戒律，原来并没有不许吃肉的规定。但是佛教是禁止杀生的，讲慈悲平等，讲因果轮回。从佛教历史上看，汉族僧人吃素的风习，是由梁武帝萧衍（公元464～549年）根据《大般涅槃经》等教义的提倡而普遍流行起来的。

藏族喇嘛虽然也信奉大乘佛教，但一般趋重肉食，这是因为他们因地制宜，自古即以畜牧为业，他们生活的地方蔬菜稀少，食肉已经成为他们的生活习惯。信奉藏语系佛教的喇嘛，他们只是禁止使用奇蹄动物的肉、五爪禽和鱼鲜。

在巴利语系佛教（小乘佛教）中，比丘可以吃“三净肉”，即：“不为我而杀的肉、不见杀的肉、不听到杀的肉”。

启示
Enlightenment

宗教文化给企业市场营销带来了商机，但是在涉及到有关宗教的各项营销活动中特别要注意到宗教禁忌！我们一定要尊重信教者的宗教信仰。

丰子恺护生画

资料来源

宁德煌. 佛教文化与云南寺院素食开发. 云南社会科学，1999年增刊.

23 旅行的33个理由

——幸福的33种智慧

启示

Enlightenment

旅游者外出旅游需要具备的条件有：内部心理因素——旅游动机，外部客观条件——钱、时间和健康的身体，二者缺一不可！

旅行不管远近，是需要理由的。

旅行最普遍的理由——远方有故事。

第二个原因，为了看到不同的景物，激发自己的荷尔蒙。

第三个理由，有不少朋友告诉我，他们之所以热衷于到处走，是为了能吃到不同的食物。特别是各地的特产小吃。

旅游的第四个理由，就是看不同的文化。

第五个理由，有朋友说旅游能使人脱离凡俗，估计要实现这个意图可能是越来越不容易了。

第六个理由，旅游可以让人从原来的窠臼中跳脱而出。

第七，有人说，旅游是人在意志空间的行走，通过这样的意志行走，就扩大了自身掌控的范围，最后扩大自己心理的能量。

第八，有人说，是为了心情的释放。

第九，有人说，旅游是为了追寻某种在社会里已经遗失的东西。

第十，有人说，为了忘掉自己是谁。

第十一，有人说，为了跟三两好友共同度过一段美丽的时光。

第十二，有人说，旅游是圆儿时的一个梦想。

第十三，为了花掉某张特价机票。

第十四，为了购物。

第十五，为了到一个没有人认识的地方。

《蓝色天堂》一书封面

资料来源

毕淑敏. 蓝色天堂. 长沙：湖南文艺出版社，2011.

第十六，为了看遍世间奇事奇景。

第十七，为了花掉到期的年假。

第十八，为了和心爱的人二人世界。

第十九，为了艳遇。

第二十，因为，在路上，已经变成一种生活形态。

第二十一，为了找到一个更容易让灵魂安住、更像家的地方，有一天会去养老。

第二十二，为了可以有借口懒洋洋地坐在有阳光的躺椅上发呆，好像这样的事情在北京总是太“奢侈”。

第二十三，在路上的时候可以听到脉搏的跳动，知道自己还活着！

第二十四，为了改变命运。

第二十五，愿能踏遍世界每个角落。

第二十六，有时候是不为了什么，就是想去走走。

第二十七，有朋友说，旅行是一种学习，它让你用一双婴儿的眼睛去看世界，去看不同的社会，让你变得更宽容，让你理解不同的价值观，让你更好地懂得去爱、去珍惜。

第二十八，我听到最富有诗意的旅游理由是……为了梦中的橄榄树。

第二十九，有一位朋友说，旅行就是从自己活腻的地方到别人活腻的地方去。

第三十，迁徙乃人之本能。

第三十一，当一个朋友对我说，他旅游的理由是获取吹嘘之资本时，我们都同时笑了。我笑他的坦诚，他笑自己的小算盘亮在了光天化日下。

第三十二，一个女孩对我说，她喜爱旅游的原因，是可以购买各国各地的特产送人。

第三十三，死在远方。

24 世界作为一个村庄
——对世界人口的一个有趣描述

如果世界是一个由100个人组成的村庄：

61个人是亚洲人（其中20个人是中国人，17个人是印度人），14个人是非洲人，11个人是欧洲人，8个人是拉美人，5个人是北美人，剩下那个人可能来自澳大利亚、大洋洲或南极洲。

至少有18人不能读和写，但33人会有手机，16人会上网。

18人是10岁以下，11人60岁以上，男女人数相等。

村子里有8辆小汽车。

63人没有合格的卫生设备。

32人是基督徒，20人是穆斯林，14人是印度教教徒，6人是佛教徒，16人没有宗教信仰，剩下的12人则为其他宗教的教徒。

《如果世界是一个村庄》一书封面（If the World Were a Village）

30人失业，在工作的70人中，28人从事农业生产（第一产业），14人从事工业生产（第二产业），其他28人工作在服务业（第三产业）。

53人每天的生活费用在2美元以下，1人患有艾滋病，26人吸烟，14人肥胖。

到年底，1人去世，2人新生，所以人口增加到101人。

启示
Enlightenment

营销环境既会给企业提供机遇，又会给企业带来风险（或威胁）。上述一组有趣的数字，是宏观环境（人文环境）的反映，它描述了世界人口的各种构成：洲别（或国籍）、年龄、性别、宗教信仰、失业、就业及其行业分布；拥有手机、汽车、合格卫生设备；文盲、上网、生活费用、艾滋病、吸烟、肥胖；以及出生、死亡、自然增长等等。

资料来源

David J · Smith,Shelagh Armstrong .If the World Were a Village: A Book about the World's People ,2nd ed. Tonawanda,NY:Kids Can Press,2002.

25 饭局是个什么局?
——中国饭局解密

中国人崇尚民以食为天。又说，人生在世，不过吃穿二字。研究饭局文化，就是观察中国几千年来文明史流变的一个窗口。所谓的历史纵横，文化长廊，风土人情，上下五千年，其实都蕴藏于日常生活的吃喝之间。所谓饭局之妙，不在“饭”而尽在“局”也——端的是饭局千古事，得失寸唇知。

中国的饭局，菜虽然一定丰盛，但“局”更加重要：吃饭事小，出局事大。

在中国饭局无处不在，结婚有饭局，升学有饭局，赔礼有饭局，办事有饭局，过节有饭局，跳舞有饭局，开会有饭局，打球有饭局，电影收官有饭局，开业有饭局……实在无事，随便编个狗生日猫进门的理由也要办一场。

《新周刊》封面（2006 · 5 · 15）

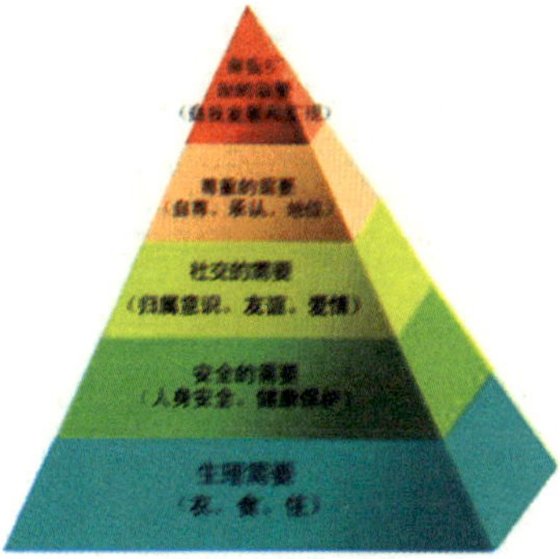

马斯洛“需要层次理论”

启示
Enlightenment

美国心理学家马斯洛（Abraham H · Maslow）“需要层次理论”认为，人的需要看作是有等级层次的，从最低级的需要逐级向最高级的需要发展。人的需要层次由低到高分别是：生理需要、安全需要、社交需要、尊重需要和自我实现需要。当一个人的低层次需要获得满足后，高层次需要又产生了。

我们根据马斯洛“需要层次理论”来分析，人类的饮食需要其实也是可以分层次的，由低到高分别是：填饱肚子以维持生命、促进身体健康和智力发展、注重口味和享受美食、参与饭局为了社会交往……

到餐厅吃饭的人，其行为表现都是吃饭，但是他们的需要、动机却是不一样的，餐厅应搞清楚不同顾客吃饭的需要、动机，提供相应的饮食和服务，来满足不同顾客的需要，这样才能做好餐饮营销工作。

资料来源

饭局是个什么局？新周刊，2006（10）.

中国的饮食之道，也是人情融合之道。一场饭局，既能是亲朋故交之间的沟通交流，也是生意对手间的交锋谈判。所谓人脉，所谓圈子，所谓社会关系，所谓资源，所谓一个人的能量，所谓友谊，所谓生意和交易，最后通通绕不开饭局。酒肉虽然穿肠过，交情自在心中留。

透过饭局里的中国人，我们看到的却是饮食之道里的政治利益、社会关系、人际规则和文化滋味。

中国古代最著名的饭局，莫过于两千余年前的那场“鸿门宴”，但觥筹交错背后暗藏的玄机、杀机却未必是中国饭局传统的常态。同样是司马迁，他在《史记·孟尝君列传》里的另外一段，却写出了中国饭局的原汁原味。孟尝君广招宾客，对于那些投奔自己而来的侠士，无论贵贱都与自己吃一样的馔品。但明白人一眼就能看出，这里所谓请客吃饭，从一开始吃的就不是饭桌上的东西。而战国四君子，门下笼络了食客三千，每日都会有大大小小的饭局开张——中国最早的圈子文化，就这样诞生在夜夜笙歌不绝的饭局之中。

饭局在中国，也是一个人的社会身份认同体系。所以，看一个人经常混迹于何类饭局，几乎便可以洞悉其兴趣、爱好、财富、身份、地位。

启示

Enlightenment

中国的主流消费群已开始出现历史上前所未有的独生代，独生代正在引发中国的消费革命，他们的需要值得国内外市场营销者关注。

26 “小皇帝”——中国独生子女

为了防止人口增长过快，中国政府通过法律在一定时期内限制一个城镇家庭只能生一个孩子。这个规定的一个结果就是：中国的孩子从来没有像现在这样被宠爱并弄得全家一片忙乱。中国的孩子成了“小皇帝”，他们从糖果到电脑应有尽有。六个大人——父母、祖父母、外祖父母，加上叔叔婶婶围着一个小孩团团转。有资料估计，在上海、北京、广州这样的城市中，40%的家庭收入用于孩子的抚养。这一趋势激励玩具制造商大举进入中国市场，如日本的班达公司（Bandai）、丹麦的乐高集团（Lego）以及美国的马特尔公司（Mattel）。

“小皇帝”
（资料来源：文汇报，2011-10-05）

1979年，中国政府开始实行独生子女政策，这一史无前例的“创举”造就了为数大约1亿人（2001年）的独生子女人口，而且随着时间的推移，这个人群还将进一步扩大（据预测，中国的人口大约还需50年才能实现负增长）。在中国家庭人口结构中，2004年平均每户3·36人。2007年中国城镇家庭平均每户2·91人。全国三口之家比例为30%。育龄妇女中，一孩生育率为25·04%。

中国“小皇帝”（Little Emperors）又被称为中国独生代（Only Child Generation，OCG）。

最早的一批独生子女，到2004年已25岁，开始进入消费高峰期。他们的工作和收入趋于稳定，未来收入预期可观。换言之，独生代将迅速替代占主导地位的18～35岁消费群体，成为中国新的消费主力。更重要的是，独生代正在引发中国的消费革命。

中国独生代的消费价值与特征：

（1）无所不闻；超早熟

（2）独立个性；酷自我

（3）享乐主义；全方位

（4）有钱就花；不存钱

（5）崇尚品牌；追时尚

（6）旅游；“电游”；追求感觉和新体验

资料来源

菲利普·科特勒，等. 营销管理（亚洲版·第3版）. 北京：中国人民大学出版社，2005；菲利普·科特勒，等·营销管理（中国版·第13版）. 北京：中国人民大学出版社，2009.

27 了解女人心
——零食=女人

所谓零食，大多指的是一些零碎吃食。人们总是把女孩和零食联系在一起。当女孩们坐在沙发上聊天，看电视时，零食可是必备的。聊天时手里嘴里得有东西，有助于思考和倾听。看电视时，抱着一大袋子薯片，一边保持规律地掏、送、嚼、咽这套动作。不知不觉间，数不清的薯条、薯片被沙发、电视同化了。在这时，最适合的零食有曲奇饼干、开心松子、开心果，各种口味的乐事、品客、卡迪那薯片、通心脆。

女人就等于零食。女人与零食的关系如何？下面的文字给出一种答案。

零食——女人出口，男人出手

谁都知道女人好吃零食，嗜吃零食对女性来说是天经地义的事。女性结婚生子，再升级到做祖母。还是一样嗜好零食。一位90岁的阿婆，当儿孙来探望她时，一定要带零食，否则就生气，而她最爱的零食是蚕豆。女性的食家风范，不会因为年龄的增长而递减。可是外人看出的，都是固定的一族——年轻女性。街头炒货店，超市的零食货架旁，凡是与零食小吃有关的消费场所，无一不是那些花蝴蝶似的靓妹仔穿来穿去的地方。

业内经营者指出过，许多年轻女性所需的零食都是她们的追求者掏腰包买的。所以，如果一个经营者经营以女性为顾客群的商品，实际上是把男性的钱赚到手了。有一回在平和堂超市外面的台阶上，碰到两个穿吊带背心的妙龄少女在那里吃薯片。其中一个女孩一边吃一边舔手指，另一个则边吃边照着小镜子噘着嘴自我欣赏。每当察觉有人注视她们

启示
Enlightenment

目前，女性消费者已经成为企业竞争的重要目标顾客群。但是，女人的钱怎么花？女人为什么喜欢逛街？女人为何要购买香水？……“读懂女人心”是生活中和女性消费行为研究中的一道极富挑战性的难解之题。读懂女人心有助于企业更好的向女性消费者营销。

时，她们就会“丢”你一个媚眼，然后两个人哈哈大笑地抱作一团。那绝不会让人认作是卖弄风骚。她们的脸被夏日晒得黑黑的，充满了青春期恩准的放荡。让人欣赏怜爱，让人爱慕不已。

零食——女人永远的情人

女性天性嗜好零食，零食自然在她们的日常生活中占有举足轻重的地位。访问了很多女性，问道她们为什么喜欢吃零食时，居然无一不露出困惑之色，但有一句是很肯定的：就是喜欢吃！“那感觉好奇怪，晚上在寝室跟同学好好地聊着天，突然一下子特别想出腌豆角了，整个人都坐立不安丢魂似的。宿舍里肯定没有这东西，只好跑到街上去看夜市的路边摊上有没有卖的。算我运气好，真的有。我记得当时抓起一把就往口里塞，一咬，腌豆角就跟微型原子弹在口里爆炸了一样，酸溜溜的，唾液流了一口，把人都酸醒了，心里一下子也踏实了。”一位音乐系的女生跟我说。很多男性不了解为什么女性一跑进大型超市买零食就拉不出来的原因。她们花了那么多的金钱、时间、精力，得回来的是什么呢？他们不懂。女性选购零食就跟吃零食一样，都是一种享受，心态极为错综复杂，与人生一样。上大型超市选购不是件易事。超市的零食是齐全的，而且种类很多，让我无从选择。单说薯片吧，一长溜货架上摆着几十种。包装大小不同，图案各异，卡通的，花草的，有的图案素雅，有的则带着调皮。每回上超市，我就恨自己为什么不多赚一点钱来这里花。要是有足够的钱，我要把它们全买回来。为什么吃零食？大部分女性的回答是：消磨时间、解闷、开心、刺激、娱乐。

零食=女人

女性都是情绪化的尤物，碰到心情郁闷的时候，躺在床上，一手捧着心爱的读物，一手拈着花生仁，天马行空的想象力，不知不觉潜游于虚幻之境，郁闷便翩然而去了。一位曾留学国外退休的独身老教授说，零食是她一辈子的情人，寂寞的时候就来一点，就好像那首酒廊情歌：“美酒加咖啡，我只要喝一杯。”

零食——进攻女孩的器

每次跟弟弟吵架，都是以他给我买零食给我赔罪而和好。曾听朋友说过一个年轻人如何抱得美人归的。他在一次偶然的场合碰到女孩后，便开始浮想联翩，只是不知如何着手。终于有一天他探知女孩很爱吃某种品牌的辣椒萝卜，于是他带着两袋那种品牌的辣椒萝卜敲开了女孩家的门，直至敲开女孩的芳心。

访问过好几对恋人，都证实零食是化解他们矛盾的爱情使者。比如音乐系的一对恋人。一次为着一件小事，李同学得罪了陈同学，而陈同学伤心之后决定分手。李同学为了挽回残局，每天都买包陈同学爱吃的腰果托她寝室的女生带给她，足足送了两个月，不管陈同学是否接受。逗得寝室女生作了首诗，“呆子天天来，腰果日日进。”陈同学认为，虽然李同学的这个举动很俗套，让人啼笑皆非，但他的心意最终还是让她消了气。

零食——吃出美丽与境界

女人嗜吃零食，多少受所处社会环境的影响，但不管怎么吃，女人嗜吃零食已越来越被引入更高境界。一位阿姨介绍说，她新中国成立前生活在云南的锡都，一个小山城。当时中学的女学生都喜欢吃学校门口卖的酸泡菜、臭豆腐干、木瓜凉粉、烤包谷以及炒坊用麦芽糖做的花生糖、芝麻糖等等。这些东西，年轻一代的女性还在吃。尽管时代变迁，零食有所不同，世界性也越来越一致，那些西方人爱吃的冰激淋、巧克力也成了中国女性的至爱，但零食的实质并没有太大的变化。瓜子、花生和炒坊的各种糖制品类的零食，仍然是时下女性的平常零食，并未被淘汰出局。

只是今天的女性嗜零食，已不单纯为吃而吃了。不同身份、不同类型层次的女性，对于零食的选择也不同。乡下女孩的零食仍以自己家做的腌菜为主，城里的女孩在大嚼口香糖以促进面部的血液循环。零食似乎成了女性的另一种身

资料来源

杨晓燕. 中国女性消费行为理论解密. 北京：中国对外经济贸易出版社，2003.

份。那些受过教育，有固定收入的中产阶级女性会尽量避免享用高脂肪、高卡路里，在医学上被认为有伤身体内脏和皮肤的零食。

28 色彩的秘密
——颜色与性格

颜色在不同的文化和市场细分中代表着不同的含义。一些视觉营销专家总结了不同颜色在市场营销中所起的作用。

表2-1 颜色在市场营销中的作用一览表

颜色	性格
 红色	红色是一个强有力的颜色，象征着活力、激情、甚至危险。红色最适合行动导向的产品或品牌，与速度或力量相联系的产品，及主导的或标志性的品牌。
 橙色	橙色往往蕴含冒险和乐趣之意。与红色类似，它是注意力捕获器，且被认为能够刺激食欲，但它没有红色那么具有冲击力。
 黄色	黄色等同于阳光的温暖和欢乐。它偏鲜艳明亮的色彩引出安宁的情绪，据说能刺激心理活动，所以黄色往往与智慧和理智相联系。黄色适合与运动或社会活动相关的产品或品牌，及旨在获得关注的产品或内容。

启示

Enlightenment

世界上不同国家的人对每种色彩的认识是不同的，中西方色彩性格存在着差异。例如：对于“红色”来说，在中国，一般用于传统节日、庆典布置或者婚庆用品，以创造一派喜庆祥和的氛围；而西方对红色的认识是血腥、危险、恐怖的，所以避免红色在医疗机构或是药品、药店的使用。对于“白色”来说，在中国，置办丧礼主要以白色为主；在西方人看来白色是光明、美好的，结婚时，女子都要穿上象征纯洁美好爱情的白色婚纱，所以白色是西方婚庆的主要颜色。

颜色	性格
绿色	绿色蕴含洁净、清新和更新之意，当然，还包括环境保护。但是专家警告说，如今绿色在市场上被过度使用。它是最主要的、自然发生的颜色之一，因此往往与健康的属性相联系。它适合有机的或再利用的产品，或与健康相联系的品牌。
蓝色	蓝色，是另一种自然的主色调，总是与安全、效率、生产力和清晰的思维相联系。在企业界，尤其是在高科技行业，它已成为流行的颜色。蓝色也象征着清洁、开放和放松，它适合每一样东西，从清洁和个人护理产品，到水疗中心和度假目的地。
紫色	几个世纪以来，紫色象征着高贵和财富，至今依然秉承着这些联想。对于奢侈品品牌和奢侈品，或希望营造神秘感或赋予产品独特性的公司，紫色是一个强有力的颜色。紫色在所有年龄层的女性中都特别受欢迎。
粉红色	粉红色具有与少女相联系的固定印象，常被联想起少女和温暖，被认为具有柔软、平静、舒适的品质。粉红色适合个人护理用品和与婴儿相关的品牌。粉红色也代表甜蜜，适合兜售糖果的食品营销人员。

颜色	性格
棕色	棕色蕴含诚信和可靠之意，是一个强大、朴实的颜色。棕色常常被作为男性喜欢的颜色。其暗沉的色调丰富、深厚，而其他颜色适合作为基础色调。棕色通常最适合与其他颜色一起使用。
黑色	黑色是经典而强有力的，是营销人员配色方案中的固定成员，无论是作为主要组成部分，还是字体或图片的强调色。黑色能够传达力量、奢华、高级和威严，能够被用来营销每样东西，从汽车和电子产品，到高端的酒店和金融服务。
白色	白色是蓬松的云彩和初雪的颜色，在逻辑上蕴含着纯洁和洁净之意。它常常作为一种背景或强调色来使整个配色方案变亮。但它也可以被广泛用于有机食物或个人护理用品，来创造纯净的联想。白色还能够象征创新和现代性。

资料来源

菲利普·科特勒，等. 营销管理（第14版）. 上海：格致出版社，上海人民出版社，2012；张婷，宁德煌. 中西方色彩营销差异比较研究. 江苏商论，2015（3）.

启示
Enlightenment

在美国，星巴克（Starbucks）非常平民化，而在中国，目前不少人认为星巴克是高档咖啡。美国喜欢喝咖啡，就像中国人喜欢喝茶一样，每天都离不开它。美国人喝咖啡需要的是品尝咖啡美味和它的保健功效，而中国人喝咖啡喝的则是一种小资情调、显得自己比别人有品位、很有“面子”等。这使得星巴克中国市场营销策略有别于星巴克美国市场营销策略。

资料来源

星巴克中国http://www.starbucks.cn/；菲利普. 科特勒，等. 营销管理（第13版. 中国版）. 北京：中国人民大学出版社，2009；高清敏. 星巴克成功不在咖啡本身——对话星巴克咖啡公司大中华地区副总裁翁以登. 人力资本，2007（6）.

29 中国人喝的是小资情调而不是咖啡！
——星巴克咖啡在中国

1971年，星巴克（Starbucks）在美国西雅图派克市场成立第一家店，开始经营咖啡豆业务。1987年，霍华德·舒尔兹（Howard Schultz）收购星巴克，并开出了第一家销售滴滤咖啡和浓缩咖啡饮料的门店。星巴克是世界上拥有咖啡店最多的公司，目前，星巴克在全球62个国家拥有近20 000家门店。1999年1月，星巴克在北京中国国际贸易中心开设了第一家门店，开启中国大陆市场。

星巴克在开拓中国市场的过程中始终受到困扰，中国13亿人口中的大部分并不喜欢喝星巴克的招牌产品——咖啡。中国是一个盛行喝茶的国度，咖啡只有为数不多的追随者。

在中国，星巴克至今主要围绕着改变中国人的消费习惯来开展经营，它还尽量营造一种新型的休闲娱乐场所来招徕消费者。星巴克中国公司官网介绍：“当我们的顾客感受到一种归属感时，我们的门店就成了他们的港湾，一个远离外界纷扰的空间，一个与朋友相聚的处所。它使人们得以享受不同生活节奏带来的快乐——时而悠闲自得，时而步履匆匆，任何时候都充满了人文气息。”星巴克中国公司认为，咖啡代表着生活的转变，它把星巴克咖啡目标消费群体定位于所谓的“小皇帝”阶层。

中国人为何光顾星巴克咖啡店？多数人是为了体验一种感觉——坐在咖啡店中端着印有星巴克标志的杯子、受到别人的注目礼，而不是为了品尝咖啡的美味。

星巴克咖啡公司大中华地区副总裁翁以登说：“在星巴克看来，人们的滞留空间分为家庭、办公室和除此以外的其他场所。作为一家咖啡店，星巴克致力于抢占人们的第三滞留空间。现场钢琴演奏+欧美经典音乐背景+流行时尚报刊杂志+精美欧式饰品等配套设施，力求给消费者带去更多的时尚与文化；当然在美国大多数人是拿了咖啡就走，可是在中国，80%买了咖啡以后就坐那儿，享受咖啡，享受故事，谈情说爱，谈生意，聊天。在现代的中国社会，有这么一个地方，可以花时间在那儿聊天，和以前的茶馆一样，这就是很符合现代社会的要求；事实上，星巴克所创造的‘第三空间’，已经成为职场人群在家庭、办公室之外的重要去处。一些知名时尚杂志会在这里投放杂志，而精明的销售人员甚至敏锐地把握了这种特征，在星巴克里发展客户。”

新天地星巴克（中国上海）

西安星巴克（中国西安）

资料来源

http://news.xinhuanet.com/food/2013-07/14/c_124999520_6.htm；http://news.xinhuanet.com/food/2013-07/14/c_124999520_12.htm

30 奢侈品在中国

——奢侈品消费的“中国特色”

奢侈品是英文“Luxury”一词的中文翻译。在英文中，Luxury在《牛津高阶英汉双解词典》中的注解是“a thing that is expensive and enjoyable but not essential”，中文翻译为“奢侈品是昂贵的、令人愉悦的非必需品。”

国际上奢侈品的种类一般分为六个方面：①文化艺术市场中的各种昂贵的艺术品；②属于交通运输工具的奢侈品，诸如私人飞机、游艇和豪华汽车等；③属于个人装备的奢侈品，主要指高级时装和服饰、香水、皮包和手表之类；④休闲旅游方面，诸如豪华游轮海上巡游和豪华旅馆等；⑤居住方面的奢侈品，诸如各种昂贵的居室配备用品等；⑥奢侈的饮食，诸如昂贵的红酒和烈酒、鱼子酱、松露、肥鹅

启示
Enlightenment

奢侈品品牌有两个重要因素：排他性和让消费者做梦，也就是品牌的历史和文化，这两者都能迎合中国消费者的心理。奢侈品品牌在中国是富裕起来的人们追求的标签，这种标签隐含的意义，还有文化与品质。

肝、调味品等。

据世界奢侈品协会2012年1月11日最新公布的中国十年官方报告显示，截止2011年12月底，中国奢侈品市场年消费总额已经达到126亿美元（不包括私人飞机、游艇与豪华车），占据全球份额的28%，中国已经成为全球占有率最大的奢侈品消费国家。

当整个社会逐步进入富裕和繁荣的阶段时，当社会上的财富不仅仅是满足生存时，奢华的生活方式以及奢侈品的流行几乎是不可避免的。

奢侈品消费的“中国特色”

（1）奢侈品消费出现“扎堆儿”现象

对于中国人来说，奢侈品大部分还集中在服饰、香水、手表等个人用品上，而在欧美国家，房屋、汽车、合家旅游才是大家向往的奢侈品。对于其他种类奢侈品的消费，我国还处于起步阶段。

（2）奢侈品消费呈现出一种“未富先奢”的特点

世界上奢侈品消费的平均水平是用自己财富的4%左右去购买，而在中国，用40%甚至更多的比例去实现“梦想”的情况屡见不鲜，甚至这些群体是构成支撑奢侈品消费的重要组成部分。这个群体通过努力攒钱的方式来实现其购买奢侈品的梦想。他们经常在奢侈品打折时消费，而且热衷于买一些顶级品牌的小配件，比如领带、皮鞋、皮包等，从而暗示自己也是顶级消费阶层中的一员。

中国大妈海外抢购奢侈品（资料来源：三联生活周刊，2009年第24期）

（3）奢侈品消费呈现出一种“年轻化”的趋势

奢侈品的消费必须建立在雄厚的经济财富之上，从社会财富占有规律来说，社会主要财富应该集中在40岁到60岁的中老年人手中，他们才是奢侈品消费的主体。但是在中国消费者组成结构上，73%的中国奢侈品消费者不满45岁，45%的奢侈品消费者年龄在18岁至34岁之间。这个比例，在日本和英国分别为37%和28%。

（4）奢侈品消费还展现出一种“礼品化”的倾向

奢侈品能够满足人们对生活品质的追求甚至是个人身份和地位的体现。但是在中国，出现了购买奢侈品的人和使用奢侈品的人相分离的奇特现象，也使得奢侈品腐败成为奢侈品消费浪潮中难以忽视的现象。

专家对中国奢侈品消费行为实证研究发现：①中国奢侈品消费的四大动机，分别为炫耀性、追求品质、享乐主义与自我礼物，与发达国家相同；②中国奢侈品作为商业礼物赠送现象；③中国女性情感化购买动机偏向；④中国消费者于国外旅游时购买奢侈品的比重很高。

资料来源

中国奢侈品消费全球第一的隐忧. 中国新闻网 http://finance.chinanews.com/cj/2012/01-16/3606425.shtml；郭姵君，苏勇. 中国奢侈品消费行为实证研究. 管理评论，2007（9）；程世铭. 穿普拉达的人民. 三联生活周刊，2009（24）.

第三篇 市场营销战略

DISANPIAN

基本概念、理论和方法概述

市场竞争是市场经济的基本特征之一。正确的市场竞争战略，是公司成功的实现其市场营销目标的关键。公司在开展市场营销活动的过程中，仅仅了解其顾客是远远不够的，还必须了解其竞争者。知彼知己，才能取得竞争优势，在商战中获胜。竞争者一般是指那些与本公司提供的产品或服务相类似，并且所服务的目标顾客也相似的其他公司。

迈克尔·波特的基本竞争战略

美国哈佛大学教授迈克尔·波特（Michael Porter）提出的公司基本竞争战略有三种:

（1）总成本领先战略（overall cost leadership）——公司降低成本，低于竞争对手。

（2）差异化战略（differentiation）——公司提供产业内独一无二的产品和服务。

（3）集中战略（focus）——公司把目标集中在特殊的顾客群上，集中在某一特定的产品系列，集中在某一特定的地理区域，或集中在公司专注的其他方面。

目标市场营销战略

公司所有的市场营销战略都建立在STP——市场细分（Segmentation）、目标市场选择（Targeting）和市场定位（Positioning）的基础上。一家公司在市场中发现不同的需要和群体，将自己能够提供最佳服务的子市场（细分市场）确定为目标市场，然后定位它的产品和服务，使得目标市场认识到公司独特的产品和形象。

（1）市场细分——就是把一个市场分为若干个不同的消费者群体（子市场）。在每一个子市场中，消费者的需要和偏好是相同的。

顾客需求的异质性是市场细分的内在依据；公司资源的限制和进行有效市场竞争是市场细分的外在强制条件。

（2）目标市场选择——评估各个子市场的有利条件，选择一个或几个子市场并进入这些市场。所谓目标市场，就是指公司经过比较，选择，决定作为自己服务对象的相应的子市场。

公司有五种目标市场选择模式可供考虑，见图3-1所示。

单一市场集中化——最简单的模式是公司只选择一个细分市场（子市场）。公司选取一个细分市场，生产一种产品，供应单一的顾客群，进行集中营销。例如，服装公司只生产儿童服装。小公司常常采用单一市场集中化模式，但是采用这种模式的公司风险比较大。为了分散风险，现在的公司往往采用各种专业化模式。

产品专业化——指公司同时向几个细分市场销售同一种产品。例如，电冰箱厂的产品为电冰箱，它可以生产家庭用电冰箱、饭店餐馆用电冰箱、以及科研单位和实验室用电冰箱。

市场专业化——指公司集中满足某一特定顾客群的各种需求。例如，许多电器公司，专门生产各种“家用电器”，从电冰箱、洗衣机、空调、电视机、家庭组合

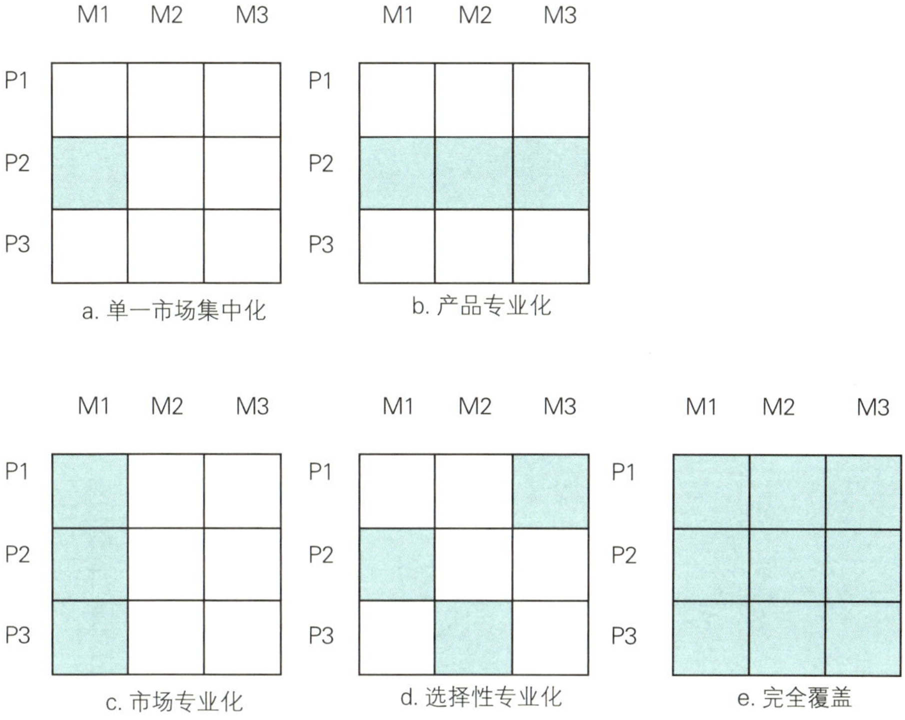

图3-1　目标市场选择的五种模式
（注：上图中P—代表产品product，M—代表市场market）

音响等等。

选择性专业化——指公司有选择的进入几个不同的细分市场。从客观上讲，每个细分市场都具有吸引力，而且符合公司的目标和资源水平。这些细分市场之间很少或根本不发生联系，但在每一个细分市场上公司都可能盈利。这是一种多角化经营方式。例如，云南红塔烟草（集团）有限责任公司以卷烟生产为主业，它的多元化产业涉及金融、能源交通、轻化工材料、酒店物业等多个行业。

完全覆盖——指公司意图为所有顾客群提供他们所需要的所有产品。这是比较典型的某些大公司为谋求领导市场而采取的战略。例如，日本丰田汽车公司在汽车市场上，美国可口可乐公司在软饮料市场上，采用的便是这种模式。

可供公司选择的目标市场战略主要有三种：无差异市场营销、差异市场营销和集中市场营销。

图3-2　无差异市场营销

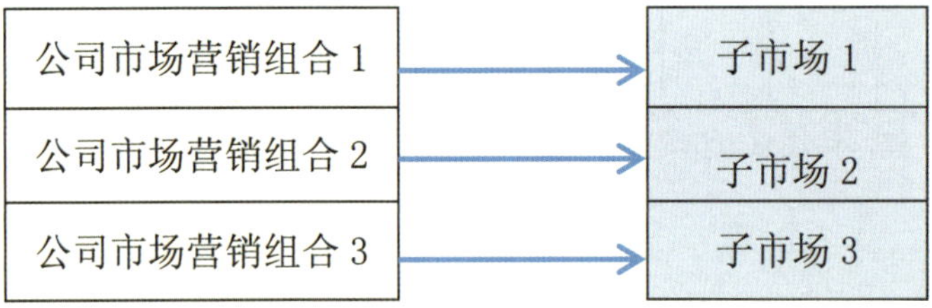

图3-3　差异市场营销

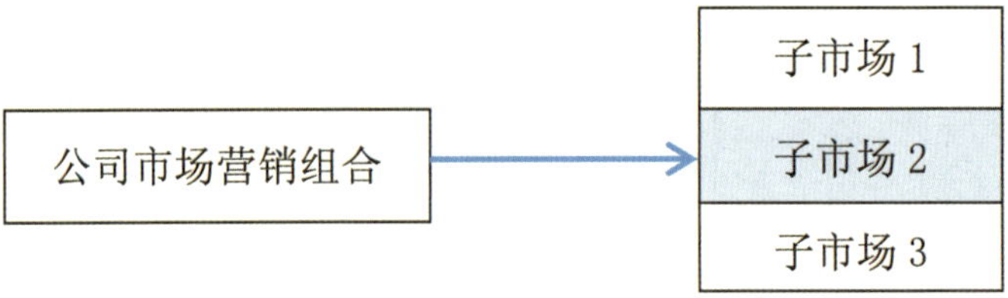

图3-4　集中市场营销

无差异市场营销——指公司在市场细分之后，不考虑各个子市场的特性，而只注重子市场的共性，决定只推出单一产品，运用单一的市场营销组合，力求在一定程度上满足尽可能多的顾客的需求，见图3–2所示。

差异市场营销——指公司决定同时为几个子市场服务，设计不同的产品，并在定价、渠道和促销方面都加以相应的改变，以适应各个子市场的需要，见图3–3所示。

集中市场营销——指公司集中所有力量，以一个或少数几个性质相似的子市场作为目标市场，试图在较少的子市场上占有较大的市场占有率，见图3–4所示。

无差异市场营销和差异市场营销都是以整个市场作为自己的目标市场，而集中市场营销仅以一个或少数几个性质相似的子市场作为目标市场。

（3）市场定位——是设计公司的产品和形象，以在目标顾客心目中占据一个独特位置的行动。市场定位的实质是取得目标市场的竞争优势，确定产品在顾客心目中的适当位置，并留下值得购买的印象，以便吸引更多的顾客。

如果一家公司的产品和服务与其他公司的产品和服务类似，那么它是无法取得成功的。一个公司可以通过对自己的产品和服务进行定位和差异化，以获取竞争优势。

例如，沃尔沃汽车定位于世界上“最安全”和“最耐用”的汽车；美国耶鲁大学定位于“领袖摇篮”。

表3–1　市场定位的方法

市场定位的方法	简介	案例
初次定位	新成立的公司初入市场，公司新产品投入市场，或产品进入新市场时，公司必须从零开始，运用所有的市场营销组合，使产品特色确定符合所选择的目标市场。	红罐王老吉在消费者心中原有的定位是“药茶”。“药茶”是“药”，无须也不宜经常饮用。
重新定位	公司变动产品特色，改变目标顾客对其原有的印象，使目标顾客对其产品新形象有一个重新的认识过程。	红罐王老吉从“药茶”重新定位为“预防上火的饮料”。饮料就可以经常喝，“怕上火，喝王老吉”。
针对式定位（又称竞争性定位）	公司选择靠近于现有竞争者或与现有竞争者重合的市场位置，争夺相同的目标顾客群，彼此在产品、价格、地点和促销等各个方面差别不大。	沃尔玛与家乐福的定位、麦当劳与肯德基的定位，就属于针对式定位，它们的定位趋同，争夺相同的目标顾客群。
回避性定位（又称创新式定位）	公司回避与目标市场上的竞争者直接对抗，将其位置确定于市场“空白点”，开发并销售目前市场上还没有的某种特色产品或服务，开拓新的市场领域。	7—ELEVEN便利店，为顾客提供最大的便利，靠地点、时间（全天候24小时）和“贴心服务”的便利性取胜。

定位的任务是向目标市场传播公司或品牌的核心观念。定位简化了我们对实体的看法。差异化超越定位，并使得实体更富有个性特征。我们将差异化（differentiation）定义为这样一个过程：增加一系列有意义、有价值的差异，从而将公司的产品与竞争者的产品区分开来。差异化是市场定位的根本战略。

公司通过什么方法来使自己的产品和服务区别于竞争对手呢？一个公司可以在产品、服务、人员、渠道和形象等五个方面创造差别。

表3–2　差异化的变量

产品	服务	员工	渠道	形象
样式	订货方便	能力、资格	覆盖面	标志、色彩、口号
特色	交货	礼貌	专长	媒体
性能、品质	安装	诚实	绩效	公司氛围
一致性	客户培训	可靠		事件和公益活动
耐用性	客户咨询	负责		
可靠性	维修和修理	沟通能力		
可维修性				
风格				
设计				

31 香格里拉（Shangri-la）
——就在中国云南迪庆

启示
Enlightenment

“市场营销策划”是企业对将要发生的营销行为进行超前规划和设计，以提供一套系统的有关企业营销的未来方案，这套方案是围绕企业实现某一营销目标或解决营销活动的具体行动措施。市场营销策划包含三要素：目标明确、有创意、具有可操作性等。

“香格里拉”就在中国、就在云南迪庆！这是一个极为成功的云南旅游营销策划案例。

“香格里拉”（英文Shangri-la的汉语译名）是1933年英国著名小说家詹姆斯·希尔顿（James Hilton ）在小说《失去的地平线》（Lost Horizon）中所描绘的中国西南部藏区的一个永恒、和平、宁静之地。小说一经出版，立即成为畅销书，1937年美国好莱坞以此拍摄的电影也风靡一时。20世纪70年代，马来西亚华侨郭鹤年先生创立了香格里拉酒店。从此，“香格里拉”成为地球上许多地方尤其是西方世界的人们所共同向往的世外桃源和理想社会。但是，“香格里拉”究竟在何地？半个多世纪以来一直众说纷纭。无数探险家在西藏、印度、尼泊尔及喀喇昆仑山一带苦苦寻觅，看到的情景都与书中的描写不尽一致。

1996年12月，云南省牛绍尧副省长指示，由云南省政府经济技术研究中心牵头，会同云南省政府办公厅、省旅游局、迪庆州及省级有关部门，组织了几十位各方面的专家，经过半年多实地深入细致的调查研究，多种证据均证明“香格里拉”就在中国云南迪庆。

（1）“香格里拉”是迪庆藏语方言

“Shangri-la”在英语中是外来语的译音。据多方考证，只有在中国云南省迪庆藏族自治州的藏语中才有“香格里拉”（Shangri-la）的发音，含义是心目中的理想世界，而其它藏区对此的发音是“森吉尼达”。这表明《失去的地平线》中“香格里拉”一词源于迪庆藏语，是典型的迪庆藏语方言。其次，在迪庆藏民的心目中，“香格里拉”是一种人神共有、人与自然和谐共生的理想境界，这也与小说中描绘的“香格里拉”完全一致。

（2）迪庆的自然地理环境与“香格里拉”相吻合

迪庆属横断山脉西南腹地，具有希尔顿小说中所描写的香格里拉那样典型的横断山脉地层断面地理特征。

一是雪山。迪庆拥有连绵起伏、气势磅礴、终年积雪的雪山群，与小说对雪山的描写相一致。如梅里雪山的主峰卡格博峰与小说中的卡拉卡尔峰形状相同（均为金字塔形），名称一致（卡格博是藏语卡拉卡尔的汉语译名），而在我国其他藏区均无类似名称的雪山。

二是峡谷。位于中甸县西北部的香格里拉大峡谷（由香格峡和里拉峡组成）和德钦县境内的澜沧江大峡谷，险峻异常，石壁如刀切斧削，与小说中描写的“香格里拉”喇嘛寺下山谷“如鬼斧神工的巨作，壁立千尺”完全吻合。

三是草甸。迪庆水草肥美的草甸与小说对肥沃、富庶的兰月山谷的描写相符。

四是气候。迪庆和小说中的“香格里拉”均为立体型气候，即“一山有四季，十里不同天”。在中国藏区，只有迪庆州立体气候最为明显。

五是水果。小说写道，在“香格里拉”能吃到香蕉、芒果等热带水果，而在小说所述的年代，由于受交通等因素的制约，在我国的藏区中，只有迪庆具有这一独特条件。

六是金矿。迪庆属金沙江、澜沧江、怒江三江流域产金地带，黄金储量丰富，历史上久有开采，与小说对“香格里拉”盛产黄金的描述相吻合。

（3）“香格里拉”喇嘛寺的原型在迪庆

据史料记载，香格里拉大峡谷中的纳格拉寺和德钦县境内的东竹林寺规模宏大，收藏丰富，僧尼共居一寺，这在我国藏区是绝无仅有的。东竹林寺还有“香格里拉”喇嘛寺的许多特征，精心栽培的花草，宁静优雅的庭院，丰富的收藏，与小说中的“香格里拉”喇嘛寺僧尼共居一寺，寺内有

“香格里拉”的春天

“香格里拉”的夏天

“香格里拉”的秋天

“香格里拉”梅里雪山

盛开的荷花及花园、草坪和亭阁一致，也是其他藏区喇嘛寺所没有的。

小说《消失的地平线》封面（1933）

（4）唯有迪庆具备“香格里拉”那样的社会环境

一是多宗教并存共处。迪庆兼有藏传佛教、儒教、道教、天主教、基督教、伊斯兰教、苯教、东巴教等多种宗教。藏传佛教中又有格鲁、宁玛、噶举、噶玛等派别。这与小说中关于香格里拉多宗教并存与相互交融的描写一致，在诸藏区中也只有迪庆才存在。

二是多民族和睦相处。迪庆有藏、汉、傈僳、纳西、白、彝等10多个世居民族，千百年来，各民族和睦相处，相互融合，共同创造了灿烂的文化，与小说中颂扬的香格里拉那一多民族团结和睦的理想社会相符。

好莱坞电影《消失的地平线》（1937）

三是人与自然和谐相处。迪庆藏民认为生命的永恒源于对生命的珍视，他们酷爱大自然，保护大自然。香格里拉社会恪守的“适度”原则正是这种意识和习俗的高度凝炼。

四是外国人留下的众多踪迹。据文史资料记载，在小说所述年代之前，已有许多外国人到迪庆考察风土民情，并留下了许多外文书籍。这与小说中关于香格里拉有德、英、俄、日等国人的足迹和众多外文书籍的叙述完全相同。

五是依靠马帮与外界联系。本世纪30年代之前的迪庆，像香格里拉那样的封闭，依靠马帮和脚夫与外界联系。

（5）东方学者对迪庆的描写与詹姆斯·希尔顿的描写如出一辙

清光绪年间，剑川贡生杨丽拙在《公农村记》中写道，迪庆“地处方外，民性朴实，不善诡诈，宛如武陵桃源。”

1933年，东方奇女子刘曼卿在《康藏征轺续记》中写道：“自丽江西行，路皆岩峻坂，如登天梯……讵三日后，忽见广坝无垠，风清月朗，连天芳草，满缀黄花，牛羊成群，帷幕四撑，再行则城市俨然，炊烟如缕，恍若武陵渔父误入桃源仙境，此何地欤！乃滇康交界之中甸县城也。”

资料来源

摘自 云南省人民政府经济技术研究中心. 开发迪庆香格里拉研究报告. 1997.

“是处生活程度极低……民性勤俭朴实，不尚虚华，更无非分之想。日出而作，日入而息，浑浑噩噩，不知世事。”

综上所述，完全可以证明，传说中的“香格里拉”就在迪庆，迪庆就是人们魂牵梦萦的“香格里拉”。

香格里拉既是一片神秘而美丽的沃土，也是国内外游客特别是西方游客所神往的世外桃源。它寄托了人们对美好生活的憧憬和理想，表达了人们对现实和未来的追求与愿望，揭示了人类社会崇尚真善美的共同规律，因而对世界各地旅游者有着巨大的吸引力。

32 “让多数人知道，让少数人拥有”——云烟（大重九）的营销境界

自从姚庆艳掌舵红云红河集团之后，这位见证了中国烟草的峥嵘岁月、看惯了烟草江湖的起起落落、在烟草行业摸爬滚打了数十年的企业家一心一意都在想如何重振大重九的历史辉煌。

虽然2011年红云红河集团迎来了历史上最好的一年，但在产品的金字塔架构中，塔尖部分始终空缺。近两年来，一批高端卷烟品牌迅速崛起，无论是黄鹤楼1916、白沙和天下还是南京九五之尊，正在切走卷烟市场蛋糕最丰厚的一块。竞争者频频出手，让姚庆艳感受到了压力。

如果红云红河集团不尽快推出高端卷烟，市场留给它的机会将很有限。虽然高端卷烟的销量不大，但在姚庆艳看来，却有着极具重要的战略意义，它带来的蝴蝶效应是不能

启示
Enlightenment

针对“云烟（大重九）”的品牌定位，云南红云红河集团对“云烟（大重九）”采取了与其定位相适应的“让多数人知道，让少数人拥有”市场营销策略。但是，把香烟作为奢侈品、天价香烟的出现，这是中国“特色”，是一种扭曲的消费！

低估的，它不仅能完善企业的产品结构，而且能让企业尽快摆脱低端竞争的困扰。它已经不是推出一个品牌、一款产品的问题，而是如何抢占战略高地的问题。

摆在姚庆艳面前的一个首当其冲的问题是，哪一个品牌将承载这一历史性使命？有哪个品牌将堪当重任呢？这时，一个有着极其厚重历史沉淀的品牌进入了决策者的视线，那便是大重九。虽然它在过去的90多年时光里，并没被人看成是高端卷烟，但其多舛的历史与革命的烙印，足以激发人们对它的怀念与想像。怀旧向来是高端品牌的一个情感诉求，无论是国窖1573还是黄鹤楼1916，皆是如此。为纪念辛亥革命而诞生的大重九，天生具备怀旧的基因。

其实，早在3年前，红云红河集团就在为大重九的复兴做准备，推出了少量限量版大重九，以测试人们对大重九的反应。3年来，尽管市面上不见大重九的踪影，但江湖上始终有它的传闻，神秘感、饥饿感十足的营销策略，激发了人们的好奇心，为大重九的复出造足了势。

云烟（大重九）

要在高端市场快速崛起，一定要有一款任何企业都难以超越的标志性产品。无论多么昂贵的商品，总能找到合适的消费者。而且通常情况下，越是昂贵的商品，营销起来越轻松。两年来，姚庆艳拜访各路英雄，甚至出国考察市场。他发现，高端卷烟在国外没有太大的市场空间，相反在中国却有着强劲的需求。

“大重九一诞生就与革命结下不解之缘，勇气，责任，梦想，这些与生俱来的价值观是大重九与其他烟草品牌最大的不同之处。”红云红河集团营销中心副

总监吕家谋说，“大重九之所以能成为经典，与它的价值观不无关系。”

武怡认为，国内高端卷烟市场是一个价格决定价值的消费市场。“大重九的内涵太深厚了，有人说它代表了勇气，有人说它代表了爱国，也有人说它代表梦想。我们要从这么多的品牌理念中，提炼出一个最符合云烟（大重九）消

费者价值观的品牌理念。”事实上也是如此，几乎所有的烟草品牌都有着大同小异的诉求，重塑云烟（大重九）的品牌价值，就必须与目标消费者产生共鸣。

“香烟与其他商品不同，它是一种交流的手段。它的消费通常有场景，有沟通，有情谊。高端卷烟更是如此，在某种程度上，高端卷烟是一种情景消费品。”吕家谋说，“‘方便亲切交谈’这一诉求精准地表达了高端卷烟的独特价值。”“方便亲切交谈”是红云红河集团对云烟（大重九）的全新定位和诠释，尽管与勇气、责任、梦想的关联度不大，但这句话背后有着很深的含义。

红云红河集团党委书记许力为认为，“云烟（大重九）提出‘方便亲切交谈’，是对超高端卷烟的礼仪性身份和道具性价值的深刻表达，是直指香烟消费本质的诠释。‘亲切交谈’多为社会精英人士的沟通方式，‘亲切交谈’是他们熟知且追求的工作和生活场景。‘亲切交谈’，是思想的交流，也是意见的分享；是观点的碰撞，也是情意的传达；是感情的沟通，也是共识的达成。”在这种情景之下，许力为说：“我们希望云烟（大重九）能在所有的重要场合，成为一座沟通的桥梁。”

一个成功的高端品牌不在于它向世人传播普世的价值观，而在于向目标消费者传递独一无二的体验。“我们要让多数人知道，少数人拥有。”武怡心中的目标正是世界级奢侈品品牌所最追求的境界。

2011年8月30日，云南红云红河集团正式向市场推出了最新高端品牌“云烟（大重九）”，这包烟当时市场零售价定为229·9元/包（每包20支烟）。

国家烟草专卖局何泽华副局长曾经评价：“云烟（大重九）”雍容华贵、国色天香，体现了一个“老”字，但在怀旧中增加了新的元素，新的理念，新的科技。

我们通过对“云烟（大重九）”品牌的分析，它能表达出六层含义：

资料来源
云烟（大重九）：塔尖上的复兴．成功营销，2012（4）；http://www.hyhhgroup.com/htmlnew/news/newsarc.php?id=10982.

属性：昂贵、烟庄、有机
利益：“方便亲切交谈”
价值：高香气、低危害、零农残
文化：爱国、情义、怀旧
个性：尊贵、卓尔不凡
群体（消费者）：顶级精英人士

33 张贤亮卖“荒凉”
——东方好莱坞“宁夏镇北堡西部影城”

张贤亮在“宁夏有个镇北堡”一文中写道：

我想，再没有一个作家像我这样，不但改写了一个地方的历史，还改变了一个地方的地理面貌和人文景观，使周围数千人靠它吃饭。镇北堡虽然不大，却对宁夏非常重要，现在已经被宁夏领导人和老百姓称为“宁夏之宝”；是宁夏首府银川市唯一的国家AAAA级景区，各种媒体包括中央电视台的“新闻联播”，凡介绍宁夏一定会将“镇北堡西部影城”列为首选之一。我常常觉得这比我在文学创作上的成绩还值得欣慰。

为什么说我改变了这个地方的命运呢？因为在宁夏范围内像镇北堡这样明、清时代修筑的边防戍塞不止一处，“文革”前，仅银川市附近至少就有四座，有的比镇北堡保存得还完整。

据史料记载，明朝从弘治到万历年间，明朝中央政府一方面在西北地区大修长城，即包括嘉峪关在内的现在所称的“明长城”，同时还沿着黄河与贺兰山之间狭长的平原地带修建了许多“关隘”，以防蒙古部族入侵。那时，宁夏最重要的军事重镇是中卫县以东的胜金关。明参将韩玉将军从胜金关开始修筑“关隘”，向北逶迤到贺兰山东麓这处天然屏障，分为“南路”、“西路”、“北路”。“南路”的“隘口”有十处，西路的“隘口”有四处，北路的“隘口”有十七处。位于贺兰山下的镇北堡就属“北路”中的一座。如果今天这十七座军事要塞都完好无损，我们站在贺兰山上就可看到它们都能遥相呼应，彼此支援。韩玉将军的布置还是非常符合军事科学的。

可能就因为有这么严密的军事布防，对外敌有强大的威慑作用，宁夏这条战线始终与蒙古部族相安无事，所有的“关隘”包括镇北堡在内都没有经历过一次战争。原先修筑得非常坚固的长城、兵营、要塞、城堡还有放狼烟的斥堠，就在风雨时光中渐渐消融。到了“文化大革命”，这些旧时代的遗物更成了眼中钉，对它们的破坏不遗余力，一座座城堡连同很长一段古长城都被“革命”掉了。

现在，只有在当时的“革命”波及不到的偏远地区还残留了几座古堡，但也都体无完肤。镇北堡之所以幸存就在于它坐落在一片荒凉之中。

现存的镇北堡有其不同于其他古堡的特点。古代军事要塞或牧主地主军阀修筑的城堡，全都是独立的一座，惟独镇北堡是两座，一座比较完整，一座是废墟。原来，明代的镇北堡巍然屹立了二百多年后的一天，到清朝乾隆三年十一月二十四日，即公元1739年1月3日，宁夏突然发生了强烈地震。《银川小志》里记载：“城堞、官廨、屋宇无不尽倒。震后继以水火，民死伤十之八九，积尸遍野。暴风作，数十里皆成冰海。”从此号称“塞上江南”的宁夏元气大伤，直到今天还是经济比较滞后的地区。镇北堡正在银川市的西北方，八米厚的城墙连同城门楼及城内所有的建筑物几乎全部坍塌，作为要塞的防御功能也随同消失。镇北堡所在地正是军事要冲，到清代，此地仍有不可替代的军事价值，于是在乾隆五年，就在原镇北堡的旁边不到二百米的地方，又修

启示

Enlightenment

宁夏镇北堡西部影城，被誉为“东方好莱坞”，它成立于1993年9月21日，由著名作家张贤亮任董事长。镇北堡西部影城特色：古朴、原始、粗犷和荒凉。

目前，镇北堡西部影城已迅速发展成为中国西部最著名的影视城，是宁夏集观光、娱乐、休闲、餐饮、购物、体验于一体的重要旅游景区和中国西部题材、古代题材的电影电视最佳外景拍摄基地，被国务院和文化部评为“国家文化产业示范基地”和“国家级非物质文化遗产代表作名录项目保护性开发综合实验基地”；被国家旅游局评为5A级旅游景区。

镇北堡西部影城

筑起一座同样的城堡，统称为镇北堡。

当年被地震摧毁的边防戍塞不止镇北堡一处，可是其他受灾的边防戍塞仅仅做了些修复工程，有的还因满清与蒙古的关系已与明朝时期不同干脆撤销了建制，惟独镇北堡又建了一座新城堡。二百多年前乾隆皇帝就给今天的镇北堡西部影城打下了基础。

一片荒凉，两座废墟，构成了今天的镇北堡西部影城。

1980年，我平反后分配到宁夏文联工作，恰巧广西电影厂的导演张军钊要拍根据郭小川长诗改编的电影《一个和八个》，摄制组从陕北采景一路跋涉到宁夏，都没有找到理想的地方。到银川，他们请宁夏文联的干部协助他们找。文联干部也不清楚宁夏境内有什么古城堡，想起我是刚从农村上来的“出土文物”，就向我打听。我就把镇北堡介绍给文联干部，叫人领摄制组去看。这一看，就看上了。

至今，镇北堡已拍摄了八十多部电影电视。中国改革开放后的电影就是从镇北堡登上国际影坛的；有许多影星就是在这里开始他们的从影生涯以后进入“国际级”的，张艺谋、陈凯歌、陈道明、葛优、姜文和巩俐。镇北堡成就了他们，镇北堡也因他们的成就获得了“中国电影从这里走向世界”的称誉。

我不想在这里唠唠叨叨地叙述创建镇北堡西部影城的艰辛，那和我的劳改生活一样是我一段珍贵的生活积累，可说“寒天饮冰水，点滴在心头”。我也不想详细描绘今天镇北堡的图景，镇北堡西部影城一年一个变化，即使我在写这篇文章的时候它也在变。镇北堡西部影城范围内有大大小小一百多处场景。来宁夏视察的国家领导人、省部级官员和名人都要到此一游，都曾留下题词或签名，这里只举文化部部长孙家正的一句话，我认为他的话是给镇北堡西部影城最好的褒扬，也等于权威鉴定。他的题词是：“真好玩!”

资料来源

张贤亮. 宁夏有个镇北堡. 收获，2006（3）；镇北堡西部影城 http://www.chinawfs.com/.

34 风花雪月之城
——大理

启示
Enlightenment

市场定位战略主要是通过差异化来区别于竞争对手。“风花雪月之城”是大理的自然定位，“风花雪月”代表着大理最独特、最具价值的景观，是区别于世界其他城市的特性。

大理市位于云南省滇西中部，它属低纬度高原季风气候，年平均降水量约1000毫米，年日照时数平均2345小时，年平均气温为15摄氏度，冬无严寒，夏无酷暑，四季如春，气候宜人。明代大旅行家徐霞客曾用“天气常如二三月、花枝不断四时春”来描写大理的气候环境。

大理市集“全国历史文化名城”、“国家级风景名胜区”、“国家级自然保护区”、“中国优秀旅游城市”、“最佳中国魅力城市”、“苍山国家地质公园”和“中国十佳旅游休闲城市”等多顶桂冠于一身。

在大理，春风、夏花、秋月、冬雪，一年四季常伴左右!

“风花雪月”是大理的四大标志性景观，分别指的是：下关的风、上关的花、苍山的雪、洱海的月。“风花雪月”既是大理的气候元素也是大理的人文元素。每年春、冬是下关的风季，大理每年平均30多天大风，最大风力为十级。苍山主峰马龙峰海拔4122米，山顶终年积雪，而苍山脚下却四季如春。大理人常说：“下关风吹上关花，苍山雪照洱海月”。

“风花雪月”是白族少女的帽子，垂下的穗子是下关的风；艳丽的花饰是上关的花，帽顶的洁白是苍山雪，弯弯的造型是洱海月。“风花雪月”是风舒服，花似锦，雪纯洁，月醉人。“风花雪月”四个字虽为具体的世间四象，让人意会的，却是大理人细腻而丰富的情感世界。

“风花雪月”代表着大理最独特、最具价值的景观

风（下关风）

花（上关花）

雪（苍山雪）

月（洱海月）

下关风、上关花、苍山雪、洱海月——“风花雪月”有一足以称天下奇观，而四者皆全，可谓天下大观，独步海内！

“风花雪月”代表着大理的自然、人文、风情

它是四大自然奇景，是浪漫的气息，是中国入诗入画入书最多的景象和意境。既是自然景象又是人文意境；既是浪漫气息又是武侠背景；既是诗情画意又是声色人性。

“风花雪月”代表着无穷的演义和联想

风——风光、风情、风俗、风味、风月、风水、风骚、风雅、风韵

花——花好月圆、花朝月夕、花红柳绿、花枝招展、花容月貌、大理茶花、兰花、苍山杜鹃、金花

雪——雪山、雪雾、雪线、雪原、雪野、雪松、雪泥鸿抓、十九峰十八溪

月——月白风清、月宫、月桂树、月下老人、花容月貌、花前月下

“风花雪月”有着无穷无尽的含义，它是大理历史的见证，文化的沉淀，它融入了大理人从古至今的情感，可以说，大理的山和水、人和物、天与地都概括其中，它浓缩了大理人文与自然景观的精髓。因此我们使用“风花雪月之城”作为大理的形象定位。

资料来源

宁德煌. 云南省哲学社会科学规划课题研究报告——云南城市旅游目的地偶像品牌构建研究. 2010.

35 高原水城

——丽江古城

丽江古城

丽江市位于云南省西北部云贵高原与青藏高原的连接部位。市区中心位于东经100° 25'北纬 26° 86'，海拔高度为2418米。

丽江古城（又名“大研镇”）是全国唯一拥有“文化、自然、记忆”三项世界遗产的所在地、也是列入《世界文化遗产目录》的中国两大古城之一。2011年7月6日云南丽江古城景区被国家旅游局评定为国家AAAAA级旅游景区。

丽江古城在南宋时期就初具规模，已有八、九百年的历史。丽江古城保留了大片明清年代的民居建筑，均为土木结构瓦屋楼房，多数为三坊一照壁，也有为不少四合院，融会了纳西、白、汉等民族建筑艺术的精华。民居布局灵活，注重装饰，精雕细刻，门窗多雕饰花 图案，色调浓烈。

丽江古城被誉为“东方威尼斯”、“高原姑苏”，水是古城的灵魂。它的水源于20公里外的玉龙雪山，冰清玉洁。水在古城口一分为三，三分为九，再九分古城的天下，依街傍巷，穿墙过院，遂使家家流水、户户垂杨、横桥无数、居游如梦……

丽江古城布局，街道依山势而建，顺水流而设，以红色角砾岩（五花石）铺就。

中国国家历史文化名城、保存最为完好的四大古城有：云南丽江古城、四川阆中、山西平遥、安徽歙县。与中国其他的古城相比，丽江古城与其他古城的区别在于其2400米的海拔，在如此高的海拔上，我们仍能看到溪水穿街过巷，堤上绿柳成荫，街巷名花繁茂这样神奇的高原水城风光。从古至今，丽江古城四周没有建筑城墙也是世界一大奇观！

世界上最出名的水城是意大利的威尼斯，而高原上最出名的水城就是丽江了。水是丽江的灵魂，水让丽江多了一份灵性，多了一份神秘，正是有了水的丽江古城才能在历史的车轮中存留到今天。因此，我们将丽江古城的形象定位为：“高原水城”。

启示

Enlightenment

众所周知，一谈到“水城”，人们首先会想到意大利的威尼斯，丽江“高原水城”的定位是比附定位的一种，也就是攀附世界名牌——水城威尼斯的定位策略。

世界上著名的水城：意大利威尼斯、瑞典首都斯德哥尔摩、荷兰首都阿姆斯特丹、泰国首都曼谷、中国苏州等，都是在海边或靠近大海的城市。而中国丽江古城却是在海拔2400米高原上的“水城”，这是区别于世界其他城市的特性。

资料来源

摘自 宁德煌. 云南省哲学社会科学规划课题研究报告——云南城市旅游目的地偶像品牌构建研究. 2010.

36 “春城新景观，人生后花园”

——昆明金宝山艺术园林

启示
Enlightenment

人居住的地方叫住宅、停放车子的地方叫车库、储藏货物的地方叫仓库、逝者安息的地方叫人生后花园，它们都属于房地产项目。做人生后花园生意有时比做住宅地产赚头大。市场营销最简洁的定义，就是“满足别人并获得利润”。

昆明金宝山艺术园林（简称金宝山）是云南诺仕达集团的全资核心企业，该园位于昆明市西山区晖湾高海公路7公里处，占地面积2533亩，累计投资二亿六千万元，于2000年12月9日开业，它依山伴水，背靠青山，面对的是中国第六大淡水湖——滇池，它将自己定位为集艺术、观光、纪念、历史、教育为一体的景观型生命文化公园。

金宝山围绕“生命公园”的品牌战略，在景观建设上，金宝山以美化城市环境为指导思想，“金宝八景”等景观景点源于自然造化天成，让游客在享受回归自然的情趣之中怡情养性。在人文特征上，金宝山致力于建设成“为祖国、为云南做出贡献的人们”的纪念地，军魂园、艺术名人苑、教师园、建勋园等主题园区奠定了精神传承的基石。在殡仪服务上，金宝山独创“圆满服务”这一现代殡仪服务理念，以关怀心灵为核心，为客户提供整套优质殡仪服务。在墓型设计上，金宝山设计实施了三百余种富有人文个性特征的艺术墓型，配以不同种类的绿化植物，具有赏心悦目的美感。金宝山被国家民政部授予“全国殡葬改革示范单位”、中共昆明市委、昆明市人民政府命名为“昆明市爱国主义教育基地”、昆明市人民政府授予“文明单位”。开业至今，金宝山接待昆明市观光市民近80万人次，拥有客户2万多人。

开园至今，先后在金宝山落葬的云南各界名人有：

著名电影表演艺术家、电影《五朵金花》和《阿诗玛》的扮演者杨丽坤；云南省委原副书记和省长和志强、云南省委原书记和省长刘明辉、云南省委原常委和云南省副省长刘披云等；兰州军区原副司令员、昆明军区原副司令员开国中将陈康、昆明军区原副司令员开国少将查玉升、昆明军区原副司令员开国少将徐其孝、昆明军区原副司令员兼云南省军区司令员开国少将张海棠、开国少将王启明等13位将军；京剧表演艺术家刘奎官、京剧艺术家刘美娟、画家张建中、书法家尚文；冶金学家谭庆麟、地质学家李希勣、经济学家和教育家朱应庚、著名中医和教育家戴慧芬等等。

通过对金宝山实地调查研究分析后，我们可以发现：

金宝山定位——风水极佳、人文艺术气息浓郁、园林式高尚“住宅”，可以与省长、将军、艺术家、科学家和教育家们为“邻”。

金宝山目标市场——那些家境殷实、希望入土为安和有利子孙后代发展的那些70～80岁老头、老太太。

金宝山服务——推出一站式殡仪大礼服务，其服务流程包括：

（1）购买服务：联系园林、园区参观、实地选位、交纳定金、签订合同。

（2）往生服务：免费殡仪咨询、往生事项、提供协助追悼告别、协助火化装盒、派车前往火化场礼仪接灵、在规定期限内免费存灵。

（3）安葬服务：安葬申请、落葬准备、位置复核、礼仪落葬。

昆明金宝山艺术园林

（4）后续关怀：园区“住宅”物业管理、代客祭奠等。

（5）支持体系：素食轩、商店、礼仪队、车队、设计部、石材工艺部、

园林工程部、保卫部、维修中心等。

金宝山定价——金宝山地处昆明市西山区晖湾，距离市中心较远，2001年它开盘时较好位置园区的价格为6 500～10 000元/平方米，其定价在当时昆明市楼盘中是最高的，它采用“需求导向定价法”定价。而在同时期昆明市一环与二环之间的楼盘价格约为3 000～3 300元/平方米，昆明市二环边上的楼盘价格约为2 000～2 500元/平方米。

“金宝山艺术园林”促销——广告语“春城新景观，人生后花园”；给著名电影表演艺术家杨丽坤等提供园区免费“入住”优待；每年在园区举办以“九九重阳节，浓浓敬老情”为主题的重阳节敬老活动；开展“诺仕达杯”昆明市百位明星老人评选活动；“钟鸣鼓响、梵音缭绕”，定期组织佛教祈福活动等等。

资料来源
金宝山艺术园林官网 http://www.kmjbs.com/.

37 “***的摇篮”
——美国大学的使命和定位

一所大学的使命乃是其命脉之所在。大学有了明确界定的使命，它才会有明确界定的目标。美国一流大学之所以享誉全球，总结其成功经验，最重要和最关键的是，几乎每一所著名的美国大学都有自己明确界定的使命，而且不同的大学其定位不同。

美国五所世界一流大学的使命和定位

大学名称	使命	定位
哈佛大学（Harvard）	促进知识，促进教学和研究，帮助社会找到新的方法去解决最迫切需要解决的问题。	美国政府的思想库
麻省理工学院（MIT）	麻省理工学院的使命是：促进知识，提供学生在21世纪能最好地服务于国家和世界的科技和其它学术领域的教育。	科学家和工程师的摇篮
耶鲁大学（Yale）	建校使命：为国家和世界培养领袖。核心使命：促进、传授和保护知识。	领袖的摇篮
威尔斯利学院（Wellesley）	为将对世界产生巨大影响的女性提供优秀的人文学科教育。	杰出女性的摇篮
西点军校（USMA）	教育、训练和激励学员，把每一位学员培养成为恪守“职责、荣誉、国家”价值观的的现役军官，以及具有卓越的专业素养和为国服务精神的美国陆军军官。	将军的摇篮

启示

Enlightenment

美国最著名的大学都是那些使命陈述清晰、定位准确的大学，而不是那些只追求招生数量多、校园面积大、学科门类全的大学。

哈佛大学（Harvard University，简称Harvard）诞生于1636年，后人称之为“先有哈佛，后有美国”。美国独立战争以来，几乎所有的革命先驱都出自于它的门下，它被称作“美国政府的思想库”，先后诞生了8位美国总统、40多位诺贝尔奖得主和30多位普利策奖获奖者，以及数不清的最高法院法官、内阁部长、律师、外交家和工商企业界领袖，他

哈佛、麻省理工、耶鲁、威尔斯利和西点军校等五所世界一流大学的校标（从上到下）

们的一举一动决定着美国的政治走向与经济命脉。

麻省理工学院（Massachusetts Institute of Technology，简称MIT）创建于1861年，它是全球闻名的理工科大学，它以高水平的工程技术研究开发闻名于世，有“科学家和工程师的摇篮”的美名。在它的历史上，共有50多位教授或校友获得诺贝尔奖，5位教授或校友获得图灵奖，20多位教授获得过国家科学奖章。它不但培养了大批科学家，还培养了无数的科技工程方面的专家。电话的发明者贝尔、控制论的创立者维纳等，也都是MIT的毕业生。阿波罗登月计划导航系统在此设计完成、登月4名宇航员在这里起步飞天。三极管、集成电路、磁存储器、晶体管电子计算机、电子控制假肢、微波通讯、世界上第一款电子游戏、第一个玩具机器人等等无数改变世界面貌的技术发明，都在此诞生。

耶鲁大学（Yale University，简称Yale），它成立于1701年，早在耶鲁创立的时候，它的创始人就给这所学校确立了一个使命：为国家和世界培养领袖。它被称为是“领袖的摇篮”。先后有5位美国总统出自于耶鲁。美国最近的连续三届总统：乔治·布什、比尔·克林顿、乔治·沃克·布什都是耶鲁毕业生；克林顿政府时期的财政部长鲁本、小布什政府时期的副总统切尼、奥巴马政府国务卿与前第一夫人希拉里·克林顿、国务卿克里等也毕业于耶鲁。至今为止，耶鲁大学培养了500多名美国国会议员，还为墨西哥和德国培养过总统，为韩国培养过总理，为日本培养过外交部长等。除了政界领袖之外，耶鲁还培养了大批企业领袖。据调查，担任美国大企业领导的耶鲁校友，数量远远超过了其他大学，在美国500家著名大公司里任职的高级职员中，耶鲁毕业生所占比例最高，甚至超过了哈佛。

威尔斯利学院（Wellesley College，简称Wellesley）成立于1870年，它是一所提供博雅教育的文理学院，属于世界顶尖级的女子学院，它被称为“杰出女性的摇篮”。在威尔斯利学院，学生可以广泛地接触到各种各样的知识，广泛地接触到人类的智慧，其中包括艺术、文学、社会科学、哲学、政治、经济、数学、物理、化学等等。威尔斯利学院主张，在这里学习的学生，什么都应该知道一些，但不可能什么都精通。威尔斯利学院的目标，不仅培养学生一个志愿，还有第二志愿，还有后面的志愿，但不管成为律师、电脑专家或者金融投资者，都希望她们能欣赏艺术、理解科学。它们培养的学生，不仅成了美国也成为世界的公民。教育学生善于与外面的世界打交道，是这个学校的特长。学校有这样的自信心与责任心，把女学生培养成有领袖素质，使她们能感受到将要成为世界的公民，而不是一个狭隘的美国公民。学校有这样的信念，在目前的阶段，妇女为促进世界和平有特殊使命，所以，他们为全球化教育自豪。威尔斯利学院培养了许多杰出的女性，如美国前国务卿奥尔布莱特、美国前国务卿与前第一夫人希拉里·克林顿；中国蒋介石夫人宋美玲、著名作家冰心等，因此有人又把它被称为“部长夫人的摇篮”。

西点军校全称为美国陆军军官学校（The United States Military Academy at West Point，简称USMA），成立于1802年，该校是美国历史最悠久的军事学院之一，它先后培养了3700位将军，被称为“将军的摇篮”。许多美军著名将领，如：美国内战时，北方军队总司令尤里西斯·格兰特和南方军队总司令罗伯特·李同为西点军校毕业生。美国陆军五星上将德怀特·艾森豪威尔、五星上将道格拉斯·麦克阿瑟、“血胆将军”陆军四星上将小乔治·史密斯·巴顿和海湾战争担任盟军司令的施瓦茨科普夫等均是该校的毕业生。除此之外，西点军校在培养大批军事家的同时，它还为美国培养和造就了众多的政治家和企业家，其中著名的有：2位美国总统，尤里西斯·格兰特和德怀特·艾森豪威尔；2位美国国务卿，黑格和鲍威尔；国际银行主席奥姆斯特德，军火大王杜邦等。毕业于西点军校的著名校友还有菲律宾前总统拉莫斯。

38 “女人街”
——香港旺角通菜街

启示
Enlightenment

自发形成的香港“女人街”，成了女性顾客逛街购物的好去处。

香港女人街

香港女人街位于旺角通菜街，至于为何得名女人街，是因为早年以销售女性用品为主，同时也聚集了许多大批女性顾客。现在女人街已成为其中一条香港最有名的购物街道，驰名中外，是到香港旅游的必选热点。

女人街，最著名是街道中心的合法摊档，小贩通常用铁枝架起蓝白帆布，然后在小贩车上摆卖各色各样的货品，小贩一摊接一摊，布满整整一条长街，甚为壮观。这些小贩仍以女性顾客为主要对象，货品主要是各种成衣、配饰、家居用品等，全都价廉物美，另外也有为了吸引游客而设的纪念品如T恤、仿古玩等。提醒大家小心货品的真伪，如果打算购买大量货品，谨记要跟档主讨价还价！

现在，女人街所售卖的物品亦已趋向多元化，包括各种家居用品、男女服装、化妆品、手袋、手表、饰物、玩具、香薰等等。注意，女人街的东西大多是内地来的、档次不太高。

摊档一般于中午起营业至晚上11：00为止。女人街外围附近亦有不少熟食档及湿货摊档。

39 “男人街”
——香港油麻地庙街

庙街位于九龙油麻地，因街上的天后庙（妈祖）而命名。以庙前的榕树头花园为界，分成南北两段。这里聚集的人多为草根阶层的市民和外来游客，这里有极具特色的香港货品，有各类衣物饰品、电器、打火机、男士领带、钟表、仿真古董、手工艺品、还有很多承接量身订做的廉价西服、牛仔裤的服饰店等等。由于货摊出售的商品大都以男性顾客为对象，所以这条街道也被称为“男人街”。

每天下午二时许，便有不少小贩在此开摊设档，但人流疏落；一到黄昏下，这里便变成一个摊贩密布的平价市集，在约六百米长的路段，挤满几百个露天摊档，到处人流涌动，摩肩接踵，中外游客川流不息。

庙街上有站街女郎、看相算命的、唱“街头粤剧”的，以及AV店、成人玩具摊、按摩店等等。除了购物外，这里还有传统出名的香港美食和特色小吃，供游客、市民一饱口福。

庙街的知名度一半是被香港电影炒热的，像《食神》《庙街故事》《庙街皇后》《庙街十二少》和《庙街妈兄弟》等电影，都是以此地为背景。

现在，庙街摊档售卖的物品已相当多元化，包括男性服装、手工艺品、茶具、玉器、古董，甚至廉价电子产品都有。

庙街摊贩的营业时间为每日下午2:00至午夜12:00，入夜后的庙街才真正热闹起来。

启示
Enlightenment

香港庙街过去出售的商品大都以男性顾客为对象，也就约定俗成地被叫做“男人街”。

香港“男人街”——庙街

九龙油麻地天后庙

40 专做口香糖
——美国箭牌糖类有限公司（WRIGLEY）

启示
Enlightenment

美国箭牌糖类有限公司就是迈克尔·波特教授“集中战略”最成功的实践者之一。

箭牌糖类有限公司（The William Wrigley Jr · Company，

WRIGLEY）是国际糖果业界的领导者之一和全球最大的口香糖生产及销售商。它1891年4月1日由小威廉·瑞格理先生（Mr·William Wrigley Jr·）创立，箭牌在全世界拥有19家工厂，公司总部设在美国芝加哥。箭牌成立之初，本来从事销售肥皂及发粉；但于翌年随产品附送口香糖促销后，发现口香糖的生意大有可为，便转型成为口香糖生产商。

箭牌口香糖

箭牌公司拥有："绿箭"（Doublemint）、"黄箭"（Juicy Fruit）、"白箭"（Wrigley's Spearmint）等一系列享誉全球的知名品牌。它还在全球范围内产销口味众多的"Airwaves""Alpine""Eclipse""Extra""Freedent""Orbit""P·K""Surpass"和"Winterfresh"等等口香糖品牌产品。

箭牌口香糖产品已经覆盖了全球150多个国家，正在不断融入全世界人们的日常生活。占据了美国口香糖市场的将近半壁江山，在欧洲则占了口香糖全部利润的约50%。箭牌产品在18个欧洲市场上是绝对的领导者，市场份额高达80%以上。

资料来源

菲利普·科特勒，等·营销管理（亚洲版·第3版）. 北京：中国人民大学出版社，2005.

41 中国姚明加盟火箭队——促进了NBA在中国的发展

中国著名篮球明星姚明加盟休斯敦火箭队，加速了NBA扩张进入世界最大的消费品市场以及增长最快的经济体的计划。中国球迷现在可以为NBA全明星篮球队投票。2002～2003年赛季，中国共播出120场左右的球赛。这给予赞助企业通过电视广告进入2.8亿个家庭的机会，几乎等于美国全国的人口。

姚明是中国最具影响力的人物之一，同时也是世界最著名的华人运动员之一，2002年6月以状元身份加盟美国休斯敦火箭队，曾获7次NBA“全明星”，

ESPN全球最有潜力运动员奖（2000），劳伦斯世界最佳新秀奖（2003），被美国《时代周刊》列入“世界最具影响力100人”。姚明被中国奥委会授予“中国奥林匹克金质奖章”，同时被中国篮球协会授予“中国篮球杰出贡献奖”和“中国男篮终身荣誉队员”的称号。

姚明是2002年度感动中国十大人物之一，颁奖辞：“他用高超的体育技能，在一个强手如林的国家运动项目中占有了一席之地，成就了很多人的梦想，更成为中国人的骄傲。他出色的表现和随时听从祖国召唤的爱国精神，使他带给人们的思考已经远远超过了体育本身。对祖国的情感，对现在的把握和对未来的期待，都将使他成为中国体育的象征人物”。2010年7月，姚明入选2010年《中国国家形象宣传片》人物，该片是为塑造和提升中国繁荣发展、民主进步、文明开放、和平和谐的国家形象而设立的重点项目。

中国先后有王治郅、巴特尔、姚明、易建联和孙悦等五位球员加盟美国NBA。

姚明是NBA及世界篮球巨星，他具有较好的品质和形象，例如：球技佳，青春、阳光、善良、诚实、踏实、努力，偶尔冒出来的幽默感和镜头前自如的智慧，没有恶习与绯闻、热心公益活动和慈善事业、拒吃鱼翅做野生动物的朋友等等。

资料来源

改编自 菲利普.科特勒，等. 营销管理（第13版·中国版）. 北京：中国人民大学出版社，2009.

启示

Enlightenment

NBA 是目前世界上国际化营销最成功的职业体育赛事。NBA国际化营销主要推广策略是:全球化思维，本土化运作；以球迷需求为中心，提供全方位服务；围绕NBA 品牌，加大无形资产开发和利用；灵活定价，多角度促销；既保证NBA 联盟整体利益，也注重各俱乐部利益开发。

美国NBA的发展需要姚明的加盟，没有姚明参加的NBA比赛是“外星人”的比赛，它与中国无关，中国观众就不感兴趣。NBA不仅需要姚明的参与，更看重姚明身后十三亿中国人的大市场，有姚明参加的NBA比赛，中国的电视就会转播，中国的报纸和杂志就会介绍，形象良好的姚明也特别适合为美国企业和美国品牌进入中国市场做商业代言。

启示

Enlightenment

“中国移动”将中国的移动信息市场细分为三个不同的细分市场，并推出“全球通”、“动感地带”和“神州行”等三大服务品牌，分别来满足这三个细分市场的需要，最终成功实现了公司的市场营销目标。

42 成功的目标营销

——中国移动的目标市场和细分市场

2006年，中国移动通信集团公司（简称“中国移动”）将其定位从“移动通信专家”调整为“移动信息专家”，这一年集团公司营业额达2954亿元，用户总数超过3亿，市场占有率高达67.5%，其经营领域从专注于移动通信业务转向与信息服务相关的多元化领域发展，以“移动信息化”为主题推动新市场的开发。同时，其目标市场也从B2C延伸到B2B，即中国移动从2006年开始拓展新的细分市场——集团客户（公司、政府、行业客户等），至2006年年底，集团客户总数达到139万户，纳入集团客户管理的个人用户数占用户总数的比例达到26.4%。中国移动针对该细分市场实行大客户管理，提供集团客户移动信息化项目的整体解决方案。

此前，中国移动选择和逐步发展以下三个主要的消费者细分市场：

A. 高端和商务人群：以“全球通”品牌突出服务为驱动力；B. 年轻时尚的一族：以“动感地带”突出时尚体验为驱动力；C. 低端人群和农村市场：以“神州行”突出低价格为驱动力。

中国移动针对不同的细分市场建立了不同的业务模式、差异化的营销策略和渠道体系。不同的细分市场亦对中国移动公司有不同的贡献：

细分市场A和集团客户对利润的贡献最大；

细分市场B对品牌活力和客户体验的贡献最大；

细分市场C对客户数量和市场份额的贡献最大。

中国移动通信集团公司旗下三大品牌——“全球通”、“动感地带”和“神州行”

43 以一天的不同时段进行市场细分

——麦当劳在亚洲城市市场的经营策略

麦当劳——世界快餐界的第一巨头。在亚洲的城市市场，麦当劳的目标顾客、提供的服务和品牌形象在一天当中不断地变化着。

麦当劳在亚洲城市的市场细分

用餐时间	不同的消费者细分市场
早餐	希望有一个安静的用餐地点的年轻专业人士和经理
午餐	希望迅速解决午餐的年轻职业者和办公室职员
下午茶	放学后消磨时间的高中生
晚餐	那些下班晚而希望吃一顿丰盛点心的人
晚餐后	高中生和年轻的情侣
周末	孩子和他们的父母

在亚洲的城市里，麦当劳在不同的时间、对于不同的消费群体可以代表着不同类型的餐厅。

在一个典型的工作日早晨，当街上的交通还没有开始

启示
Enlightenment

清楚地认识理解亚洲消费者行为，是麦当劳在亚洲取得营销成功的秘诀之一。麦当劳在“以一天的不同时段进行市场细分”方面做了成功的营销实践，值得中国公司学习借鉴。

下午放学后到麦当劳消磨时间的中学生
（泰国曼谷2007年6月）

拥挤之前，麦当劳是一个舒适安静、能够让顾客心平气和地享受早餐的地方。在明亮的餐厅里，顾客可以选择一个安静的角落，一边享受早餐，一边阅读由餐厅提供的晨报。

当上班时间来临时，餐厅逐渐变成一个忙碌的地方，顾客排着长队，大部分人会要求打包带走食品。上班时间过后，餐厅有恢复到早晨的宁静。从上午11：30开始，来买午餐的人又开始增多。在排队买到食物以后，有些顾客努力在餐厅内找到座位来用餐，而另外一些人会打包带回办公室或附近的公园吃。在这些高峰时段，员工们面临极大的挑战，他们必须迅速且准确无误地提供客人需要的食品。和本地餐厅相比，麦当劳是一个典型的快餐店——高效、西式、并且性价比高。

接下来，从下午3：00左右开始，放学回家的学生会蜂拥到麦当劳餐厅内享用圣代冰激淋、苹果派，把餐厅变成一个学校活动中心。

晚餐时间通常都比较安静，因为亚洲人发现麦当劳提供的所有食品均不适合晚餐食用，它最多被认为是那些没有时间回家吃晚饭的人提供一顿丰盛点心的地方。

晚餐时间过后，麦当劳又是另外一番景象——成为年轻的办公族和高中生聚会的地方。更晚一些，年轻的情侣会光顾，就这样麦当劳结束了一天的营业。

麦当劳在美国瞄准了儿童市场。但在亚洲，儿童只会在周末和家长一起光顾。所以，在星期六和星期日的午餐时段，麦当劳才会呈现出一个典型的美式麦当劳餐厅的景象——有许多孩子跑来跑去。

资料来源

菲利普·科特勒，等. 市场营销学原理（亚洲版）. 北京：机械工业出版社，2006.

44 一座传统寺庙的现代生存

——少林寺的商业开发

主张“利用商业防止少林寺被商业化”的释永信，使少林寺脱胎换骨成为天下佛教圣地，而他也完成了人生修行的数次飞跃。但经济利益的驱动让少林寺经常陷入与外界各种势力的纠缠之中，释永信更是常常处于风口浪尖之上，甚至绯闻缠身。是民众的误解，还是时代的必然？众说纷纭中有一点大概是肯定的：在探索传统寺庙生存与现代商业模式相融合的道路上，在商业浪潮的裹挟下，释永信注定了要一直争议下去。或许在喧嚣之后，历史才能给这位方丈一个公允的评价。

从来没有一个寺庙的住持，像他那样在尘世的修行中受到广泛关注并引发持续争议。从来没有一个尘世的修行者，能那样以商业化的方式，拒绝一座寺庙的被商业化。从来没有一个人，在最好也是最坏的年代保持一种纯粹的精神信仰，

让佛教成为人间佛教，而非远离大众。少林寺方丈，也即被许多人称为“少林寺CEO”的释永信，他也许可以担当以上这些评价。

为什么要发展寺庙产业？释永信有切身体验。1981 年他刚到少林寺出家，整个寺院不到30 人，到处是残垣断壁，十几个和尚守着28 亩地过日子，1928 年军阀石友三部纵火焚烧少林寺留下的痕迹仍依稀可见，而寺院的经济来源，就是卖大碗茶，“整天为一日三餐忙活，非常困难，更谈不上修缮寺产，弘扬佛法了”。

启示

Enlightenment

非营利组织（NPO）不是以营利为主要目的的组织，它受到法律或道德约束，不能将盈余分配给拥有者或股东，但是为了组织的生存与发展，它们必须在财务上创造盈利，否则就难以为继。佛教寺院作为一个非营利组织，它的生存与发展同样也需要通过商业经营产生收益，以提供其活动的资金，因此佛教寺院也就离不开营销！

少林寺

1987 年，年仅22 岁的释永信承师衣钵成为当时全国最年轻的寺院住持，1999 年升座成为方丈。自1986年开始，他先后创立了少林寺拳法研究会、少林武僧团、少林寺红十字会、少林书画研究院、中华禅诗研究会、少林寺慈善福利基金会，所作所为，全都是想着如何实现“历代祖师的心愿”，寻找一个“有利于佛教事业发展的生存模式和发展空间”。

“安于清净的山门，卖卖香，收收门票，佛教的衰落是必然的。我们天天讲普度众生，不到众生中去，实际上一辈子也度不了几个，甚至都度不了一个，那么我们也就空有一颗慈悲心而已。”

为此，自20 世纪90 年代初开始，他掀起“少林寺”商标争夺战，拆迁寺院周边建筑，申请世界遗产，创办少林药局，组织少林秘籍上网，整修千年古刹，海选“功夫之星”，送僧人学习MBA 课程，重拍影视剧《少林寺》

而且，在目前内部机构设置上，少林寺设立外联处、寺务处、少林寺网站等机构，还拥有少林实业发展有限公司和少林影视公司这两家商业化运作公司。

“开展这些与宗教有关的商业活动，关键看它的目的是什么，采用的形式是什么。一些人不理解我们，是暂时的，时间长了，自然就明白了。检验这些以商业形式出现的活动是对是错，依我看来，关键看是否有利于寺院的发展和佛法的弘扬。”

对少林寺而言，身处盛世，难就难在如何因势利导济世度人，而非被商业给“度”了去，“你不化它，它就必然化你”。好在释永信坚持少林寺主动入世，“以正信正念引导佛教文化及禅武文化产业的健康发展”。

据少林寺官方网站（http://www・shaolin・org・cn）介绍：

“河南少林无形资产管理有限公司，其前身是少林实业有限公司，成立于1998年，由中国嵩山少林寺全资所有，其核心任务是保证“少林”“少林寺”这一中华千年品牌保值升值、永续发展。公司主要对少林寺的商标、品牌等无形资产进行有效的保护。目前，少林寺已拿到45个类别、200多项商标的注册证书。”

“少林寺文化传播有限公司，以在全球范围内传播与保护少林文化为己任，主要从事文化产业领域中包括电影、电视、广播、网络、电子游戏及舞台演出等媒体及传播业产品的开发和经营，并在上述领域进行少林寺品牌的授权与管理。”

“少林寺武僧团的前身是少林寺僧兵。新中国成立以来，为了继承和发扬传统的少林武术，满足社会上对少林武术的要求，1987年12月21日释永信法师发起成立少林寺武术队。1989年少林武术队正式更名为少林寺武僧团。它在形式上仿照了历史上的僧兵体制，但职能转变为通过表演少林武术，达到弘扬祖国传统武术文化，宣传少林禅宗正法的目的。少林寺武僧团目前已经在60多个国家和地区进行过表演。”

资料来源

摘编自 周健，张正良．释永信：“少林寺CEO”的尘世修行．企业观察家，2011（11）；少林寺官方网站 http://www.shaolin.org.cn.

45 嫁个有钱人！——“德育女学馆”的培养目标

德育女学馆，一家教你如何“嫁个有钱人”的特殊学校，国内首家高端女子婚恋教育培训机构。致力于研究女性在婚恋中出现的各种问题，并通过大量案例和调研，设计出针对性强的培训课程，为女性在择偶、恋爱、婚姻等婚恋全程提供专业辅导和培训。

德育女学馆拥有婚恋、心理、法律、形体、礼仪多名

启示
Enlightenment

德育女学馆的目标是培养女性嫁个有钱人，它的市场定位明确、清晰，它是国内首家高端女子婚恋教育培训机构。

邵童《嫁个有钱人:凭什么就是你》一书封面

资深讲师和专家，将耐心为每位会员解疑。德育女学馆设计了专业的婚恋分析题，以便为会员量身定制出专属课程。精心安排了“自我定位”、“读懂他的心”、“驭夫术”、“完美恋爱计划”等针对性强的婚恋课程，让你在婚恋全程掌握主动，走出婚恋迷宫。

德育女学馆理念：让每个女性拥有正确的自我认知、明确的婚姻定位以及把握幸福的能力！

德育女学馆口号：智慧择偶，成就幸福人生！

德育女学馆以有钱人的眼光和择偶标准去培养女性，即“如何嫁个有钱人”。

德育女学馆培养目标是新一代女性。

德育女学馆创始人、世纪佳缘前首席爱情顾问邵童将“有钱人”的择偶标准概括为：“上得了厅堂，下得了厨房，杀得了木马，翻得了围墙，开得起好车，买得起新房，斗得过二奶，打得过流氓”。

邵童在《嫁个有钱人:凭什么就是你》一书中，以她多年亲历的婚恋故事为基点，实实在在地告诉女性，各种类型的有钱男人想娶什么样的女人？女孩子都想嫁得好，可是怎样才算嫁得好？都想嫁有钱人，可是怎么样的有钱人值得嫁，又如何嫁？嫁出去了，又该如何经营自己的幸福生活？新婚姻法颁布了，面对这个貌似“公平”的法律，女性朋友又该如何保护自己？等等。

资料来源

德育女学馆官网　http://www.deyunvxueguan.com/；邵童．嫁个有钱人：凭什么就是你．北京：新世界出版社，2012.

46 世界三大“Yan”舞之一

——中国昆明“吉鑫宴舞”

云南吉鑫集团股份有限公司的前身是吉鑫园过桥米线

餐厅，由白族企业家董事长、总裁李麟于1990年9月8日创建，当时在昆明南华街卖过桥米线，以“弘扬云南民族文化”为宗旨，“振兴滇味”为己任。1994年9月8日，组建吉鑫园滇味城时，就成立了吉鑫民族艺术团，把歌舞艺术融入餐饮文化之中，“吉鑫园十八怪，歌舞成了下酒菜”。1999昆明世界园艺博览会期间，吉鑫园将“一碗米线推上了国宴”，从卖“吃的”到卖“文化”，再到卖“品牌”，完成了云南餐饮的“三级跳”。在1999年底，云南吉鑫集团董事长、总裁李麟，先后两次对欧亚10国的旅游考察中，萌发了世界三大“YAN”的构想，他身体力行，不惜重金打造“Yan”舞品牌。在2000年昆明国际旅游节时，借鉴法国红磨坊“艳舞”、泰国人妖“燕舞”，隆重推出中国“吉鑫宴舞”。它凸现一个“秀”字，即景秀、食秀、人秀，被誉为“秀色美餐”。

据云南吉鑫集团股份有限公司官网对“吉鑫宴舞”介绍：我国有几千年的宴饮文化，其中又以宫廷宴饮文化最具有代表性。整理和发掘中华千年宫廷歌舞艺术和宴饮文化而推出的“吉鑫宴舞”，把美妙的环境、美丽的人物、美味的食品呈现在您的面前。所谓秀色可餐，说的就是这个了。用古代文人豪客的话说，就是：美食我所欲也；秀色，亦我所欲也，两者可以兼得。

中国“吉鑫宴舞”在昆明世博吉鑫园国宴大厅演出三年以来，接待了上百万国内外宾客，被社会各界誉为一场色香味俱全的盛宴，与法国巴黎“红磨坊艳舞”、泰国“芭堤雅燕舞”一起，被列入世界三大“Yan”舞。吉鑫宴舞的成功推出，使中国传统歌舞艺术有了世界级的荣誉。

享受生活，赴这场色香味俱全的“吉鑫宴舞”，心情随感官一起快乐起来。

中国“吉鑫宴舞”演出节目有：南诏宫宴、滇人羽舞、秘境马帮、圣洁祝福、七彩云霞等等。

“宴舞”，即筵席上的歌舞，是由筵席与歌舞组成。

启示

Enlightenment

云南吉鑫集团通过营销策划，宣称：当今世界上存在着三大“Yan”舞，即法国“巴黎红磨坊艳舞”（夜总会式）、泰国“芭堤雅人妖燕舞”（剧场式）、中国云南吉鑫宴舞（宴会式），自己将“吉鑫宴舞”提升为世界级歌舞艺术，并对其进行促销宣传。

南诏宫宴

七彩云霞

云南各民族都能歌善舞，有“歌舞海洋”之誉。在《新唐书·南诏传》有“吹瓢笙，笙四管。酒至客前，以笙推盘劝酹。”的记载，可知早在（唐）南诏时，已将歌舞融入筵席。此后，数百年间虽是歌弦不断，在明、清时期，有唱“堂会”等筵席形式，但在过去，“宴舞”只有达官贵人可以享受，一般平民百姓是很难问津的。在云南，歌舞与餐饮相伴，作为商业演出并形成宴舞乐的经营项目，则是云南吉鑫集团首创。

“吉鑫宴舞”十大亮点组合

之一：宴舞组合　千年文明焕发新姿

之二：五大篇章　缤纷多彩盛世之作

之三：群星璀璨　山青水秀人更美

之四：环境舒适　金色大厅尽显王者气派

之五：唯美服饰　穿在身上的风景

之六：浪漫音乐　红土地上飘飘仙乐

之七：吉鑫美食　精品菜肴万民共享

之八：国宴服务　我的实力彰显您的尊贵

之九：底蕴深厚　吉鑫品牌响遍四方

之十：云南典范　和谐之作世界共享

资料来源

云南吉鑫集团股份有限公司 http://www.jixin.cn/jxyw/jxyw.asp；张楠. 云南吃怪图典. 昆明：云南人民出版社，2004；昆明世博吉鑫宴舞. 云南旅游电子政务网 http://www.ynta.gov.cn/Item/2010.aspx.

47 曼谷的骄傲
——泰国曼谷Siam Paragon购物中心

泰国曼谷Siam Paragon购物中心（Shopping Mall），是世界上最大的购物中心之一，它于2005年12月9日开业。它定位于主要服务欧美旅游者、中国旅游者、泰国的白领和金领。它拥有：许许多多的百货店、超市、专卖店、体育用品商店、药店、手工艺品商店，餐厅和一座电影城，一个东南亚最大的水族馆，一个展览馆、一个泰国美术馆和一个歌剧音乐厅，它也有一个大型保龄球馆和卡拉OK中心，一个五星级酒店和酒店式服务公寓，还有银行等等。

泰国曼谷Siam Paragon购物中心占地13英亩，总建筑面积30万平方米。它的地下一层是东南亚最大的水族馆——“暹罗海洋世界”。水族馆里有：企鹅、灰色护士鲨鱼、鳐鱼、巨型蜘蛛蟹、龙胆石斑鱼等等；它还有一个海底走廊、一个“4 D”电影院和提供一个“与鲨鱼潜水项目”。

一层楼有一个8000平方米的世界美食商店，其余为美食天地，那里有许多餐厅，它们销售泰国餐、日本料理、中国餐和中式火锅、美式快餐。美式快餐有麦当劳、汉堡王、KFC、SUBWAY、星巴克咖啡等，以及哈根达斯冰激淋。二楼至四楼，有许多百货店、超市、品牌专卖店、书店、银行、汽车展厅等。最高一层楼是一座电影城，包括15个大型电影院，其中一个IMAX电影院的银幕尺寸和座位数是亚洲最大的，放映世界上最新的各种电影。

Siam Paragon汽车展厅

Siam Paragon免费购物观光电瓶

它的零售商店出售各种奢侈品牌服装、珠宝、电子产品、乐器、音响设备、体育用品和异国情调的超级跑车，以及多个书店。品牌商店包括：古奇、香奈儿、巴黎世家、华伦天奴、高田贤三、爱马仕、Bottega Veneta、乔治·阿玛尼、Jimmy Choo、克洛伊、杜嘉班纳、巴宝莉、菲拉格慕、卡地亚、芬迪、Zara、范思哲、路易威登、纪梵希、普拉达、高田贤三、Escada、保罗史密斯和其他许多高档品牌。

Siam Paragon购物中心汽车展厅，包括：兰博基尼、莲

启示

Enlightenment

通俗地讲，Shopping Mall是集购物、餐饮、娱乐、休闲、旅游为一体的大型综合性购物休闲中心。其特点，一是大：占地面积大、绿地大、停车场大、建筑规模大；二是多：行业多、店铺多、功能多；三是高：购物环境要求高，档次高，顾客购买力高。

资料来源

Siam Paragon购物中心官网 http://www.siamparagon.co.th/.

花、阿斯顿·马丁、捷豹、宾利、保时捷、世爵、玛莎拉蒂、宝马、悍马和MTM。

由于Siam Paragon购物中心的面积太大，各层楼还设有水吧、酒吧，为了方便顾客购物和休闲，每层楼还配备了免费的、招手即停的购物观光电瓶车，每车可以乘坐2～3人。

48 爱不释手
——英国伦敦“左撇子用品大全商店”

1968年，世界上第一家专门为左撇子服务的商店——Anything Left-Handed（左撇子用品大全商店）诞生在英国伦敦西区彼科街65号。

Anything Left-Handed官方网站介绍该公司的概况为：

“我们是一个左利手团体，提供相应产品和信息给全世界的左利手人群，让他们生活更容易一些，同时致力于改善人们对左利手人群的了解，认可和移情。”

“我们通过邮购把我们广泛的产品提供给世界各地的个人和企业，自1999年开始，顾客还可以通过互联网购买我们的产品。”

“我们还建立起了一个免费的世界性左利手组织——左利手俱乐部。我们为左利手会员出版简报，为左利手提供交流的平台。”

“左撇子用品大全”（Anything Left-Handed）为左撇子设计、制造的产品主要有：高尔夫球杆、水果刀、剪刀、削铅笔刀、钢笔、开罐头和开瓶塞的工具等等。

2006年5月，Anything Left-Handed公司关闭了伦敦“左撇子用品大全商店”（实体店铺），专注于公司电子商务网

启示
Enlightenment

在美国人马克·J·佩恩和E·金尼·扎莱纳所著的《小趋势：决定未来大变革的潜藏力量》（北京：中央编译出版社，2008）一书中写道：据估计，现在每10个人中就有一个人是左撇子。英国女王伊丽莎白二世的母亲、伊丽莎白二世女王、查尔斯王子和威廉王子是左撇子；科学家爱因斯坦、富兰克林和牛顿是左撇子；著名的军事领袖查理大帝、亚历山大帝、凯撒和拿破仑是左撇子；艺术家达芬奇、米开朗琪罗、毕加索是左撇子；音乐家贝多芬是左撇子；自杰拉尔德·福特以来的每一位总统，除吉米·卡特和乔治·布什以外，都是左撇子。（注：美国现任总统巴拉克·奥巴马也是左撇子）。

站（http://www.anythinglefthanded.co.uk/）和左撇子俱乐部。公司将继续开发新的内容、扩大产品范围和添加新功能，使其电子商务网站成为全世界左撇子最大和最好的资源。

左撇子用品大全商店（英国伦敦）

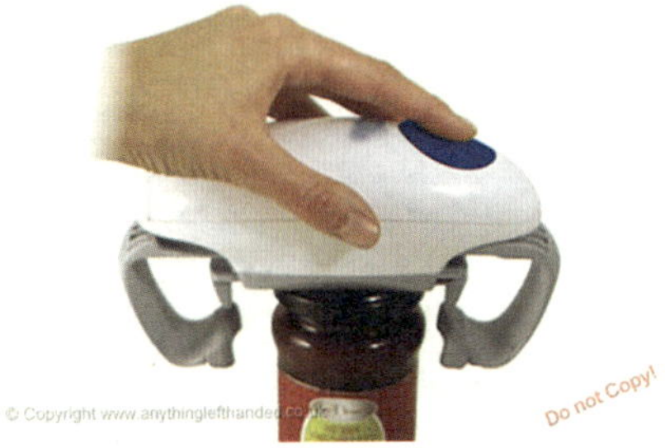

“左撇子用品大全商店”开发的左手用开瓶器

资料来源

“左撇子用品大全商店”官网www.anythinglefthanded.co.uk

左撇子曾经一度被视为奇怪的行为。在中国，左撇子的小孩甚至在很小的时候就会被强行矫正使用右手。目前，在中国还没有关于左撇子人数的统计数据，但是中国人口基数巨大，即使按占总人口1%来推算的话，左撇子也有1300万人。从左撇子的角度来看，中国商家早就该考虑到左撇子消费者的苦恼，左撇子商品小众并不意味市场狭小！

49 销售欢乐
——世界娱乐之王美国迪士尼公司

自从1923年创立以来，迪士尼的名字一直代表着全家人的优质娱乐场所。迪士尼公司（The Walt Disney Company）最初由沃尔特·迪士尼（Walt Disney）和罗伊·迪士尼（Roy Disney）兄弟创建，并在20世纪扩展了其业务范围，开始向世界各地的家庭提供优质而令人难忘的娱乐服务。仅以简单的黑白卡通片起步的迪士尼，后来成了全世界的奇迹。现在，迪士尼公司经营的业务包括主题公园、电影制作、电视网络、戏剧制作、消费品和不断增加的网上业务。

迪士尼最著名的卡通形象——米老鼠

到了1971年，迪士尼已经被两兄弟打造成了一个象征信任、娱乐和消遣的品牌。凭借那些动人的标志性形象、故事和不可磨灭的记忆，迪士尼引起了儿童、家庭和成年人的共鸣。

像植物的向光性那样，追求欢乐也是人的本性。迪士尼出售的是“欢乐”，而不是别人广为经营的物质性具象性的商品。从商业角度来说，其高明之处，就在于它彻底地坚信，只要存在需求，就一定会有市场。既然人类和生活中有太多的苦涩和不幸，有难以逃避的痛苦和灾难，欢乐因此就更为宝贵。迪斯尼紧紧抓住人类对欢乐的向往这一最基本最普遍的需求，由此而生存和发展，并且拥有了不可限量的市场发展空间。迪士尼所提供的“欢乐”，是既能抓住亿万人的注意力，又宜于“全家共享”的。这既是它的奇特之处，又是它的高明之处，也是全人类认同的理由。

沃尔特·迪士尼说：“我主要不是为孩子拍电影，我要唤起的是这个世界正在泯灭的‘孩子气的天真’。在我所有的作品里，我试图实现并证明这种天真”。“孩子气的天真”，这既是一种目的，又是一种手段。迪斯尼影片是“家庭共享”的。“家庭共享”，从沟通上说，则要做到无论男女、老少，都喜欢。沃尔特·迪士尼做到了，他的制胜法宝就是唤起“孩子气的天真”，“孩子气的天真”就是所有年龄段人员沟通的连接点。

“孩子气的天真”，即以孩子的眼光看世界、看大人、看同伴、看好人、看坏人。以“孩子气的天真”作为创意表现的根本支柱，是沃尔特·迪士尼的一大发现，这一发现，是他对卡通业、娱乐业的一大贡献，对这一贡献，人们给予了亿万美元的回报。

启示

Enlightenment

市场定位讲的是“一把钥匙开一把锁！”。可是，迪士尼却发明了一把“万能钥匙”——销售欢乐，打开了所有的锁——顾客，因为世界上每个人都需要欢乐！迪士尼销售的是一种老少皆宜，家庭共享的欢乐。

资料来源

菲利普·科特勒，凯文·莱恩·凯勒．营销管理（第14版）．上海：格致出版社，上海人民出版社，2012；迪士尼公司官网 http://thewaltdisneycompany.com/；李世丁，周运锦．销售欢乐．广州：广东旅游出版社，1998.

50 “看人下菜碟”——小老板卖面条的生意经

有一位小饭店老板做生意，整天门庭若市，买卖兴隆。这天才开门就进来一位拉板车的力夫，要了一大碗烩面，老板给他做了满满一大碗，中间面条多的鼓了起来，吃完饭力夫心满意足地付钱走人。过一会儿，又来了一位精瘦的、却精明干练的生意人，也要吃烩面，老板给他端上来一碗烩面，量不大但料多味美，生意人满意地吃完走人了。老板笑眯眯的将他的生意经总结成四个字“看人下菜”，拉板车的力夫饭量大，量足吃饱经济实惠最重要；生意人则最关心的是味道鲜美，量多了也吃不完，还多费了钱，那么他就会不高兴。

启示 Enlightenment

“看人下菜碟”，本是人们常用的一句贬语，比喻不能一视同仁、待人因人而异，根据不同的人给予不同的待遇。但是，在企业营销过程中，我们就是要“看人下菜碟”——强调因人而异，要为不同的顾客，提供不同的产品或服务的需要，满足他们不同的需要。我们通过分析发现，小老板卖面条时采用的是差异市场营销战略，他对拉板车的力夫、生意人分别采用了不同的市场营销组合，满足了顾客的需要，实现了小饭店门庭若市、买卖兴隆。

面条好吃，顾客各有所爱

51 秀色可餐——云南少数民族花馔

我国利用可食花朵制成肴撰，历史悠久，是古代的宝贵饮食文化遗产之一，素为宫庭和民间所采用。早在战国时代，伟大的爱国主义诗人屈原在他的抒情长诗《离骚》中就写有“朝饮木兰之坠露兮，夕餐秋菊之落英”的诗句，以示高洁。“落英”，指初开的花朵。花馔口味清新，味香色艳，

启示

Enlightenment

鲜花食品是一个细分市场，对云南商家来说商机无限，例如：鲜花点心、鲜花饮料、“百花宴”……

资料来源

宁德煌，张晓霞. 简谈云南民族花馔. 民族艺术研究，1995（3）；宁德煌，张晓霞. 家制滇味花. 中国食品，1995（6）.

并具有一定的食疗保健作用。

我国人民经常食用的花卉有菊花、兰花、桂花、牡丹花、梅花、栀子花、芍药花、荷花、玫瑰花、芙蓉花、木懂花、玉兰花、茉莉花、橘花、香橼花、野蔷薇花、木香花、锦带花、甘菊花、金银花、桃花、杏花、梨花、红花、晚香玉、蚕豆花、南瓜花、扁豆花、丝瓜花、白菜花、青花菜、黄花菜、凤仙花、刺槐花、款冬花、月季花、海棠花、榆钱等。其烹调技法有煮、蒸、煎、炒、炸等。鲜花可以做成菜肴、饭、粥、面、饼、糕、羹、馄饨、包子等各种食品。

食花曾是人类社会的一种普遍现象，今天似乎是有些淡漠了，然而，在素有“植物王国”美誉的云南却保留了许许多多吃花的习惯。云南是植物王国也是花的王国，花卉资源十分丰富，一年四季，此谢彼开，繁花似锦，永不凋落。满山遍野的鲜花为云南菜的烹调提供了极为丰富的原料。除了前面提到的各种可食花卉外，云南各族人民经常食用的花朵还有：白云花（又名苦刺花）、金雀花、仙人花、芭蕉花、三七花、棠梨花、棕包花、芋头花、海菜花、雪莲花、韭菜花、山茶花、面蒿花、百合花、大白杜鹃花、石榴花等等，目前已知云南各族人民群众经常食用的花卉有100多种。

玫瑰鲜花饼

鲜花菜肴

52 “汉味早点第一巷”
——武汉户部巷

户部巷，“汉味早点第一巷”位于中国著名的历史文化名城武汉市武昌自由路，是一条长150米的百年老巷，其繁华的早点摊群20年经久不衰。在别的城市被敷衍甚至忽略的早餐，被武汉人随意而隆重的提升“过年”般“过”的位置。以“小吃”闻名的户部巷，就是武汉最有名的“早点一条巷”。

户部巷于明代形成，清代因毗邻藩合衙门（对应京城的户部衙门）而得名。由于历史和地理的原因，很早就以经营汉味早点而闻名，热干面、糊汤粉、牛肉面粉、面窝、稀饭等独特汉味早点经营，经久不衰。2002年以来，武昌区政府在重塑历史文化名城的过程中，按照“汉味早点第一巷”的定位，对户部巷进行整体打造。经过多年的建设改造，户部巷已由原来的147米长、3米宽、12家小吃经营户的小巷，发展成为由户部巷老巷、自由路和民主路西段组成，集小吃、休闲、购物、娱乐为一体的年接待游客逾千万的汉味特色风情街区，各类经营门点约达340个，其中从事小吃经营160余户，经营品种170有余。

“汉味早点第一巷”扬名以后，吸引了一批百年老字号小吃企业扎堆于此，如四季美汤包、蔡林记热干面、德华酒楼、老谦记豆丝等；还有近几年来已声名远播的汉味小吃品牌，如精武鸭脖、周黑鸭、新农牛肉、盈喜客中式快餐等也来此安家落户，以及户部巷本土孕育的石记热干面、陈记牛肉面、徐嫂糊汤粉、李桃烧麦、今楚汤包、真味豆皮等数十个汉味小吃品牌使户部巷成为了汉味小吃的代名词，也是登名楼、逛名街、品名吃、观名景的老武昌的新天地。

启示
Enlightenment

俗话说“生意要挤着做”，因此才在城市里形成了例如“汉味早点第一巷”“海鲜一条街”“小吃一条街”“酒吧一条街”“婚纱一条街”等等。

武汉户部巷

武汉户部巷

53 两桶油的146亿外快
——中石油和中石化的非油便利业务营销

启示
Enlightenment

中国石化企业利用加油站渠道资源优势开展非油便利业务营销，成为新的卖点和利润增长点。

作为一种新的零售业态，中石油、中石化两巨头开设的3万多家位于加油站的便利店，正成为其营收棋局中愈发重要的一枚棋子。城市里到加油站除了加油还能干点啥？购物、用餐、休息、汽车保养与维修、买彩票、ATM存取款、交水电和煤气费……

所谓非油品业务，即加油站油品销售之外的收入：便利店，以及与餐饮或广告商等合作而获得的租金收入等，其中便利店占相当比重。

细心的人可能留意到，最近几年，越来越多的中国石油（简称中石油）和中国石化（简称中石化）的加油站里开起了便利店，前者的品牌名称为“昆仑好客”，后者叫作“易捷”。

截至2011年底，全国共3万多家的中石化加油站中，已有逾1.9万家开设了易捷便利店。全国共1.9万家中石油的加油站中，超过1万家开设了昆仑好客便利店。

统计显示，两大石油巨头一年里光靠着“不务正业”，就能赚到146.7亿元。

“西藏5100”这个“寄生”铁路系统而著称的饮用水品牌，在上市后宣布与中石化“联姻”，产品进入6000多家易捷便利店。5100矿泉水的特定渠道总代理商、广东汉腾市场推广主任廖健和在接受南方周末记者采访时称，之所以选择和加油站便利店合作，是因为其“客户群和5100定位相符，有车一族，有一定经济实力”。

早在2009年9月底，中石化便与贵州茅台签署了战略合作协议，在彼时全国范围内的1.5万家便利店里售卖茅台酒。与此同时，长城葡萄酒专柜也来了。在外国人出入比较频繁的北京日坛店，店面的四分之一都用来开设各种品牌的红酒和洋酒专柜。

什么样的商品更容易进入加油站便利店？中石化北京石油非油品中心负责人接受南方周末记者采访时称，易捷便利店商品采购的权限，并非单一的“中央集权”，中石化的策略是：“一些大的合作项目”比如贵州茅台，由总公司出面谈妥，再向地方布局；而分公司在地方特产等商品的采购上则有更大的自主性。

商品定价也有学问，原则之一是“一定要高于超市”。

在便利店的带动下，中石化和中石油正在试图将众多加油站的角色塑造为“服务驿站”。

号称国内最大第三方线下支付公司的拉卡拉目前是中石化易捷、中石油昆仑好客以及BP加油站便利店的合作伙伴。顾客在便利店可完成信用卡还款、手机充值、网购付款、购买游戏充值卡等业务，还可以完成水、电、煤气、固定电话及宽带缴费等事宜。

拥有肯德基、必胜客和东方既白等快餐品牌的百胜集团也在2011年和中石化敲定合作意向。

无论如何，最大的赢家是石油巨头们。加油站空间的商业价值被不断挖掘出来，石油巨头们有时对送上门来的新生意和新主意应接不暇。而一些看好其渠道优势的合作者，宁愿先期牺牲一些利益，目的只为“先入为主”。

中石油“昆仑好客”

2011年4月，中石化与国内的航空媒体运营商——航美传媒正式签署“中国石化加油站户外媒体综合开发”项目。按照计划，在未来5年半左右的时间里，航美传媒的广告网络将陆续覆盖到中石化所有的加油站。

中石化“易捷”

根据美国能源部下属的官方机构美国能源资料协会

（EIA）发布的报告，目前美国的加油站便利店销售收入占整个加油站总收入的比重可以达到30%～40%，形成的利润占总利润的55%～65%。在美国，加油站便利店模式填补了人们生活中的一种空缺，习惯周末到郊区大型商场购物的美国人，日常生活的零星需求则可以在加油站便利店实现，且国外很多商店关门早，要买东西去24小时营业的加油站是上乘选择，这早已经成为一种自然存在的消费文化。

资料来源
刘薇. 石油巨头一年挣了146亿"外快". 南方周末，2012-05-12.

但在中国，"买东西到加油站"这种消费习惯的培养，短时间内似乎并不现实。

54　9亿人的大市场
——中国农村消费市场开拓

启示
Enlightenment

中国农村市场有其独特的特点，而不是城市市场的简单复制，企业要坚决摒弃试图把城市过剩产品推给农村消费者的意图，必须对农村市场进行市场细分，从而确定自己的目标顾客群及目标区域，做到产品功能适农，产品质量适农，产品价格适农。商业经营农村化，采取相应的营销对策，以满足农村消费者需求。

我国农村人口达9亿，有2.38亿农户，占全国总人口的70%以上，而农村的消费总量却只有城市消费水平的一半左右。假如这个巨大的消费群体每人全年多购买10元的商品，即可增加90亿元商品的有效需求。如果农村的消费市场能得到有效扩大，那么整个消费市场的状况将得到根本性的转变。对很多商家来说，这将是一个巨大的商机。

但是，我国农村消费市场的现状：购买力不足、农民素质偏低和消费观念保守、信息传递渠道单一和不畅、基础设施建设水平落后、交通不便等。

我国农村消费市场开拓策略：

产品——适销对路

例如：价格低、功能简单、容易操作、宽稳压范围、节能的普及型家电产品。

定价——"低价渗透""同价位较高价"

例如：对于日常消费品，农民倾向于购买价格较低，质价比较高的实惠商品，因此日常消费品应该采用低价渗透策略；而对于大件耐用消费品，农民却倾向于购买同等水平下价格较高的商品，则宜采用同等价位的较高价策略，这是因为农民对商品知识了解的不够充分，认为“便宜没好货，好货不便宜”，立足于长远而选择价格较高的商品，

工业品下乡
（资料来源：家居天下 http://www.hometx.cn/viewnews-730858.html）

分销——加强终端控制

由于农村市场相对消费量小，消费集中（比如节日前后）的特点，我国的单个企业往往没有能力广泛建立县级的分销网络。则可以考虑由多个非竞争产品（比如彩电与冰箱、洗衣机）品牌合作，建立多品牌联合的广泛的销售网络，比如建立多种知名品牌的联合产品专卖店。

促销——注重品牌的美誉度和口碑

在农村，基础设施比较落后，信息传播滞后，接受外界信息渠道较少，但人与人之间信息交流却相当活跃，公众意见对消费者有重要的影响，再加上农民具有求同的从众心理和好胜的攀比心理，品牌美誉度和口碑会影响到大件耐用消费品的流行趋势。

资料来源

张栋梁，宁德煌. 我国农村消费市场的开拓策略初探. 昆明理工大学学报（社会科学版），2002（4）.

启示
Enlightenment

美国大峡谷国家公园是世界级的旅游资源，它拍摄IMAX电影《大峡谷——隐藏的秘密》来宣传介绍大峡谷，尤其是它针对主要旅游客源国出版了具有8种不同语言声带的《大峡谷——隐藏的秘密》DVD光盘，这种旅游营销实践值得我国旅游景区景点学习借鉴。

55 《大峡谷——隐藏的秘密》
——盘具有8种不同语言声带DVD

大峡谷国家公园（Grand Canyon National Park）位于美国西部亚利桑那州西北部高原上，成立于1919年。1979年它被列入联合国教科文组织的世界遗产名单。它被称为是“上帝的杰作”“大自然的交响曲”。大峡谷国家公园占地4962平

大峡谷

《大峡谷——隐藏的秘密》DVD

方公里，大峡谷大体呈东西走向，大峡谷长350公里，峡谷顶宽6～29公里，最深处达2340米。它是由是科罗拉多河经过数百万年以上的冲蚀而形成，色彩斑斓，峭壁险峻。大峡谷国家公园野生动植物资源十分丰富。大峡谷中从下向上，有亚热带到寒带的各种植物。珍稀动物有美国国鸟白头鹰、美洲隼、大蜥蜴等。还有此地独有的凯巴布松鼠、玫瑰色响尾蛇。在清晨和傍晚，大峡谷的岩石会随着阳光变化着颜色，美不胜收。

大峡谷广阔无垠，即使在视野最好的地方，也只能看到350公里中的一小部分。尽管全球已有数百万人游览过大峡谷，但至今无人见过它的全貌。科罗拉多河流经大峡谷，将大峡谷分为北缘和南缘。南缘是观光游客最多的地方，在游客服务中心，游客可以通过观看介绍大峡谷的IMAX电影《大峡谷——隐藏的秘密》（Grand Canyon: The Hidden Secrets）来弥补不能一览大峡谷全貌的遗憾。《大峡谷——隐藏的秘密》是一部34分钟介绍美国大峡谷的短纪录片：4000年前，人类就在大峡谷留下了点点滴滴。1540年西班牙探险队到过大峡谷，1826年法国人佩蒂先生带队进入大峡谷北缘。1869年，美国南北战争独臂老兵鲍威尔少校带队深入350公里长的大峡谷探险。该电影大量采用飞机从高空或低空航拍，展现了宏伟壮丽的大峡谷、咆哮湍急的科罗拉多河，再现了当年鲍威尔少校惊心动魄、九死一生的大峡谷探险经历；展现了大峡谷极其丰富的动植物资源、变幻莫测的美景和它对人类的挑战；反映了现代人利用各种先进船只漂流探险大峡谷。电影的最后，讲到飞机的发明，使我们人类能像鸟儿一样飞翔，揭开了一些大峡谷隐藏的秘密，但是有些深奥的问题仍不能解决……

在大峡谷游客服务中心，游客可以购买各种与大峡谷有关的各种旅游纪念品。我们认为，最值得购买旅游纪念品还是——电影《大峡谷——隐藏的秘密》DVD光盘，它竟然拥有英语、瑞典语、德语、法语、西班牙语、日语、中文

（普通话）和韩语等8种不同语言声带，游客可以将它买回去，从8种不同语言中任意挑选一种语言来播放，能够与家人和朋友们共同分享神奇壮丽的大峡谷景色！

56 《胡润百富》
——引领由富及贵的格调

胡润（Rupert Hoogewerf），英国人，1970年出生于卢森堡，英国注册会计师，胡润百富董事长兼首席调研员。

胡润百富被广泛认为是追踪记录中国企业家群体变化的权威机构，亦是一个集榜单研发、媒体报道和策划执行奢华活动为一体的高端媒体平台。“百富榜”的创制者胡润，1999年，创造了这一独特的媒体平台。胡润创造了“揭示了中国经济与社会转型的本质”的百富榜，他解读榜单数字背后的财富故事的同时，也引领着由富及贵的格调。

在《实话实说》一期节目中，主持人崔永元用当年毛泽东写白求恩的语言这样介绍胡润：“一个英国的小伙子，不远千里来到中国，做了一个中国的富豪榜，把中国富人推向了世界，让世界了解了中国。”

胡润百富经营思路是：独立运作百富榜造成品牌影响力，再利用影响力去办活动和杂志，获取商业利润。十多年来，胡润利用胡润榜的知名度和影响力，透过冠名赞助、杂志广告、系列论坛、举办各种商业活动等来获得利润。

《胡润百富》（HURUN REPORT）杂志是胡润百富旗下的一本杂志，它可以被看作是中国的《福布斯》（Forbes）。《胡润百富》杂志目标读者为中国富有的精英人士。它以编制具有突破性意义的权威榜单和对上榜富豪的独家专访为特色，提供令人耳目一新且内容翔实的丰富报

启示
Enlightenment

2013年7月，胡润研究院连续第五次发布《胡润千万富豪财富报告》，截至2012年底，中国大陆地区千万富豪总人数达到了105万。目前，中国富有的精英人士是一个独特的细分市场，对商家来说，大有“钱途”。《胡润百富》在中国“引领由富及贵的格调”方面走到了时代的前面。“引领由富及贵的格调”也是《胡润百富》杂志的市场定位。

《胡润百富》月刊封面

道。同时还关注中国富豪的生活格调和财富品质，包括他们最亲昧的时尚奢侈品牌、汽车、手表、手机、酒、烟、服饰、家居、房产、第二套房产地点、银行、酒店、运动方式、休闲与娱乐方式、生活方式、旅游目的地、投资方式、收藏品类、子女教育方式等等信息；以及中国富豪企业家的社会责任、对中国未来经济的看法、工作上最自豪的方面、做慈善的方向等等信息。还推荐介绍国外各类新贵生活方式，如私人飞机、豪华游艇、滑雪、高尔夫、水疗、马道、珠宝、定制服装、豪宅、豪华汽车、高档腕表、葡萄美酒、奶酪、袖扣等。

胡润认为：中国的富豪基本还是第一代，而欧美，比如英国的富豪一般都是继承前辈的财富。像现在英国的一个大富豪，家族已经有400年历史。如果对国家有贡献，女王会给他授予爵位，这也是一个由富及贵的过程。中国的富豪通过做慈善，也可以实现由富及贵，成为新贵族，这是现在富豪们的目标。现在我们发现一个趋势，有一批企业家富起来了后，在提升自己的财富品质，这些企业家会多多关注社会责任。换个说法，可以从富变成贵，让他们有机会变成新贵族。新贵族对国家做了很多伟大的事情，创造很多税收，引导一个行业，创造很多就业率，等等，就都是对社会有好处的。如果能做到新贵族，第一代企业家们还是做得很成功的。

资料来源

胡润百富官网 http://www.hurun.net；万智炯. 打榜十年——胡润百富榜的经验与教训. 中国记者，2010（1）；周励. 专访胡润. 西部大开发，2012（7）；胡润研究院. 胡润千万富豪财富报告. 胡润百富，2013（7）.

57　可口可乐也“卖萌”
——卖萌营销

“萌”作为一种属性，源自日本动漫文化的影响，最初只用来形容可爱的女生。“卖萌”则是向外界展示自己的萌点，以期得到他人的喜爱。

中国的消费结构正在发生巨大的变化，80后、90后总人数已接近4亿，年轻一代成为消费的新生力量。品牌年轻化的浪潮汹涌而来，面对新的游戏规则，众多江湖名企开始放下身段，讨好年轻消费者，卖萌营销成为品牌年轻化的新招。

品牌卖萌的目的是为了讨年轻一代的欢心，卖萌营销是品牌利用各种网络语言、时尚热点与年轻消费者进行沟通。萌要有萌点，互动是关键，首先让消费者喜欢你，然后才能让消费者接受进而购买。

2013年夏天，可口可乐推出新包装“昵称瓶”，将“高富帅”“白富美”“喵星人”“文艺青年”“小清新”等年轻人熟悉的中国近几年网络流行语印在可口可乐的瓶身上。这改变了一贯以“合家欢乐”为主要情感诉求的可口可乐，拉近了这个老品牌与年轻人的距离，赢得了大量的中国年轻消费者。

卖萌，最直接的含义就是装可爱。卖萌营销，既是一种品牌亲民化沟通的方式，也是在互联网时代，品牌与消费者互动的一种方式。不同品牌也有不同的卖萌方式：有的通过小孩，有的通过动物，有的追逐流行文化，有的将产品赋予生命，有的则本身就拥有萌基因。

卖萌营销迎合了全球消费群体年轻化的趋势，如果从过去的营销理念中去挖掘，其实这种营销手段不是什么新鲜事物，只是配合着新媒体的快速发展，赋予了卖萌营销更多的传播价值，增加了卖萌营销的互动性和传播力。

启示

Enlightenment

在中国大陆，可口可乐为赢得年轻人，运用卖萌营销，采取了营销与社交媒体相结合的方式，是一个具有参考意义的本土化营销案例。用消费者自己的语言和消费者沟通，这样才能拉近品牌和消费者之间的距离！

可口可乐昵称瓶

资料来源

李光斗．卖萌营销．商周刊，2013（21）；周伟婷．可口可乐:将“卖萌”进行到底．中国品牌，2013（10）；卖萌营销学 http://money.163.com/photoview/5BN40025/9601.html#p=92DEGELU5BN40025．

启示

Enlightenment

市场营销无处不在！在美国，政治家也需要营销，并且要注重营销战略。政治营销：是由各类组织和个人将市场营销学的原理和程序应用于政治活动，这些程序包括候选人、政党、政府、政治游说者及利益集团，通过分析、研发、执行和管理政治活动，来达到影响公众的观点、推广政治理想、赢得选举、颁发律法及公投认可等目的，以满足人民和社会团体的需要。

资料来源

李靖，张云. 奥巴马的营销胜利！中外管理，2009（2）；赵可金，孙鸿. 政治营销学导论. 上海：复旦大学出版社，2008.

58 奥巴马的营销胜利！

——政治营销

贝拉克·侯赛因·奥巴马二世（Barack Hussein Obama II，简称奥巴马）1961年8月4日生，美国民主党籍政治家，第44任美国总统，为第一位非裔美国总统，于2008年初次当选美国总统，并于2012年成功连任。

从市场营销的角度来分析，奥巴马竞选美国总统的成功来自于营销的胜利。

美国“定位之父”、曾任民主党顾问的阿尔·里斯（Al Ries）认为：

奥巴马是唯一始终只传达一个竞选信息——“变革”的候选人，只围绕着一个概念展开活动。完整的口号是“我们可以信赖的变革”，但是在每一次集会的每一块标志牌上，“CHANGE”这个词都用了大写，而“we can believe in”则用小字母放在“CHANGE”下面。所以整句竞选口号所强调的重心就是这个词——“变革”。

希拉里占据了什么字眼？首先她尝试了“经验”。当她看到奥巴马和其变革理念取得进展时，希拉里将她的理念改成了“变革倒计时”。有批评家指出她是“跟风”后，希拉里又做了一次改变，大谈“美国的解决方法”。在这场竞选运动刚开始时，希拉里的名气远在奥巴马之上，但最后，除了她是一名女性，希拉里在选民的心智中什么也没留下。

麦凯恩是另一名总统候选人。我们见过的与这位候选人相联系的字眼有：保守、坚持己见、英勇、直言不讳、海军中校、两党抚慰者、经验丰富的领导人、爱国者等等。但是当你试图在民众面前成为全能时，你可能一场选举也赢不了。

在营销中也同样如此。营销的第一条定律是“在心智中占据一个字眼”，奥巴马出色地执行了这一战略。

营销当中一条非常重要的原则是：“如果你在一场战役中即将战败，那么就换个战场。”奥巴马并没有坚守在“种族”战中，而是将战场换到了“变革”上。种族战对他来说会是一场必输之战。希拉里涉足“变革之争”，反而离开了自己的优势战场，出现战略性错误。

第四篇 市场营销组合策略

DISIPIAN

基本概念、理论和方法概述

市场营销组合策略（Marketing Mix）就是公司用来在目标市场实现其营销目标的一整套可以控制的营销工具（或手段）。市场营销组合由影响产品需求的一切措施组成，这些措施可以分成四组变量，即产品（product）、价格（price）、地点（place）和促销（promotion）等，简称为4P's组合。

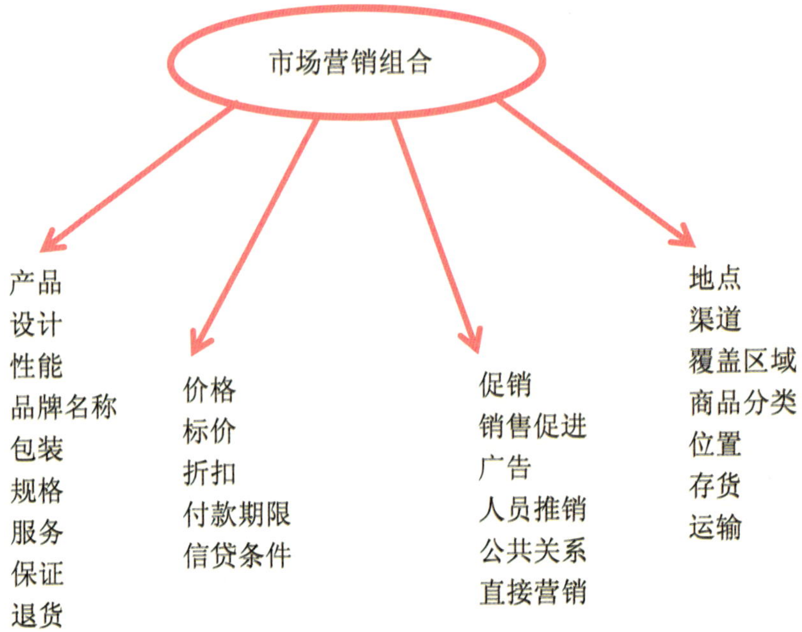

图4-1　市场营销组合中的4P要素

产品策略（Product）

市场营销以满足顾客需求为中心，而顾客需求的满足必须以提供某种产品给顾客来实现，因此，产品是市场营销的“基础”。

许多人认为产品是有形的，其实产品（Product）是任何一种能被提供给市场以满足需要或欲望的东西，包括有形的商品（Goods）、无形的服务（Service）、事件（Events）、体验（Experiences）、人物（Persons）、地点（Places）、财产（Properties）、组织（Organizations）、信息（Information）和观念/创意（Ideas）等。

顾客要购买的不是产品或服务本身，而是这种产品或服务给他们带来的价值或利益。例如，顾客去购买蚊帐，他需要的不是蚊帐本身，他需要的是不被蚊子叮咬。蚊帐、蚊烟香和灭蚊器，看起来是风马牛不相及的几个产品，但是它们的基本功能都是相同的，就是防止人被蚊子叮咬。

美国营销学家西奥多·莱维特（Theodore Levitt）认为：公司的市场导向定义比

公司的产品导向定义更为重要。一个业务必须被看成是一个顾客需要满足过程，而不是一个产品生产过程。产品是短暂的，而基本需要和顾客群体则是永恒的。例如，运输是一种需要，马车、汽车、轮船、火车、飞机和管道都只是为了满足这种需要而生产的产品而已。西奥多·莱维特主张公司在确定其业务范围时应该从产品导向转为市场导向。表4-1列举了几家国内外公司在确定它们的业务时如何从产品导向转为市场导向。

表4-1　一项业务的产品导向定义和市场导向定义对比

公司	产品导向定义	市场导向定义
资生堂	我们生产化妆品	我们出售希望
富士	我们生产胶卷	我们保存记忆
佳能	我们生产复印设备	我们帮助提高办公效率
迪斯尼	我们经营迪斯尼主题园、拍摄迪斯尼卡通片……	我们销售欢乐
中国电影集团	我们拍摄电影	我们提供娱乐
人民出版社	我们出版书籍	我们传播知识
中国铁路总公司	我们经营铁路	我们运输旅客和货物

所谓品牌，也就是产品或服务的牌子，它是一种名称、名词、标记、符号或设计，或者这些要素的组合，其目的是借以识别某个销售者或某些销售者提供的产品或服务，并使之与竞争对手的产品或服务区别开来。

品牌是一个集合概念，它包括品牌名称、品牌标志和商标。

品牌名称——是指品牌中可以用语言称呼的部分；

品牌标志——是指品牌中可以被认出，但不能用语言称呼的部分；

商标——经过注册登记受到法律保护的品牌或品牌的一部分。

品牌（brand）与商标（trade mark）的联系与区别：

品牌是市场概念，商标是法律概念。品牌的范围比较广，商标一定是品牌，但品牌却不一定是商标。商标是经过注册登记受到法律保护的品牌或品牌的一部分。

品牌决策包括：品牌化决策、品牌持有者决策、品牌名称决策、品牌战略决策、品牌重新定位决策等。

公司与公司之间的竞争，过去是产品竞争、服务竞争，今后将是品牌与信誉的竞争。在激烈的市场竞争中，创名牌是公司的一项重要任务，有无名牌是经营公司是否获得成功的标志。

我们既要创名品，更要创名牌、名店。

名牌具有四个特征：名牌体现出很强的竞争优势、名牌能体现出优良的传统、名牌能赢得很高的社会声誉、名牌是企业的无形资产。

在产品策略中还包括服务营销策略。

服务（Service）是一方向另一方提供的任何活动或行动，它本质上是无形的，并且不会产生所有权问题。服务的生产可能与某种有形产品联系在一起，也可能毫无关联。

服务具有五个对营销方案设计有重大影响的主要特点：无形性、不可分离性、可变性、不可储存性和无权性。

表4–2　服务的特征及其相应的市场营销含义

服务的特征	特征简介	相应的市场营销含义
无形性（intangibility）	服务与有形产品相反，在购买服务之前，它们是看不见、尝不到、摸不着、听不见、闻不到的。	服务不能储存 服务不能申请专利 服务不容易进行展示或沟通 服务难以定价
不可分离性（inseparability）	一般来说，服务的生产和消费是同时进行的。	顾客参与并影响交易 顾客之间相互影响 员工影响服务的结果 难以进行大规模生产
可变性（variability）	由于服务质量与何时、何地和由谁来提供服务有着密切的关系，所以服务具有极大的可变性。	服务的提供与顾客的满意取决于员工的行动 服务质量取决于许多不可控因素 无法确知提供的服务是否与计划或宣传相符

不可储存性（perishability）	服务不能被储存，不能为日后的销售或使用。	服务的供应和需求难以同步进行 服务不能退货或转售
无权性（absence of ownership）	服务的销售不会产生所有权的转移。	服务不牵涉到所有权的转移，会使顾客感觉到不踏实，顾客并未真正拥有服务

有形产品消费是结果消费；服务消费主要是一种过程消费。图4–2归纳了有形产品消费和服务消费的本质，同时也表明了生产、消费和营销三者之间的关系。

有形产品：结果消费

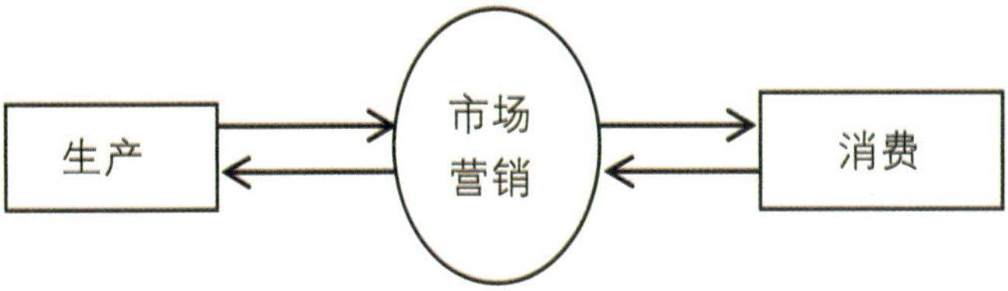

服务：过程消费

图4–2　有形产品消费、服务消费的本质及营销的作用

图4–2的上部表明的是有形产品的消费，我们从中可以看出生产和消费过程，无论从空间上，还是从时间上看，都是分离的。传统市场营销理论正是以这一点为基础而建立起来的。由于生产过程与消费过程相互分离，所以，在两者之间就需要一座联系生产和消费的“桥梁”，自20世纪以来，这座“桥梁”一直被称为市场营销。

图4–2的下部表明的是服务的过程消费。在这里，服务的生产和消费同步进行，并不需要将两者连接起来的“桥梁”。传统市场营销的那种对生产和消费的连接功能在服务过程中毫无用武之地。我们可以将连接服务的生产和消费过程视为服

务营销的核心。我们必须将市场营销纳入有机的服务过程，这与传统市场营销是完全不同的。服务营销的核心是如何将服务的生产过程和服务的消费过程有机地结合起来，这样顾客才能感知到良好的服务质量，也才愿意与公司建立长期的关系。

服务质量和服务质量管理：服务与有形产品不同，服务质量与有形产品质量也不同。有形产品质量是一种客观质量，通常与有形产品的技术特性紧密相连；而服务质量是由顾客感知的质量，服务的技术特性并非服务唯一或最重要的特性。

良好的服务质量既包括服务结果的质量，也包括服务过程的质量，只有两者都优异时，顾客所感知的服务质量才能提高。而且在顾客的眼中，服务结果是理所当然的事情，所以影响服务质量最重要的因素就是服务过程。

服务质量管理的方法之一就是顾客期望管理。在服务营销中，顾客对服务质量的期望是由过去的体验、口碑和广告宣传等因素共同作用而形成的。在一般情况下，顾客会对感知服务（Perceived service）和期望服务（Expected service）进行比较。如果感到服务达不到期望的水平，顾客就会对提供者丧失兴趣并感到失望。对于那些成功的企业而言，它们往往会在供应物中增加额外的利益，不仅使顾客满意，而且使顾客感到惊喜。使顾客感到惊喜，就是对顾客期望的一种超越。

如果：

感知服务<期望服务　顾客不满意

感知服务=期望服务　顾客满意

感知服务>期望服务　惊喜、很满意

价格策略（Price）

在市场营销组合中，价格（Price）是唯一带来收入的因素，其他因素则只产生成本。事实上，买卖双方一次交易是否成功，往往取决于价格的高低。价格是市场营销的“焦点”。

价格并非是一个数字或一种术语，它可以以许多名目出现：你租房子要付房租，受教育要付学费，看病要付费给医院。航空、铁路、汽车公司在为你服务的时候要你付票价。银行要为你的借款向你收取利息。保险公司为你服务要向你收取保险费。付给一个经理的“价格”叫薪水，一个推销员的“价格”可能是一笔佣金，一个工人的“价格”是工资，等等。

公司制定定价策略时，必须考虑很多因素。制定定价策略有 6 个步骤：

（1）选择定价目标；

（2）确定需求；

（3）估计成本；

（4）分析竞争者的成本、价格和供应物；

（5）选择一种定价方法；

（6）最终确定价格。

市场营销理论认为，产品的最高价格取决于产品的市场需求，最低价格取决于该产品的成本费用，在最高价格和最低价格之间，公司能够把产品的价格定多高，则取决于竞争者同种产品的价格水平。

定价方法主要有三种：

（1）成本导向定价法——是一种主要以产品成本为依据的定价方法，包括包括成本加成定价法和目标收益定价法。

（2）需求导向定价法——是一种以市场需求强度及消费者感受为主要依据的定价方法，包括感知价值定价法和价值定价法。

（3）竞争导向定价法——是一种以竞争对手产品价格为主要依据的定价方法，包括随行就市定价法和拍卖定价法。

定价的基本策略主要有六种：

折扣定价策略、地区定价策略、心理定价策略、差别定价策略、新产品定价策略、产品组合定价策略等。

我们日常生活中，经常可以看到商家采用下列一些具体的定价策略：

声望定价——是指公司利用消费者仰慕名牌商品或名店的声望所产生的心理，把价格定成整数或高价。声望定价适用于关系到面子的产品（如香水、豪车和设计款服饰）和奢侈品的定价。

尾数定价——消费者看价格是从左到右的，而不是四舍五入。在价格数字上不进位、保留零头，使消费者产生价格低廉和卖主认真核算成本的感受。例如，标价每千克2.99元的商品被消费者认为要明显比标价每公斤3元的商品便宜。尾数定价适用于生活日用品的定价。

招徕定价——零售商利用顾客求廉心理，将某些商品定价较低以吸引顾客。一些商店随机推出降价商品，每天、每时都有一两种商品降价出售，吸引顾客经常光临，同时也选购其他正常价格的商品。

产品组合定价——公司研究出一系列价格，使整个产品组合的利润最大化。

例如，餐厅菜肴的定价，就常常采用产品组合定价策略，特色菜、看家菜低定价，少获利或不获利，以吸引顾客，餐厅主要依靠酒水饮料、蔬菜、点心等来赚钱，以保证餐厅的经济效益。

收益定价（Yield pricing）——公司的定价方式为：（1）早期有限数量的折扣销售；（2）后期较高价格销售；（3）未售出存货在到期前以最低价出售。

地点策略（Place）

所谓“地点（Place）”，实际上涉及产品的分销，使产品进入地点，让产品到达可能会购买的潜在顾客所在的地方是至关重要的。地点是市场营销的“关键”。

大多数生产者并不是将其产品直接出售给最终顾客，在生产者和最终顾客之间有一系列的市场营销中间机构执行着不同的功能，这些中间机构组成了市场营销渠道（也叫分销渠道）。公司生产出来的产品，只有通过一定的市场营销渠道，才能在适当的时间、地点，以适当的价格供应给广大顾客，从而克服生产者与顾客之间的差异和矛盾，满足市场需要，实现公司的市场营销目标，公司的市场营销过程才得以完成。

消费品市场营销渠道图，如图4-3所示。

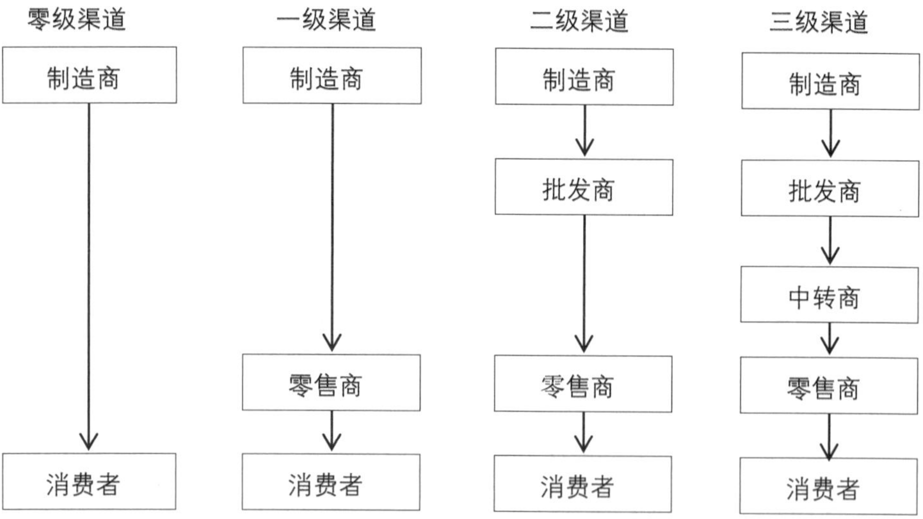

图4-3　消费品市场营销渠道图

工业品市场营销渠道图，如图4-4所示。

每个公司必须决定每个渠道层次使用多少中间商。基于中间商的数量，有三种

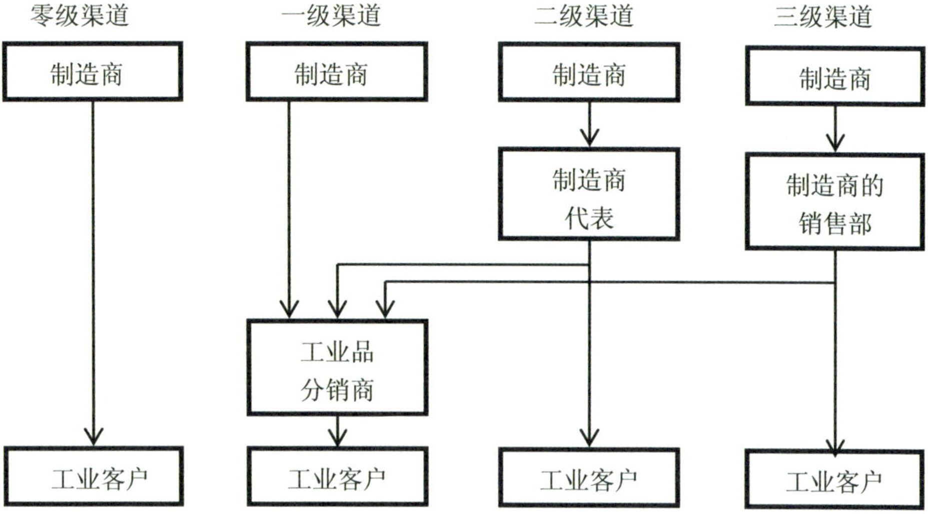

图4-4　工业品市场营销渠道图

市场营销渠道策略：

（1）专营性分销（Exclusive distribution）

专营性分销，也叫独家分销或排他性分销，是最窄的渠道。专营性分销意味着严格地限制经营公司产品或服务的中间商数目。它适用于生产者试图对中间商的服务水平和服务量保持控制的情况，并且规定中间商不得竞争对手的产品。通过专营性分销，生产商希望中间商对产品有充分的了解，同时以更积极的态度进行销售。专营性分销常常要求公司与中间商之间建立紧密的伙伴关系。专营性分销被用于销售新汽车、某些常用的家用电器和某些女性服装品牌。

（2）选择性分销（Selective distribution）

选择性分销，其渠道宽度介于专营性分销与密集性分销之间。选择性分销只依赖于数量有限的愿意销售某种特定产品的中间商。对于一些已经建立信誉的公司或新成立的公司来说使用选择性分销可以不必担心分销机构太多，可以获得足够的市场覆盖面，有更大的控制权和更低的成本。迪士尼是选择性分销的一个很好的例子。

（3）密集性分销（Intensive distribution）

密集性分销，是最宽的渠道。密集性分销是制造商尽可能多地在商店中销售商品或服务。该策略一般用在方便品项目，例如：香烟、汽油、零食小吃、软饮料、口香糖、报纸和肥皂等，这些消费者倾向于经常购买或者购买地点多样化的产品上。

促销策略（Promotion）

促销是公司通过人员和非人员的方式，沟通公司与消费者之间的信息，引发、刺激消费者的消费欲望和兴趣，使其产生购买行为的活动。促销的核心是沟通信息。促销的目的是引发、刺激消费者产生购买行为。促销是市场营销的“手段”。

表4–3　常用促销方式一览表

销售促进	广告	人员推销	公共关系	直接营销
竞赛、游戏、抽奖、彩票	印刷和广播广告	推销展示	新闻发布会	产品目录
优惠和赠品	外包装广告	销售会议	演讲	邮寄
样品	电影	激励活动	研讨会	电话销售
交易会和贸易展	宣传册	样品	年度报告	电视购物
展览会	海报和传单	交易会和贸易展	慈善捐款	传真
示范表演	目录		出版物	电子邮件
优惠卷	广告软文转载		社区关系	语音邮件
返点、回扣	广告牌		游说	公司博客
低息融资	陈列招牌		身份媒介	网站
贴旧换新折价	销售点展示（POP）		公司杂志	
搭售	标志和商标		公司事件	
	DVD			

中国古人说过“酒香不怕巷子深”，同时也说过“货好还需会吆喝”。前一句话“酒香不怕巷子深”，强调了产品质量的重要性；后一句话“货好还需会吆

喝”，则突出了促销的关键作用。在市场经济条件下，产品极大丰富，买方占优的今天，后一句话“货好还需会吆喝”，更符合现实并被商家所广泛关注。

有一个美国商人做过一个形象的比喻：“一个好的商品不做广告，就犹如一个漂亮的女人在一间漆黑的房子里向她的情人暗送秋波。”

过去，有人认为“公司是钓鱼者，顾客是鱼，促销是钓鱼用的诱饵。”按现在市场营销学的观点来看，这种说法是错误的。“顾客是上帝”、“顾客是公司的衣食父母”、“顾客是员工的老板或上司”，不能够把顾客看作是鱼，也不能把促销看作是钓鱼用的诱饵，促销本质上是买卖双方的一种信息沟通活动。

促销策略有两种：

（1）推式策略——主要是运用人员推销和销售促进的手段将产品推向市场，从制造商推向批发商，从批发商推向零售商，直至最终推向消费者或用户。这种策略通常以中间商为主要促销对象。

（2）拉式策略——则主要是运用广告和公关宣传手段，着重使消费者产生兴趣，刺激购买者对产品的需要，进而推动消费者向中间商订购产品，然后由中间商向企业订购产品，以此达到向市场推销产品的目的。这种策略以最终用户为主要促销对象。

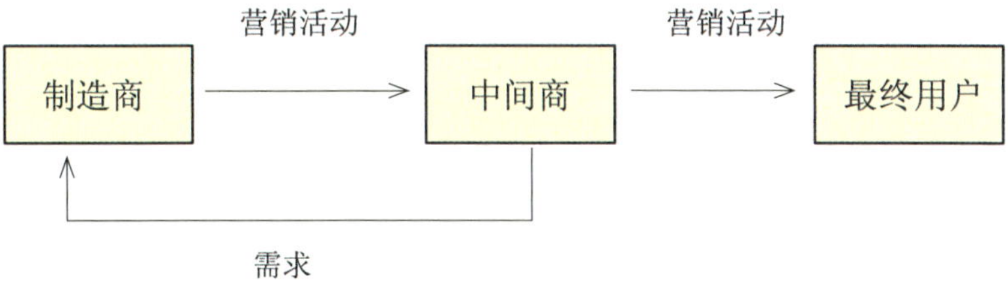

图4-4　推式策略

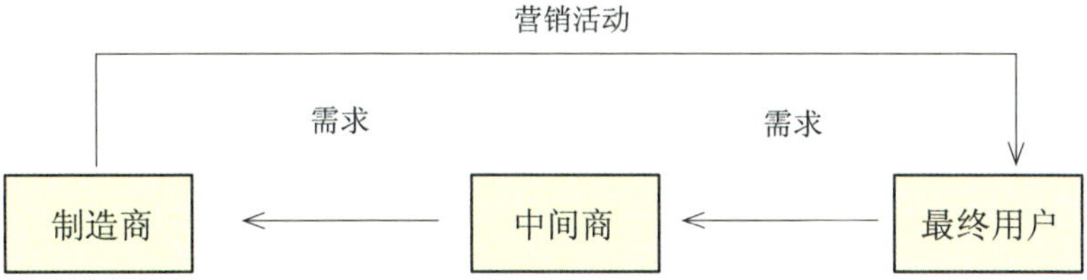

图4-5　拉式策略

59 无所不洗！

——海尔洗衣机可以洗地瓜、洗蛤蜊、洗小龙虾……

启示

Enlightenment

海尔“大地瓜洗衣机”的发明，是一个倾听顾客抱怨，并开发出适合中国农村市场需求产品的成功案例！

1996年，一位四川农民投诉海尔洗衣机排水管老是被堵，服务人员上门维修时发现，这位农民用洗衣机洗地瓜（南方又称红薯），泥土多，当然容易堵塞。

服务人员并不推卸自己的责任，帮顾客加粗了排水管。顾客感激之余，埋怨自己给海尔人添了麻烦，说如果能有洗红薯的洗衣机，就不用烦劳海尔人了。

农民一句话，海尔人记在了心上。经过调查，他们发现原来这位农民生活在一个“红薯之乡”，当年红薯喜获丰收，卖不出去的红薯需要加工成薯条。在加工前要把红薯洗净，但红薯上沾带的泥土洗起来费时费力，于是农民就动用了洗衣机。更深一步的调查发现，在四川农村，有不少洗衣机用过一段时间后，电机转速减弱、电机壳体发烫。向农民一打听，才知道冬天他们用洗衣机洗红薯，夏天用它来洗衣服。

这令海尔老总张瑞敏萌生一个大胆的想法：发明一种洗红薯的洗衣机。1998年4月，大地瓜洗衣机投入批量生产。洗衣机的型号为XPB40—DS，不仅具有一般双筒洗衣机的全部功能，还可以洗地瓜、水果甚至蛤蜊，价格仅为848元。首次生产了1万台投放农村后，立刻被一抢而空。

有技术人员对张瑞敏要求开发能洗地瓜的洗衣机的指令想不通，认为太“土”，也太不合理了！但张瑞敏说，对顾客的要求说不合理是不行的，开发出适应顾客要求的产品，就能创造出一个全新的市场。

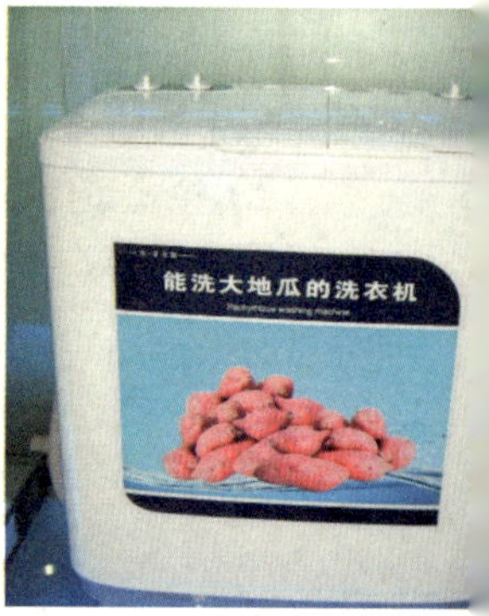

“海尔”大地瓜洗衣机

资料来源

颜建军，胡泳. 海尔中国造. 海口:海南出版社，2001；农村家电消费战. 每日商报，2009-04-05.

承认洗衣机洗地瓜的合理性，是海尔创新理念的典型体现。消费者潜在的新需求，绝无“不合理”之说，满足这些需求的过程就是创新。大地瓜洗衣机销量并不大，但它验证了海尔的创新理念，给消费者以信心。试想，海尔连这样的市场需求都能满足，还有什么做不到呢？有位意大利工程师伯列奥尼在海尔工作，听说有人怀疑大地瓜洗衣机，就说：“这有什么奇怪的。我家里的洗衣机早就改造过了，专门用来洗海鲜哩。”这就是观念的差距。

张瑞敏说：“经营者必须想到所有用户。这个产品可能不赚钱，但你赢得了用户，赢得了市场，最终会赚钱的。”

海尔洗衣机被推崇为贴近中国农村消费者需求的典型案例。为满足四川农民的需求，海尔开发了“大地瓜洗衣机”，为西藏牧民研制开发出了“打酥油洗衣机”，为安徽市场开发出可以洗小龙虾的“洗虾机”等。

启示
Enlightenment

市场营销有一个重要的观点：顾客所购买的不是产品或服务，而是由产品或服务所提供的利益！例如，顾客购买夏天用的蚊帐或灭蚊器，顾客需要的不是蚊帐或灭蚊器本身，顾客需要的是避免蚊子叮咬。理解了这个观念有助于企业把握顾客的真正需要，更好的服务于顾客或进行产品创新。

60 中国铁路总公司的业务——并非经营铁路，而是运输旅客与货物！

在过去很长一段时间里，中国铁路执行计划经济，它在“产品观念”指导下经营，认为顾客就是需要乘坐火车，它曾以“铁老大”自居，“顾客一票难求”，“皇帝的姑娘不愁嫁”，导致中国铁路服务意识淡薄，服务质量低下。

从市场导向的角度来看，中国铁路总公司并非经营铁路，而是运输旅客与货物。中国铁路总公司产品的本质是实现旅客或货物的位移。顾客真正需要的是运输服务（位移），而不是火车！火车、汽车、轮船、飞机等，都只是为了满足顾客的运输需要而生产的运输工具而已。

火车运输只是能够满足顾客运输服务需要的运输方式之一

从市场竞争观念来看，目前中国铁路运输（火车）的竞争对手有：公路运输（汽车）、水上运输（轮船）、航空运输（飞机）和管道运输（管道）等。

铁路运输按运输对象来分，可以分为客运与货运；铁路运输按运输距离来分，又可以分为短途运输、中途运输和长途运输。目前，在我国客运市场上，短途运输和中途运输市场被汽车抢走了，长途运输市场也被飞机打折抢走了；在我国货运市场上，短途运输和中途运输市场被汽车抢走了，长途运输市场是铁路运输的唯一优势所在。铁路运输比较适合长距离、大运量、散装货物的运输。

如果中国铁路总公司能及时正确认识其产品的本质——运输服务（位移），认清其竞争对手，及时转变服务观念，提高服务意识，努力提高服务质量，那么它将会有更好的发展与未来。

表4-5　五种运输方式的比较

运输方式	经济技术特征	定位
铁路运输（火车）	速度快、运量大、可靠性强、投资大、运营成本高、可达性差	大批量、长距离、散装货物、较低运费、低风险客货运
公路运输（汽车）	速度快、机动性强、投资少、运量小、运营成本高、可靠性一般、环境污染大	小批量、多批次、中短距离、灵活机动性较高客货

运输方式	经济技术特征	定位
水路运输（轮船）	运量大、投资少、运营成本低、速度慢、可靠性较差、可达性差	远洋——长或超长距离、最低运费、定期货物运输；内河、沿海——各种距离、最低运费、定期客货运
航空运输（飞机）	速度快、机动性强、通达性强、投资大、运营成本高、可靠性一般、可达性差、环境污染；	小批量、超长距离、时效性强、高运费客货运输
管道运输（管道）	连续性强、通达性强、可靠性强、不占土地资源、运营成本低、投资高、适应性差	固定货种、固定路线、持续性好的货物运输（例如石油、天然气等）

启示
Enlightenment

在服务营销中，要注重市场导向以顾客为主。服务人员要有”移情心”（empathy），简单而言，移情就是在对方还未告诉你之前，你已经能洞悉对方的心思。曼谷“Town in Town Hotel”酒店员工的服务体贴入微、超越了顾客期望，使得住店顾客很满意！

61 体贴入微的服务
——在泰国Town in Town Hotel用1000泰铢纸币换零钱

2007年夏天，N教授到泰国曼谷R大学访问，他住在学校附近的一家名叫“Town in Town Hotel”的酒店里。

一天，N教授要上街购物，可是没有零钱，他只有面额为1000泰铢一张的纸币，按当时的汇率计算1000泰铢相当于人民币200元，使用起来很不方便，他就尝试着到酒店大堂收银处找收银女服务员换成零钱。他用英语请求女收银员将面额1000泰铢的一张纸币换成小面额纸币，该酒店女收银员热情的为他服务，很快就换好了零钱，并用双手将钱递给了N教授。N教授接过零钱来一看，啊，喜出望外！有500泰铢纸币1张、100泰铢纸币4张、20泰铢纸币5张，合计1000泰铢。

在曼谷，500泰铢纸币可以用来购买商品，100泰铢纸币可以用来吃饭，20泰铢纸币可以用来打“摩的”或给服务员小费！

泰国“Town in Town”酒店（曼谷）

注

泰国常用的纸币面值有1000、500、100、50、20泰铢等5种。

62 “买一包，送一把”

——“傻子瓜子”品牌名称的由来

据芜湖市傻子瓜子有限总公司官网（http://www.whszgz.com/）介绍：

“傻子”称号的由来——“我卖瓜子的时候，别人买一包，我就会另抓一把给他，他要是不要，我就硬塞，所以别人都叫我‘傻子’。后来我想给自己卖的瓜子取个名字，想来想去，干脆就叫‘傻子瓜子’得了！”

早在改革开放之前的1972年，安徽芜湖的年广九就开始偷偷地经营瓜子生意。十年之后，他的“傻子瓜子”红遍全国。

“傻子”+瓜子

一提起我来，人们首先想到的是“傻子”。从20世纪80年代开始，社会上对我的“傻子”称号猜测很多，考证出

启示
Enlightenment

信誉是一种责任，是企业不欺骗顾客的承诺。企业为什么不能欺骗顾客，信誉是一个很重要的原因，如果你欺骗了顾客，信誉就没有了，以后就再也无人愿意买你的产品了。有信誉就有市场，没有信誉就没有市场。人们常说“无商不奸”。有人认为年广九在买卖中讲信用是傻冒，孰不知，这种傻冒式的营销却是一种大智若愚营销策略。它能给年广九招来回头客，通过顾客口碑宣传，一传十、十传百，“傻子瓜子”的名气就传开了。

处也不少。有的说我做生意公道，不会缺斤少两，傻乎乎的，故此叫“傻子”。有的人说我是淮北人，南方人称淮北人为“侉子”，“侉子”和傻子”读音相近，所以叫“傻子”。其实这都不对。

我家沿袭三代的绰号都叫“傻子”。1936年，我父亲到芜湖来，为了生计卖水果，他神态木讷，衣衫褴褛，不知道扣斤扣两，不会当奸商，人们都叫他“傻子”，时间长了人们就不知道他的姓名，只知道他叫“傻子”或“老傻子”。我跟着他学做生意，人们就叫我“小傻子”。我是父母所生的第9个孩子，也是唯一幸存的孩子，父母叫我“小九子”。父亲去世时我已经20多岁了，人们就叫我“傻子”。现在我年纪大了，人们就叫我“老傻子”。我的几个儿子，人们都叫他们“小傻子”，就这样“傻子”名称传了三代。

1972年，我改行炒瓜子，要为瓜子起一个商标名称，许多朋友对我说，就起“傻子”招牌为好，不要起“昌隆”和“兴旺”等吉祥的招牌，吉祥的招牌太多了，起一个似乎有贬意的招牌，反而会给顾客留下很深的印象。这样的例子很多，在外国有“米老鼠和唐老鸭”，在中国有“狗不理包子”和“王麻子剪刀”。我一听有道理，于是我就打出了“傻子瓜子”的招牌。事实证明，我打出的这个不好听的招牌，效果十分理想，瓜子畅销全国，还多次卖到国外。如果当时采用一个好听的商标，未必有这么好的业绩和这么高的知名度。1982年底，我的“傻子瓜子”获得了国家注册的商标权。

“傻子瓜子”的起步

我5岁那年随父亲从家乡怀远县逃荒到芜湖，4年之后就开始跟着父亲做水果生意，一干就是20年。期间，每逢水果淡季我就贩鱼。很多人好奇的是，我为什么退出了干了20年的水果生意，转而去炒瓜子了呢?

水果生意有一个特点，因为水果容易腐烂，我每次都不敢进太多，贩一点卖一点，这样让我感觉很累。因此20年下来我对这种生意厌烦了。1971年和1972年连续两年因为气候原因，各地水果歉收，立秋以后贩不到水果，全家人生活无着。我感到不改行不行了，但是干什么心里没底。情急之下，我就去请教已经60多岁的父亲生前好友熊仁寿大伯他拍拍我的肩膀说："小九子，你可以试着去炒瓜子啊，瓜子又不像水果那么容易坏，可以保鲜好几个月。你回家买口大锅，请瓦工砌一个炉子， 再到供销社买些瓜子、桂皮、香料和食盐等原料，明天我去教你怎么炒。"我立刻回家按照熊大伯的指点做了。第二天一早，熊大伯就来我家教我炒瓜子。当天，把炒的瓜子包成275小包，带到电影院门口去卖，每包5分钱，不到两个小时就卖完了，净赚了8.85元。

"傻子瓜子"创始人年广九

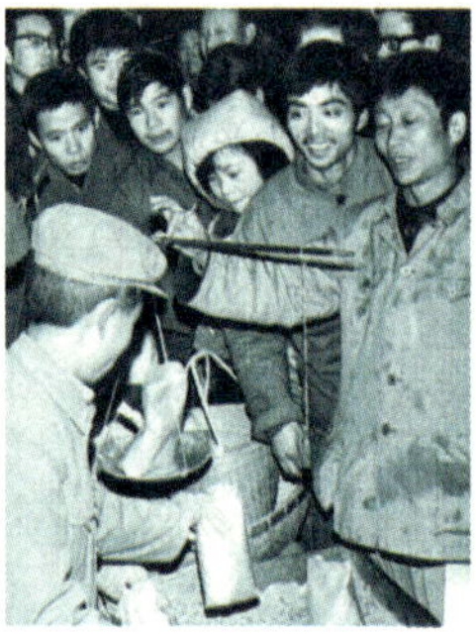
年广九在执秤卖瓜子（1980年）

炒了一段时间，有人提出我炒的瓜子没有上海和苏州的好吃。于是我就专门跑到上海、苏州和北方的城市买瓜子，买回来品尝比较，在配方上作了改进，同时增加了花色品种，炒了奶油瓜子、酱油瓜子、椒盐瓜子和五香瓜子等5大类，共20多个品种，既有适合南方人口味的瓜子，也有适合北方人口味的瓜子。每个品种都能做到香味纯正，壳仁分离，一磕就开。我的瓜子开始在芜湖小有名气，人们都慕名来我家买瓜子，我的生意越做越大。

"中国第一商贩"

真正做大还是靠引起市长的关注和新闻的宣传。1981年9月4日，我正在家中炒瓜子，突然来了4个人，为首的是分管财贸的副市长赵文波，还有芜湖日报社总编辑、工商局副局长和公安局副局长。赵副市长在品尝了我捧给他的瓜子之后说："口味很好。要放开干，把瓜子牌子创出来，打到各地去，为芜湖增光！第二天，《芜湖日报》头版发表了题为《货真价实的"傻子瓜子"》的报道。就这样，我的"傻子瓜子"在全市传开了。

与此同时，国营的集体的和个体的瓜子经营者共有五六家纷纷上市，我家瓜子的销量也因此受到影响。于是我想出了两条妙计:一条是薄利多销，立刻宣布每斤由全市统一价2.4元下降到1.76元；二是足金足两，童叟无欺，少一罚十。这一招果然灵，两三天内，我家瓜子的销量猛增每天销售300斤左右，而且逐日增长。

不久，我顺势而上，在合肥、蚌埠、淮南、马鞍山、铜陵和安庆等城市设立16 个代销点。紧接着，我又把瓜子卖到了上海，在上海南京路和淮海路两家食品店开设了销售点。接踵而来的是全国10多个省份50多个城市的富商到芜湖，要与我合作。1982年下半年，我就城郊租地建房办起了第4个瓜子加工厂。无奈之中我又在南京、无锡、苏州和昆山办起了加工厂。单是芜湖这边厂子的雇工就有103人之多。因此我成为当时中国最大的个体户。人们称我为“中国第一商贩”。

资料来源

年广九，沐昌根. 年广九：以“傻”为旗. 21世纪商业评论，2006（10）；傻子瓜子官方网站 http://www・shazigz・com/.

63 美国“校服”为什么卖到了中国？

——名牌服装

启示

Enlightenment

大学品牌是大学的无形资产，大学可以利用其品牌进行招生宣传。大学品牌还可以成为独立于学校以外的一个综合品牌，可以对其实施商业化经营。UCLA品牌定位于美式商务休闲男装。

近两年，北京市各大商场陆续出现了美国加州大学洛杉矶分校（简称UCLA）的品牌男女装柜台。一件长袖T恤275元，男士休闲外套995元，校园风格的开衫毛衣1050元……

与UCLA相比，复旦大学本部校门内的复旦纪念品小卖部里，20元一件的印有复旦校徽的短袖汗衫便宜许多，却很少有人问津。

星期六，笔者在北京百货大楼UCLA专柜看到，10分钟里，有6位顾客光顾该柜台。

同样是高校品牌，为什么美国人的“校服”走出国门还依然畅销，而我国高校的产品还在校园内徘徊?

UCLA产品定位：经典不落伍，时尚不另类

复旦大学：没有用“复旦”商标进行营利的打算

继去年下半年，“清华大学”被国家工商总局认定为中国驰名商标之后，“复旦”也在不久前获批成为了上海市著名商标。

对此，复旦大学校长办公室主任刘季平曾表示，学校没有利用商标进行营利的打算。

与之相反，40年前，随着美国大学教育的逐步社会化，UCLA从最初只为大学师生提供日常生活用品及运动服饰向集团化商业运作方向迈进。今天，UCLA已形成了集服装等产品于一身的世界品牌，并逐步向高端产品倾斜。

据悉，UCLA目前已经成为独立于学校以外的一个综合品牌，其产品及零售店铺遍布美国、加拿大、欧洲和东南亚地区。

把握了大学生消费者，就等于把握了未来的消费市场

目前中国有1700余所高校，近2000万名大学生，每年至少拥有800亿元人民币的消费能力。当代大学生已成为中国消费大众中的强势群体。

有消费行为学专家指出，从一定程度上来说，把握住现在的大学生消费者，就等于把握住了未来的消费市场。大学期间培养起来的品牌忠诚度，在大学生踏入社会后，将为商家带来更加巨大的商业利益。

“大学生消费在一定程度上会相信自己的真实体验，如果使用某种品牌产品产生好的体验，就会坚持使用，最终形成使用习惯，保持对此产品良好的忠诚度。”2001年上海交通大学一项大学生消费调查报告称。

笔者随机采访了10名复旦大学的学生，10名大学生均表示，如果“复旦”牌服饰在商场上公开售卖，只要款式新颖、价格合理，同等条件下一定会为母校“捧场”。

一项针对杭州在校大学生服装消费状况的调查分析显

示，大学生一方面追求服装品牌，另一方面又在寻找比较合适的价位。

调查说，平均下来大学生每月在服装上的花费大部分在150元以下。

另一方面，大学生对购物环境又有一定的要求。

调查显示，价格高低是大学生决定是否购买的最重要的因素之一。

可是，综观目前的服装市场，能够适应大学生价格承受能力、着装需求的品牌并不多。记者在王府井几家大型商场里看到，只要是品牌，无论名气大小，有无折扣，其价格都不会低于百元。

小卖部诞生的校园品牌也能走向世界

采访中，笔者了解到，对于绝大多数女生来说，各种服饰、化妆品消费是日常消费的大头。但因囊中羞涩，她们只能在一些外贸服饰店、网上化妆品店上过一把“名牌瘾”。

“我的衣服都是在五道口买的。”北京大学的小林告诉记者，她身边的同学的服装基本都在小店购买，“商场里的衣服太贵了，如果有专为大学生设计的、价格相对便宜的服装，我就买了。”

“专为大学生设计的、价格相对便宜的服装”在我国不是没有，但多为小型私营企业，无法打入主流市场，因此也很少走进大学生的视野。

一位以“设计大学生自己的服装”为目标创业的女大学生说：“我们的资金薄弱，销售渠道比较单一，要做出一个畅销的品牌，没有深厚的文化积淀不太可能，只能小打小闹。”

然而，打入中国市场的美国高校品牌UCLA——其最初的雏形来自美国加州大学洛杉矶分校一间由学生联合会管理、运营的小卖部（UCLA Store），小卖部位于学生活动中心内，经营范围包括服装系列、书籍课本、体育用品、电脑产品、餐饮服务等。

“我念本科的时候，每天都穿校服。”毕业于加州大学洛杉矶分校机械工程的台湾学生Jeff说，“洛杉矶的衣服卖得很贵，校服价格还行，设计又新潮，美国人都知道UCLA，有这个牌子穿在身上，找兼职、找工作都很显眼。”

Jeff告诉笔者，UCLA长袖连帽运动衫最实惠、畅销，价格在50美元左右，春、秋、冬三季都可以穿，算下来比买其他衣服更省钱。

据了解，美国几乎所有高校均有自己的品牌，其经营产品包括学习用品、体育用品、服装鞋袜、毛绒玩具、各类纪念品，虽价格较同类产品的平均价格稍高，但设计新颖独特、质量过关且方便学生购换，在大学生中很受欢迎。

值得一提的是，许多高校品牌的推广、宣传、营销策划都是由本校传播学院的师生合力完成的，不仅塑造了学校的品牌，还为师生们提供了实践的舞台。

如今，我国在校大学生人均年消费支出均值为8383.96元（《中国青年研究》2001年），其中消费最高的达到1.85万元。

接受笔者采访的大多数学生都表示，如果校园里有设计前卫、穿着舒适的本校品牌服装专柜，价格公道的话，便值得一试。

资料来源

王烨捷. 美国“校服”为什么卖到了中国. 中国青年报，2007-3-20.

64 餐饮经营的法宝
——餐饮工作“十字诀”

餐饮业要做得好，必须搞好“餐饮工作十字诀”，即色、香、味、形、器、洁、量、质、境、情。

启示
Enlightenment

目前，国内外餐饮业竞争十分激烈，世界各地出现了各种奇趣餐厅，这些餐厅在“餐饮工作十字诀”的某一个或某几个方面进行创新，希望能给顾客带来奇妙的餐饮体验，达到招徕顾客、开拓市场的目的。

鱼

虾

烤鸭

火锅

“色”是指菜肴的色彩。色彩是造型艺术的重要组成部分。美丽的色彩，能引起人们美好的感情。色彩与人的视觉有关，根据科学实验证明，色彩对人的食欲影响很大。例如，红色、黄色可以增加人的食欲。红色是与味道极为密切的颜色，能刺激起人们饮食的强烈兴趣，味觉鲜明，感到浓厚的香味和酸甜的快感，例如：火腿、香肠、红烧肉、樱桃肉、茄汁鱼等等。黄色多有清香感觉，鲜美之感略次于红色。金黄多具有酥脆、干香感，例如：干炸虾段、干炸肉饼等具有金黄色；淡黄则有嫩而淡香、甜味感，例如：锅塌豆腐、蒸蛋羹等；橘黄、深黄有香甜、肥糯的特色，例如：香酥鸭、黄焖鸡等。菜肴的色彩搭配要注意做到鲜明与协调。

“香”是指菜肴的香气。香气与人的嗅觉有关，香气最能诱发人的食欲，所谓“香气扑鼻，馋涎欲滴”。通过香气，可以辨别菜肴的好坏。菜肴要求清香、醇香。例如，“佛跳墙”是闽菜中最著名的古典名菜，由于异香扑鼻，被形容为“坛启荤香飘四邻，佛闻弃禅跳墙来”，因而得名“佛跳墙”。川菜“回锅肉”被称为“过门香”、“鱼香肉片”被称为“满屋香”。菜肴的香气，是厨师在烹调时通过掌握投料先后、火候变化，把主辅料和调料经过受热所起的化学变化而产生出菜肴香气。

“味”是指菜肴的味道。掌握火候与调味是烹调中的两大技术，两者的关系密切，不可分割。调味讲究酸、甜、苦、辣、咸等五味的合理调配，调味是决定菜肴成败的根本。味道与人的味觉有关，味必求其醇正、清鲜。中国有川、粤、鲁、苏、湘、闽、徽、浙等八大菜系之分，不同的菜系有不同的口味。谈到菜肴的味道，川菜有“味在四川”之美誉。川菜有家常味型、鱼香味型、怪味味型等二十三种调味味型。

“形”是指菜肴的形状和造型。菜肴的形状和造型与人的视觉有关。在烹调中，烹调原料可以切成丝、片、丁、条、块、节颗等各种形状，菜肴的主、辅料的形状讲求合理搭配，例如："丝配丝"、"片配片"和"丁配丁"等等。许多工艺菜，例如食物雕花、花色拼盘等，十分注重艺术造型。

"器"是指装盛菜肴的器皿。饮食器具也与人的视觉有关。美食需配美器，在搭配中要注意菜肴与器皿的和谐、统一。器为之美，有和谐之美、精巧之美或古朴之美等。

"洁"是指菜肴、烹饪原料、菜肴加工过程和就餐环境等的清洁卫生，符合国家卫生标准。

"量"是指菜肴的份量。餐饮企业不能缺斤少两坑害消费者，这是营销伦理（营销道德）的问题。但是对一个消费者来说，再好吃的菜肴也不能吃得过量，因此餐饮企业要注重菜肴份量的控制，要做到恰到好处，甚至菜肴的份量还可以略微少一些，给消费者留下回味的余地，使得消费者还想再次光顾该餐饮企业。

"质"是指菜肴的质量。菜肴要精心烹调、注重营养与食疗保健。它既是指对烹饪原料去粗取精，合理搭配，精心烹调，也是指对碳水化合物、蛋白质、脂肪、无机盐、维生素、水、纤维素等7大营养素的合理搭配。

"境"是指就餐的环境。就餐环境要与餐饮企业定位、目标顾客、中餐、西餐和菜肴等等相协调和统一。

"情"是指餐饮服务。餐饮服务有它的基本技能、服务程序和服务技巧。餐饮服务技艺是技术性较强的工作，它包括托盘、铺台、口布折花、斟酒、上菜与分菜和撤碟等。

蔬菜

蔬菜

粽子

春卷

启示
Enlightenment

我国大陆深圳、北京、广州、昆明、上海等地，也先后开设了一批厕所主题餐厅。厕所与餐厅是功能完全不同的两个地方，厕所主题餐厅将两者统一在一起，它标新立异、本末倒置。在文明社会中，这是一种餐饮业非主流竞争方式，不值得提倡！

资料来源

台湾高雄的厕所餐厅，在马桶上吃"大便" http://news.163.com/05/0701/10/1NIPHM6R00011259.html；便所主题餐厅 http://www.moderntoilet.com.tw/en/about.asp.

65 坐在马桶上吃"大便"

——台湾高雄厕所餐厅

台湾高雄厕所餐厅

中国台湾省高雄市有一家以厕所文化为主题的餐厅。餐厅用形似尿盆的容器来盛放食物，甚至有类似大便形状的冰淇淋供应。就餐者安坐抽水马桶上，津津有味地咀嚼盛在容器里的美味佳肴。

台湾高雄厕所餐厅将厕所和餐饮相结合，颠覆传统，其设计理念更让人跌破眼镜。

启示
Enlightenment

百胜餐饮集团在中国推出"东方既白"中式快餐，体现了它"全球化思维、本土化运作"的国际营销战略。

66 东方既白

——美国百胜餐饮集团推出的中式快餐品牌

百胜餐饮集团（Yum Brands）在美国饮食服务业是仅次于麦当劳的第二大公司，它拥有肯德基（KFC）、必胜客（PizzaHut）和塔可钟（Tacobell）等几大著名快餐品牌。

"东方既白"语出苏轼（苏东坡）《前赤壁赋》，

“客喜而笑，洗盏更酌。肴核既尽，杯盘狼籍。相与枕藉乎舟中，不知东方之既白”。

“东方既白”是肯德基的兄弟品牌，同属于百胜餐饮集团中国事业部，“东方既白”是百胜旗下的第一个中式快餐品牌。在完成了近一年的试验之后，于2005年4月正式在上海徐家汇美罗城与中国消费者见面。百胜进军中式快餐领域标志着集团在中国发展的一个极其重要的里程碑。

“东方既白”致力于满足消费者的不同需求，提供丰富美味的中式早餐、午餐、下午茶和晚餐。同时，在传承中国美食文化的基础上不断研发创新，推出大饱口福系列主食（秘制照烧鸡腿饭、黄金咖喱猪扒饭等招牌产品）、黑椒小牛排饭、一打鲜虾浓汤面、招牌奶茶、鲜虾迷你脆云吞等，广受消费者欢迎。

“东方既白”目前已在上海、北京、广州、深圳、南京、杭州、苏州等城市开设了近30家连锁餐厅，今后它会走向更多城市，为更多消费者提供安全、营养、美味、便捷的中式快餐选择。

“东方既白”完全采取肯德基的营运标准，把美味食品、快捷服务和舒适环境融为一体。并且比照肯德基的标准，达到顾客点餐、付款后食品立等可取的服务水准。

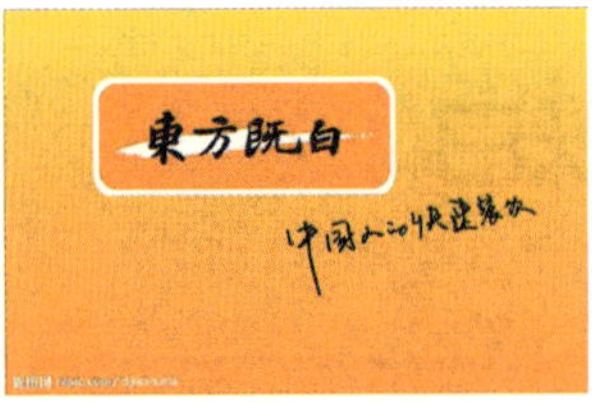

“东方既白”——中国人的快速餐饮

“东方既白”快餐店

资料来源

东方既白官网 http://www.dfjb.com.cn/.

67 营养还是"蒸"的好

——中式快餐标准化的成功典范"真功夫"

启示

Enlightenment

真功夫的成功在于：自主研发出电脑程控蒸汽柜等设备，以"蒸"为主要烹调技法加工饭菜，解决了中餐"标准化"难题，实现了中餐"工业化生产"，探索出一条中式快餐发展的新路子。

"真功夫"——营养还是"蒸"的好

"真功夫"快餐店

"真功夫"是知名的中式快餐品牌，它借鉴美式快餐经营方式来经营中式快餐，做到标准化，统一质量标准。"真功夫"主打美味、营养的原盅蒸汤、蒸饭。

"真功夫"把中华饮食传统的20多种烹调方法凝聚在一个技法上："蒸"，大大简化了烹调技法，这样容易做到快餐标准化、统一质量标准。它以岭南饮食的原盅蒸品为特色，发扬中华饮食"营养"优势，塑造"营养"为其品牌核心价值。

1994年4月14日，蔡达标与潘宇海在东莞107国道旁开设第一家餐厅，取名"168"蒸品店，主营中高档蒸饭、蒸汤和甜品。1997年，标准化基础工作完成，并更名为"双种子"，开始标准化扩张之路。2004年6月，蔡达标与潘宇海开始全国布局，再次更名为"真功夫"，开始全方位的品牌包装和推广。

"真功夫"提出"标准化，让厨师走开"：

（1）它从来没做过加盟店，却靠直营方式成为如今中式快餐连锁第一品牌。

（2）其"真"功夫所在，就是解决了中餐标准化难题。它研发出"真功夫电脑程控蒸汽柜"，它认为："中餐要实现标准化，关键不在流程，而在设备"。

"真功夫"在经营中做到：

营养还是"蒸"的好、总是和洋快餐挨在一起开店、60秒餐到你手、千份快餐一个品质、快速服务，即买即售。

资料来源

真功夫官网 http://www.zkungfu.com/.

68 “本山传媒”
——生产快乐，快乐生产

启示
Enlightenment

快乐是人类永恒的追求，快乐产业是朝阳产业！

“本山传媒”前身为辽宁民间艺术团，成立于2003年，是辽宁省文化厅直属民营文化企业，是由赵本山一手创建的集演艺、影视、艺术教育于一身的大型文化产业集团。2004年，被文化部授予首批“文化产业示范基地”；2010年，“刘老根大舞台”被文化部、国家旅游局联合评为首批“国家文化旅游重点项目”；2010年起连续三年被中宣部评为“全国文化企业三十强”。

“本山传媒”——生产快乐，快乐生产（资料来源：本山传媒 http://www.benshanmedia.net/index.html.）

本山传媒集团有四个主要产业。演出业是其支柱产业，目前已在沈阳、北京、天津、长春、哈尔滨等地开办了8家“刘老根大舞台”连锁剧场，2010年票房收入超2亿，全年演出近2800多场。影视制作业是本山传媒的第二个支柱产业，本山传媒先后制作了《刘老根》《马大帅》《乡村爱情》系列等系列连续剧；电影《男妇女主任》《大笑江湖》等。

其次是电视栏目业，2009年，本山传媒与辽宁电视台合作推出了《明星转起来》周播栏目，收视率居全国卫视类同时段娱乐类节目前三甲之列，随后，本山传媒又分别与黑龙江卫视、北京卫视、辽宁卫视等合作推出了《本山快乐营》《喜剧世界》和《新笑林》等栏目，收视率均居全国同时段节目前三位。最后是艺术教育，本山传媒于2003年5月与辽宁大学签订联合办学协议，共同创办“辽宁大学本山艺术学院”，目前，“本山艺术学院”已成为东北地区艺术人才培养的重要基地。

本山传媒的所有文化产业都是围绕着“快乐”来开发的！

从20世纪初开始，赵本山立志打造"绿色二人转"，通过这种形式把二人转从山野推向了都市，甚至推向了人民大会堂，中央电视台，二人转演员登上了央视春晚，甚至走出了国门。不说脏口和黄口，不涉及敏感的政治问题、民族问题、外交问题，拒绝赤裸裸的低俗和远离麻烦，这些就是"绿色二人转"的基本内容和要求。"绿色二人转"的核心卖点是搞笑。正如赵本山本人在接受杨澜采访时说的:"主题有多么深奥？其实就记住一点，快乐就是主题。"

近年来，赵本山成功推出了一系列喜剧形式的农村题材电视剧，它的成功得益于鲜明的地域特色，东北方言的幽默风趣，二人传的喜剧风格都是其深受观众喜爱的重要原因。

现在人们生活节奏越来越快，物质条件改善了，精神压力却越来越大，大家会更加需要快乐地生活。

资料来源

本山传媒 http://www.benshanmedia.net/index.html；刘祯. 本山传媒：从本山到集团. 企业研究，2013（3）；高静. 本山传媒打造中国笑工厂. 光彩，2009（3）.

69 周立波"海派清口"

——为上海人服务

"海派清口"创始人——周立波

周立波《笑侃三十年》

"海派清口"是由上海滑稽演员周立波所创立，它源自滑稽戏、独脚戏。其形式是在舞台上一个人，一张嘴，一个提示夹，以上海话脱口秀的形式演出2 个小时。"清口"，是区别于依赖色情笑话的"荤口"、"粗口"。

"海派清口"主要以口头语言来进行说唱表演，运用节奏鲜明、自然流畅、诙谐俏皮、幽默风趣的口头语言，来营造情趣、意趣和理趣之效果。在审美风格上，表现为幽默与滑稽，可以归为"诣谑"类曲艺艺术。它吸收了上海本地滑稽戏和北京单口相声的表演精华，讲究"说、学、逗、唱"，来为制造笑料服务。"说"，即口头语言的叙说，是海派清口艺术表演方式的主体；“学”，指在说演过程中，对各种声音效果，包括神情姿态夸张传神的虚拟性模仿；“逗”，指以组织“包袱”等手段展示笑料、实施逗乐；“唱”，是指专门摹仿演唱戏曲、歌曲，包括曲艺之中的唱腔和唱段的功夫技巧。“学”、“逗”、“唱”穿插在“说”之中，成为海派清口的辅助表演形式。

周立波的海派清口，并无剧本，只有几行写在提示夹上的关键词，有主题但摆脱连贯情节，注重表演者的“即兴”发挥，像是闲谈，更偏重与台下观众的互动性及随机应变的灵活性，形式上更追求自由。

由周立波创作的海派清口代表作主要有：《笑侃三十年》、《笑侃大上海》、《我为财狂》等等。

方言节目如果要突破地域的限制，文化是非常重要的因素。周立波海派清口之所以能够日渐风靡全国，一个非常重要的原因正是在于它所蕴涵的上海海派文化，这种文化蕴涵赋予了周立波的海派清口坚实的生存根基和旺盛的生命力。海派清口因而被誉为是“海派文化的幽默表达”。

周立波的海派清口中不乏对今天某些不能让市民满意现象的讽刺。他也嘲弄股市：“现在的股市是老板进去，瘪三出来；鳄鱼进去，壁虎出来；人才进去，棺材出来；博士进去，白痴出来；杨百万进去，杨白劳出来；学巴菲特进去，被扒了皮出来；大小非解禁进去，大小便失禁出来……”，在“笑侃”背后，是对金融风暴、房产、民生等深层次的思考。

周立波说“海派清口是把搞笑作为手段，我的目的是体现出周立波对这个城市的思考，勾起一种集体的回忆，文化需要有共鸣，有共鸣的文化是一种享受。”

周立波的海派清口的目标受众群，也就是目标市场：他们是经历过全部或部分改革开放30年，有点文化或自以为有文化、以上海话为母语、中等收入及以上、“懂经”的上海人，以及渴望融入上海文化、正在努力学习上海话的来自

启示

Enlightenment

不同的曲艺形式，有不同的目标受众群。赵本山的小品和东北二人转以表现农民生活为主，郭德纲的津味相声以表现市井生活为主，他们作品取材基本都来源于普通百姓的日常生活，二人转和相声的目标顾客被戏称是“吃大葱”“吃大蒜”的北方农民和普通市民。周立波“海派清口”以上海本地观众为主体，并注重节目的思想性，海派清口目标顾客被戏称是喜欢“喝咖啡”“喝红酒”的上海白领。

资料来源

鲁雪莉. 论周立波的“海派清口”艺术. 戏剧文学，2010（2）；高原. 浅谈周立波海派清口的艺术创新. 现代传播（中国传媒大学学报），2010（5）.

五湖四海的“新上海人”。

周立波在接受杨澜采访时说：“你喜欢直白的可以去看小沈阳，喜欢直白带含蓄的可以去看郭德纲，喜欢含蓄的请看周立波。”各自的定位不同，导致了他们在艺术上的差异。

70 中国文学营销的先行者——莫言

现在世界上有好几千个作家有资格获得诺贝尔文学奖，但是每年只能发给一个。为何中国作家莫言能够获得2012年诺贝尔文学奖？

莫言获得2012年诺贝尔文学奖

莫言的主要作品有：《红高粱家族》《酒国》《丰乳肥臀》《檀香刑》《生死疲劳》和《蛙》等等。

2012年诺贝尔文学奖颁发给莫言，主要理由是他代表了幻觉现实主义（Hallucinatory realism）这种文学现象。瑞典文学院说：中国莫言的“幻觉现实主义融合了民间故事、历史和当代社会”。诺贝尔文学奖评委之一、瑞典汉学家马悦然认为“莫言的作品十分具有想象力和幽默感，他很善于讲故事”。

莫言说：“我的文学表现了中国人民的生活，表现了中国独特的文化与民族的风情。同时我的小说也描写了广泛意义上的人”。“历史和现实的结合。这两部分缺一不可，如果没有虚幻，仅仅写实，这部小说没有生命。反之，全是虚幻的，和现实中国没有联系，也没有意义”。莫言作品具有强烈的民族性和中国色彩。

莫言的《红高粱家族》被译为20 余种文字在全世界发行，并被张艺谋改编为电影《红高粱》，《红高粱》获得了第38届柏林电影节最佳故事片金熊奖。《丰乳肥臀》获得了“大家文学奖”（10万元）、《蛙》获得了2011年第八届矛盾文学奖。

莫言的三部作品《生死疲劳》《红高粱》和《天堂蒜薹之歌》被翻译成瑞典文，译名分别为《西门闹和他的七世生活》（Ximen Nao och hans sju liv）、《红土地》（Det röda fältet）和《大蒜民谣》（Vitlöksballaderna）。由瑞典汉学家陈安娜（Ann Gustafsson）翻译，她曾是汉学家、诺贝尔文学奖评委马悦然的学生。他的丈夫陈迈平是中国作家，1986年出国留学后定居瑞典。

《生死疲劳》——直译成瑞典语是一个很长的句子，而且索然无味。陈安娜最后不得不用书中的故事为它命名：主人公西门闹经历六道轮回，分别转世成驴、牛、猪、狗、猴和大头婴儿蓝千岁，用动物的眼睛看尽1950年至2000年的50年乡村史，这是所谓的“七世生活”，即《西门闹和他的七世生活》。

《红高粱》——“高粱”这种东西瑞典人不种——这也是为什么《红高粱》翻译成瑞典语时，变成了《红土地》。

《天堂蒜薹之歌》——“蒜薹”在瑞典的菜场有卖，书名译为《大蒜民谣》

美国汉学家葛浩文教授翻译了莫言的《红高粱》和《天堂蒜薹之歌》。

在海外为莫言作品做出版推广的美国出版社兰登书屋善于营销。

莫言的文学作品（多数是长篇）在日本被翻译出版。日本著名作家、诺贝尔文学奖获得者大江健三郎是莫言的朋友，到过莫言的家乡山东高密。大江健三郎矢志不移地向诺贝尔文学奖评委会推荐莫言。除了大江健三郎先生，翻译家吉田富夫教授和藤井省三教授也来过中国高密，后两个人都是日本当代非常优秀的中文翻译家，本身也是汉学家，对中

启示

Enlightenment

莫言的成功在于：

（1）非常优秀的文学作品；

（2）非常优秀的外文翻译家，作品被准确翻译为英、法、德、俄、日、韩和瑞典文等十几种语言的版本。使莫言成为中国当代最有世界性知名度的作家之一、进入了西方主流文化视野；

（3）非常优秀的、善于做图书营销的外国出版社；

（4）诺贝尔文学奖评委、诺贝尔文学奖获得者大力推荐、看好莫言；

（5）莫言本人善于个人营销，他与世界上许多著名作家、汉学家都是朋友。

国文学研究很深，尤其是对中国农村社会非常了解。

71 疯狂的商标
——名人名字被恶意抢注成商标

启示
Enlightenment

“名人”奇货可居，商家待价而沽、抢注商标颇有“钱”途；利用法律空子挑战道德底线、疯狂商标“行走自如”；完善商标法律建立代理制度、市场经济更应重自律。

爱戴（原名张嘉佩，英文名Edell），中国大陆著名歌手、影视演员。

长春商人张军向国家工商总局申请注册“爱戴”牌避孕套商标，其设计的广告语为：爱戴牌避孕套，越戴越爱戴；爱戴牌避孕套，爱戴不戴。

2006年11日10日凤凰网娱乐“独家”报道——爱戴就“爱戴牌”避孕套事件发表“声明”：

近日来，由于有商家抢注“爱戴牌”避孕套，使原本一直开朗乐观的华友飞乐歌手爱戴变得十分气愤与无奈。因为避孕套在百姓心中不完全是健康及正面的产品，甚至会有人想入非非，所以这件事情很可能会直接影响爱戴在歌迷心中的形象。有鉴于此，11月9日下午，爱戴在北京发表“严正声明”，澄清此事。

爱戴在北京发表“严正声明”表示：“我一直保持着健康活力的形象，但近日，我却受到了“爱戴牌”避孕套事件的困挠， 让我的身心受到了极力的打击。更有甚者，一些人还以为我成了“爱戴牌”避孕套的代言人，我的名誉受到了严重的影响。这一切，缘自长春商人张军抢注了“爱戴牌”避孕套商标。他美其名说这是“既没有借爱戴宣传的用意，也不是恶搞，一切只是巧合。”

爱戴表示：“或许有人会认为，‘爱戴’是一个动词，即使是叫‘爱戴’这个名字的人，全中国或许有成千上万，用不着我犯愁。有人还认为：此商标‘爱戴’而非彼真人‘爱戴’。但我敢肯定的是，长春商人张军是在混水摸鱼，甚至是在偷换概念，是在玩文字游戏。因为，‘爱戴牌’避孕套的包装明显使用了我的专有英文名‘Edell’！到目前为止，使用‘Edell’这个英文名而且中文名叫‘爱戴’的就只有我本人。很明显，长春商人张军是侵犯了我的‘名称权’和‘名誉权’！更为严重的是，‘爱戴牌’避孕套包装盒上英文字体‘Edell’和中文字体‘爱戴’的美术设计，与我前段时间由华友飞乐唱片推出的EP唱片《初次与你相遇》的封面包装的英文字体和中文字体是同出一辙的，这明显就是克隆照搬，怎能说是“纯属巧合”呢？这是在强词夺理！”

爱戴在“严正声明”中表示：有人开玩笑说：‘这是一桩利国利民的好事，爱戴竟然敢蓄意阻拦，商家可以反诉：告她妨碍计划生育。’我要郑重声明的是，我并不是反对计划生育，更不是反对做好安全措施，我只是反对不法厂商以不择手段来侵犯艺人的权利和名誉！

爱戴指出：“近一段时间，不仅‘中央一套’和‘雷锋’被避孕套生产商恶性抢注，甚至连谢霆锋（泄停封）也成了腹泻药的商标、刘德华（溜得滑）也成了修正液的商标、郭德刚（锅得缸）也成了饮用酒的商标，甚至连姚明也成了妇女卫生巾的商标，这都是对艺人名字的严重侵犯！商家挖空心思炮制的隐含侮辱性质的商标，虽然会吸引人们的眼球，但是这样的品牌却往往会令人反感，甚至抵制。商家与其这样找噱头，倒不如好好地把品牌质量提高。”

爱戴在“严正声明”中强调：“为此，我呼吁社会各界，特别是工商部门、商标管理机构都来保护好艺人的名字，维护好艺人的合法权益，让艺人以充沛的精力投入演艺事业！长春商人张军甚至还向我们公司提出索要‘爱戴牌’避孕套商标转让费108万元，这些都是厚颜无耻的行为，我们绝对不会答应。张军的行为对我的形象产生了严重的影响和恶劣的后果，我们将依法追究其责任，以法律手段解决这件事，还我清白！”

此外，其他恶意商标抢注瞄准名人谐音案例如下：

刘德华——“流得哗”（治疗便秘类药品）、“流得滑”（涂改液）

章子怡——“涨止益”（卫生巾）、“帐子怡”（蚊帐）

郭德纲——“锅得缸”（白酒类）

赵本山——“兆本衫”“赵本衫”（服装）

高秀敏—“高嗅敏”（消毒剂、空气清新剂）

姚明——“遥明”（医药眼药类）

刘翔——“流降”（感冒药）

林丹——“林丹”（服装、文具、运动器材、动物饲料）

雪村——“雪村”（避孕套）

伊能静——“依能静”（治疗女性更年期综合征的药品）

崔永元——“催永圆”（丰乳霜或猪饲料）

张惠妹——“蟑会没”（杀虫剂）

张艾嘉——“蟑爱呷”（蟑螂药）

沙宝亮——“沙保亮”（喉宝）

朱时茂——“猪食茂”（猪饲料）

王小丫——“王小鸭”（羽绒服）

李湘——“娌香”（化妆品）

常香玉——“常香玉”（首饰、艺术品、学校教育培训）

莫文蔚——“莫闻味”（臭豆腐）

牛得草——“牛得草”（肥料）

王家卫——“旺家卫”（卫浴用品）

二月河——“二月河及ERYUEHE”、“二月河开凌解放”（餐饮、酒店）

芙蓉姐姐——“芙蓉姐姐”（化妆品、服装内衣、教

育类）

辛弃疾——“心弃疾”（治心脏病的药品）

范志毅——“犯痔易”（治疗痔疮的药）

周星驰——“粥心驰”（连锁食品店）

范冰冰——“贩冰冰”（冷冻食品、冷饮店）

费玉清——“肺益清”（药品）

周杰伦——“粥绝伦”（粥店）

张艺谋——“张一摩”（护肤品）

孟广美——“梦光美”（护肤品）

郭富城——“锅富城”（酒店）

潘长江——“潘尝姜”（姜饮料）

克林顿——“客临凳”（酒店和服务类）

本·拉灯——“本·拉灯”（照明器）

迈克尔·乔丹——“乔丹”（体育用品）

72 “袄爸妈”——服装注册商标瞄上美国总统奥巴马

当很多人热衷于将明星的名字拿来做商标时，浙江的臭豆腐大王顾渭忠注册傍名人商标不去凑这些明星的热闹，而把目光直接瞄准了当今美国总统奥巴马，顾渭忠把美国总统奥巴马的名字谐音“袄爸妈”申请注册了商标。现在“袄爸妈”商标已被国家工商总局商标局正式核准，颁发了商标注册证书，傍名人商标傍出了世界之最。

此前，记者从国家商标局查询后发现，奥巴马刚刚成为美国历史上首位黑人总统后，引起了全世界的广泛关注。而他的鼎鼎大名“奥巴马”三个字早被精明的中国商人纷纷

启示
Enlightenment

对不少企业来说，名人名字谐音蕴含着无限商机，但是企业应该合理合法地来使用！

抢先注册成“服装”“计算机”“陶瓷”“啤酒”等各种类别的几百种商品类商标。

美国民众怎么也没想到他们最受欢迎总统的名字“奥巴马”三个字被中国企业和个人疯狂抢注为商标，谁都知道该商标特别在服装上如能注册成功将价值连城。因为“奥巴马”的个人魅力实在太大了，连美国社会学专家都认为，“奥巴马”已超越寻常意义上的政治家，已成为美国年轻人心中的流行偶像。照这样看“奥巴马”很快会成为中国年轻人的流行偶像。再加上近年来电影、电视中频繁出现的黑人总统形象，对我们消费者潜移默化的影响，促使消费者更容易接受“奥巴马”这个品牌服装。用他的名字作为商标成为商家的“摇钱树”应该没有什么问题的。

由此看来，随着美国历史上第一位黑人总统的影响力与日俱增，这些商标的价值也将会变大。不过，用“奥巴马”三个字能注册成为商标这一切可能只是一种美好的愿望。不少知识产权专业人士认为，考虑到“奥巴马”的全球超级影响力，国家商标局有可能会以“有其他不良影响”为理由驳回上述商标的申请，并且这种结果的可能性会比较大。

然后事实果真如此，两年多来，凡以涉及有“奥巴马”字样而申请注册的各类商标统统被驳回而“枪毙”，而浙江的臭豆腐大王顾渭忠第一个把“奥巴马”的名字谐音“袄爸妈”成功注册了服装商标，“袄爸妈”商标也成为了中国第一个以美国总统奥巴马名字谐音为契机的商品类商标。

据上虞市便民服务中心商标窗口负责人沈伟祥先生的介绍：“袄爸妈”商标用在服装上把品牌与产品本身含义搭配组合的非常恰合，“袄爸妈”这三个字体现出了浓厚的中国孝德文化内涵（对衣食父母的感恩情怀），商标一但注入文化内涵便会成为一种生活方式，现代市场竞争，不仅仅是质量与营销手段的竞争，更是一种带有文化色彩的高层次的竞争，商标的语义内容越丰富就越能引发人们的联想，一个好商标尤如一把利剑，它对于企业抢占市场和迅速被消费者接受起着最直接的作用。所以“袄爸妈”商标是一个非常有发展前途的服装品牌商标，当然“袄爸妈”品牌能够很快使消费者接纳她更大价值体现在配上了美国总统奥巴马的名字谐音，只因为有了这个背景，该品牌一被使用即可能成为人人追捧的潮流品牌，更可能能成为全世界年青人的偶像品牌。所以国家商标局只要一核准注册了这个商标那么这个商标的品牌价值就不一般了。

但令人意想不到的是注册该商标的竟然是做油炸臭豆腐生意的个体老板，顾渭忠是一直做油炸臭豆腐生意的，也是国内第一个把油炸臭豆腐连锁店开到国外的人，同时顾渭忠也成为了美食小吃行业的致富榜样，那么他已经坐上了油炸臭豆腐行业的老大位置，怎么会想到去注册和臭豆腐行业完全不同的商标呢？

记者带着很多凝惑走访了拥有该商标的注册人：上虞市佰味苋食品有限公司总经理顾渭忠先生。

顾总介绍说他注册“袄爸妈”商标也是偶然的，本来我正在策划一个服装商标，考虑以后可能在服装方面做文章。那天我看央视早间新闻时刚好在播放奥巴马成为美国总统前后的一些传奇故事，我想很多明星的名字人家都拿去做商标了，要是美国总统奥巴马的名字能注册成商标那么这个商标该有多大的价值啊！然后查阅了国家商标网，人家早就有几十个奥巴马商标申请了，既然这样我可以用奥巴马的名字谐音来注册商标啊！就这样用了“袄爸妈”这三个字，立马到上虞市便民服务中心商标窗口申请注册了“袄爸妈”服装类商标。

商标注册证

袄爸妈

李建昌

“袄爸妈”商标注册证

记者问你注册这个“袄爸妈”商标的时候是想沾上美国总统奥巴马的名气吧？有傍明星的嫌疑吧？

他也很坦率地说“是的，我不否认自己在注册这个商标中想沾上美国总统奥巴马的名气。如果“袄爸妈”这三个字脱离了美国总统奥巴马的名字谐音，那么这个商标也是个普普通通的商标了；虽然现在商标傍明星很流行，但如果花几年时间去注册一个只是傍明星名气的商标我认为没有必要去凑这个热闹，而美国总统奥巴马的背景是任何明星均没法比的”。

当记者问你这个“袄爸妈”商标是用来自己开发服装产品呢还是转让卖钱，顾总回答是目前还没有想好，可以考虑合作经营也可以考虑找一家有实力的厂商把这个品牌嫁出去。

资料来源
臭豆腐大王注册商标瞄上美国总统奥巴马.中国经济网，2010-10-27. http://finance.ce.cn/rolling/201010/27/t20101027_16360105.shtml.

73 服务无小事
——几个中式餐饮服务小细节

在餐饮服务工作中，一定要注意服务规范和细节。没有任何一件事情，小到可以被抛弃；没有任何一个细节，细到应该被忽略。

上菜位置——不要在来宾之间

任何宴会都有宾主之分，二桌以上的宴会还要确定主桌。主桌、主位的确定按照面门、面南、相对、观重点的原则。其中以观重点为最重要。一般来说，主桌都安排在大幅字画前面，面向餐厅主门，能够纵观全厅的位置。宾主座位的区分：主人居中，副主人坐在主人的对面，主人的右边为主宾，左边为副主宾；也有主人居中，其右边为主宾，副主人坐在主人的对面，副主宾坐在副主人的右边。

上菜要正确选择操作位置：中餐宴会的上菜一般选择在陪同人员或翻译之间进行，也有在副主人的右边进行。有利于翻译或副主人向来宾介绍菜肴名称、口味，不要在来宾

启示
Enlightenment

人们常说：“细节决定成败”，餐饮服务无小事。

之间进行，以免影响来宾用餐，避免不慎将汤汁滴在来宾身上，上菜时要轻步向前，轻托上桌。到桌边，右脚朝前，侧身而进，踮脚而上，托盘平稳，动作轻快，手势利落，放准盆位，举止礼貌，次序不乱，细心周到，布局美观。

有破损的餐具——不能摆上餐台

在社会上，餐厅档次有高、中、低的不同。但是，任何档次的餐厅在餐饮服务中，有破损的餐具千万不能用，那怕是有细小破损的餐具也不行。破损的餐具除了会给顾客带来安全隐患外，更重要的是，从中国饮食和风水禁忌来看，顾客会认为餐厅使用破损餐具是不尊重顾客，顾客认为使用破损餐具也不吉利。

餐具的完好无损是对客人最起码的尊重！

所以餐具的完好无损是对客人最起码的尊重！

客人的筷子掉地上了怎么办？——服务员要先去给客人拿干净筷子，然后再取走掉落在地上的脏筷子

客人在餐厅用餐过程中，常常会不小心把筷子掉在地上了。碰到这种情况，如果餐厅服务员发现了，餐厅服务员就要主动为客人去拿干净的筷子。正确的程序是：首先，请客人稍微等候，然后，尽快去将放在筷套里的干净筷子取回来，用双手递给客人，请客人用餐，最后，当着客人的面，再将掉落在地上的脏筷子取走。如果餐厅服务员的程序反过来，服务员是先拾起掉落在地上的脏筷子，然后再去取回干净的筷子给客人，客人就会不满意。这是因为：第一，客人还等着筷子吃饭，服务员要以人为本，先去拿干净筷子，方便客人用餐；第二，如果服务员先去拾掉落在地上的脏筷子，就会把手搞脏，影响到个人卫生和餐具卫生；第三，服务员先拾起掉落在地上的脏筷子，然后再去取回干净的筷子给客人，有的客人可能会怀疑服务员并没有给他调换干净筷子，给他用的还是拿那双掉在地上的脏筷子等等。

74 为首长服务的艺术
——《参谋助手论》

1994年，解放军西安政治学院老师王怀志、郭政撰写了《参谋助手论——为首长服务的艺术》一书，该书由西北大学出版社出版，印数3000册，在新华书店销售。

现任解放军西安政治学院院长、少将张本正为这本书作了序。序里，张本正这样评价："这部书不矫饰，不虚伪，不欺骗。真理总是赤裸裸的，那么，接近真的东西穿衣服也是不能多的——这是一本实话、真话集。"

作为政工学秘书专业的教授，王怀志和郭政当年写这本书只是出于教学的需要。书中的秘书，其实泛指机关的参谋、干事和其他工作人员。之所以只写"首长"不写"领导"，是因为"对地方的情况不太了解"。

"在总的趋向上，这本书是为了使工作人员更好地为首长尽职，在尽可能的条件下，使首长的工作更顺利。"王怀志告诉南方周末记者。

王怀志说，秘书就是要使自己适应首长，而不是让首长适应自己。

"慰问团长，途跋涉来到这里"

18岁那年，王怀志应征入伍。因为文化水平不错，他多次被借调到团、师、军政治机关工作。珍宝岛战事发生的时候，王怀志在编的部队上了前线，从前线撤下来后一段时间驻黑龙江生产建设兵团，还是帮助做宣传工作。真正在机关当起干部，是1974年的事了。一干就是十来年，从文化干事干到股长，"小秘书"干成了"大秘书"。

那时候还没有"秘书学"。老干事偶尔会提醒新干事几句，但多数工作还得自己摸索。摸索的过程中，总有人闹

启示
Enlightenment

营销要以满足顾客的需求为中心，那么搞清楚谁是顾客、顾客的需要是什么，这对营销成功是至关重要的。从市场营销的观点来看，部队参谋的"顾客"是首长、总经理秘书的"顾客"是公司总经理、县政府办公室主任的"顾客"是县长、医院医生的"顾客"是患者、教师的"顾客"是学生……

笑话。

珍宝岛战后那段时间，很多慰问团到王怀志所在的部队演出，接待方每次要致辞感谢。有一次，团长和政委都出去开会了，讲话的任务就落到了一个副团长身上。副团长参加过抗日战争，就是识字儿不多。

干事写讲话稿时就特别注意，在一些笔画复杂的字旁边打个括号，写上一个读音相同的常见字。比如“让我们对慰问团表示衷（中）心的感谢”。谁知讲话时，副团长拿着讲稿便念道：“让我们对慰问团表示哀——括弧，中——心的感谢！”

讲稿中写道“慰问团长途跋涉来到这里”，副团长张口断句：“慰问团长，途跋涉来到这里。”坐在下面的人笑作一团：“怎么团长叫这名啊？”慰问团的人忙在一旁解释：“我们团长姓李。”副团长听了赶紧纠正：“哦，李跋涉——这是谁写的稿子，怎么连团长姓什么都没搞清楚？”

稿子读到第一页末尾，副团长念到“慰问团给我们带来了很大的鼓”，翻过来看到没完，继续念：“哦，还有一个舞！”

这些笑话，就成了王怀志的经验，他从那时候就开始琢磨，秘书该怎么写讲话稿。到了机关，王怀志发现这样的事情也还不少。一次，有首长的讲话稿里引用了鲁迅《论雷峰塔的倒掉》。首长念到这里觉得有发挥的必要，就开始说：“说到雷锋塔倒，我要多说几句。不论花多少钱，我们还是要把这个塔再修起来。我们还是要继续学雷锋的嘛。”

王怀志觉得这些也和秘书的工作没有做到位有关——首长文化水平不高，秘书就该写得简短通俗；首长文化水平高，秘书就可以引经据典，提高讲话水平。

后来，两位作者就把后一个故事和这些经验一起写进了《参谋助手论》里：“（什么样的讲话稿是‘好’的呢？）关键是取决于秘书对首长性格、爱好、习惯、经历、年龄、学识等个性特征的了解和掌握，并使自己写的讲话稿与首长的个性特征吻合。”

1983年，王怀志被调入解放军西安政治学院，先在党史教研室做教员，后来到了政治工作系，文秘专业。秘书学讲了多年，觉得课本上的东西根本不够用。王怀志和郭政商量了一下，决定写一本书来填补这个空白。起初，他们开了一门秘书实践的讲座课，郭政主讲。郭政讲的时候，就把自己的、王怀志的各种亲眼所见和道听途说的例子放进去。王怀志把这些课堂内容记录下来，修饰润色，补充删减，整理成书稿，名字就定作《参谋助手论——为首长服务的艺术》。

两位作者曾亲眼见到，一个机关干事走上来拍了拍首长的肩膀。首长虽然面无愠色，却冷淡地说道：“你有什么事情？”语气里明显透着不高兴。

于是，他们把“不能拍首长肩膀”写进了《维护领导尊严的艺术》。和它并列的例子还有：和首长打篮球不能盖帽，打乒乓球不能扣杀，下棋的时候一定要输，还要装出悔棋的样子……后来这些“规则”被网友摘录出来，指责为“马屁经”。

《参谋助手论》一书封面

“秘书人员本身是正直的。”王怀志解释说，“这里不是阿谀奉承、不是讨好，而是秘书人员要从大局、整体来考虑——首长玩球下棋，不过是图个消遣，调整情绪。如果你老赢他，把情绪调节坏了，那还不如不玩了。虽然似乎是迎合首长，但如果首长心情好，工作起来也好。首长心情不好，对秘书人员也不好。”

王怀志觉得人们对秘书有很多误解——就像许多人对他的书有误解一样——文学作品里的秘书多是“阿谀不实之徒”，现实社会中人们对秘书也是薄褒厚贬。

但在他看来，做秘书的人其实要有很高觉悟：秘书必须淡泊名利，即便写了几百万字的材料，没有一个落款是自己的，也不能计较；秘书要适应随时加班加点的工作，得不怕苦、不怕累；秘书要对政策、局势了如指掌，不然写不出好报告；领导之间关系不和，秘书在中间也得负责任，不能不调和，也不能乱调和……秘书工作其实难度很高，做得好了，常常被委以重任——邓小平原来就是中央的秘书长，王怀志提到。

“秘书从政当然是有优势的。”王怀志分析道：从正面说，首长就是政务的主要执行者，秘书在核心班子里工作，对政策方针的把握、上级精神的领会都可能比别人熟。

从另一方面说，秘书是“近水楼台先得月”，首长比较了解秘书，在同样的水平、同样的能力下，容易被发现：“以前陈毅做外交部长的时候，许多新四军的人就到了外交部。这不是说新四军都能搞外交，而是因为他了解那些人。他不了解那些人，怎么知道他能搞不能搞？”

资料来源

摘编自 朱晓佳，刘磊．“真理总是赤裸裸的”——《参谋助手论——为首长服务的艺术》的艺术．南方周末，2011-11-17.

75 为顾客利益着想
——泰国TMB银行

泰国TMB银行（The Thai Military Bank）中文译名为泰国军人银行，它创办于1957年，总部位于曼谷，是泰国最大的零售银行之一，起初只是为军队人员及家属提供给金融服务，后来服务对象扩大到所有客户，并且服务更加多样化。

2007年夏天，H教授到泰国曼谷R大学做访问教授，给国际教育学院MBA学生上课。R大学给H教授支付的报酬是一张TMB的泰铢支票。H教授在国外学习工作时，曾经在银行开设过支票账户，使用过支票。

一天下午下班后，H教授刚走出R大学校园，就看到马路对面有一家TMB银行的分行，H教授走进该银行想把支票兑换成现金。也像在国内银行办理业务一样，H教授先到取号机上取了一张号票，排队等待着服务员叫号，当服务员叫到H教授号的时候，H教授就到柜台上办理业务，一个年轻

启示
Enlightenment

泰国TMB银行员工提供服务时能够为顾客着想，超越了顾客的期望，使得顾客很满意，同时也为泰国TMB银行树立了良好的形象。

泰国TMB银行Logo

泰国TMB银行

的男服务员接待了H教授，H教授用英语告诉男服务员要把支票兑换成现金，男服务员接过支票查看后，微笑着告诉H教授说："这张支票上写着TMB银行R大学分行，那个地方距离这里很近，你最好去TMB银行R大学分行兑换现金，如果你在我们这个分行兑换现金的话，按规定要收取一些手续费，对你来说不划算。" H教授接受了男服务员的建议，立即返回R大学，在校园里找到了TMB银行R大学分行，很快就将支票兑换成现金。

在泰国TMB银行用支票兑换现金的经历，虽然只是给H教授节省了一小笔手续费，但是TMB银行员工为顾客利益着想的做法，让 TMB银行给H教授留下了很深的印象！

76　两个光头男人的江湖

——《非诚勿扰》

在《非诚勿扰》的舞台上，如果孟非是冷却剂，乐嘉就是催化剂。一温一火的两个男人，让这个节目风生水起。他们对现场的引导与把控，不可小觑。

2010年6月13日10点30分，《非诚勿扰》主持人孟非的微博上出现这样一段文字：最近人越来越疲惫，这种疲惫不仅来自身体，更来自内心，有人问过我不做主持人会做什么，我回答是游历四方，山雨欲来风满楼，众口铄金君自宽，现在已无限接近梦想。

短短70字，却一石激起千层浪。这条微博下，出现了千余条评论。媒体也暗自揣摩起书写者的心态。"孟非萌生退意"，瞬时成了当天很多报道的新闻标题。

一个电视节目总有一个道义责任在

很多小姑娘通过《非诚勿扰》爱上了孟非。江苏卫视的收发室里，从来没有堆起过这么多求爱信——而且是给一个光头“老”男人。主持《非诚勿扰》前，他在江苏省境内以及电视业内已非常有名，作为国内电视民生新闻的代表人物之一，他主持的《南京零距离》是南京人民啃咸水鸭的必备佐料。

“我不知道自己有没有风格，如果有的话，我在新闻当中和在这个节目当中，没多大区别。”主持风格未变，但《南京零距离》中的孟非以辛辣著称，而《非诚勿扰》中的他，对节目则有更多“冷控制”的作用。

比如，女孩们有时对男嘉宾刻薄过了头，24张大口对着一个绵羊似的男嘉宾，孟非往往会用调侃自己的方式把话题转移，不经意间保护了场上那个男人。

有时，看到男女青年面对某个情境搞不清对错黑白，孟非也会以年长者的身份，点拨感慨。比如谈到年轻人买奢侈品的问题，男女嘉宾会呈现出不同的消费观，有人认为适度消费是可以的，有人则认为买奢侈品是可恶的，不同观点会在现场交锋。这时，孟非站出来只问了一句，“你们在想给自己买这个买那个的时候，有没有想过给自己的父母买什么？”

孟非觉得，一个电视节目总有一个道义责任在，它体现一个主流媒体应该对社会承担的责任。而媒体对何种事情过度关注，恰好表明了它的趣味。于是，当《非诚勿扰》走红后，无数同行拉着他问拜金话题时，这个颇具阅历的男人表面虽仍旧平和，但厌倦感却从眼神里透出来。他很不解，为何铺天盖地的采访里，从没有人愿意和他谈谈，那个单纯、质朴得几近少见的国家救援队队员。

不过孟非有种信念，“从第一天起，我便忠实地记录了节目发展的变迁。我知道，所有我今日付出的这些努力，其真正的价值终将被人们所理解和明白。我坚信我们可以传达和赋予这个节目以更崇高的文化使命。”

启示

Enlightenment

江苏卫视将《非诚勿扰》定位于大型生活服务类节目，它除了婚恋交友服务外，该节目还强调“道义责任”和“传达很多娱乐之外的精神”，因而具有鲜明的特色，区别于我国同类型相亲交友节目：《我们约会吧》（湖南卫视）、《爱情连连看》（浙江卫视）、《谁能百里挑一》（东方卫视）、《你好丘比特！》（黑龙江卫视）等等，最终《非诚勿扰》获得了较高的收视率。

这个节目可以传达很多娱乐之外的精神

同样看重节目“文化感”的，还有孟非的搭档，另一个同样不太年轻的光头男人——性格色彩分析专家乐嘉。

进《非诚勿扰》前，乐嘉对综艺类的娱乐节目有种说不出的拒绝，尤其受不了主持人模仿港台腔口吐“哇噻”“好厉害喔”等种种句型。当制片人王刚得知乐嘉一年看电视的总计时间不超过50小时后，无奈下开出一张电视单让其恶补。

“不断学习”中的乐嘉每次想到自己今后居然要和女人讨论衣服、美容话题，都觉得自己势必会沦为傻乎乎的花瓶。这让他一度很烦躁。好在孟非的一条短信，及时救了他——“刚刚在看我们的节目，这是我第一次看，还挺好看的。”

两个男人最终在节目中找到成就感，是开播不久后栏目组第一次聚餐。所有人都喝高了，乐嘉拉着孟非耳语，搞不清他们中的谁说了一句“这个节目可以传达很多娱乐之外的精神”。说罢，二人皆感“于我心有戚戚焉”。

所谓娱乐之外的精神，乐嘉这样定义：最大限度地引领大家穿透到人性更深层的本质、展开更广泛的思考、感知更多样化的人生。其次，对参与的每个个体，尤其是男子，助其认清自己，如果他们能对自己有全新的洞见，我坚信这对他们来讲，远比他们带走一个女人在人生中要重要得多。

相对孟非在节目中的“文”，乐嘉则激烈、麻辣。因而，他在帮助男女嘉宾展开思考、认清自己和他人时，言辞极富进攻性。

节目中出现过一个男嘉宾李宝宝，这个男孩连温饱都无着落，却在台上拼命疾呼要做明星，成为王宝强第二。对于这个“有梦想”的男孩，乐嘉给予了狠狠打击。在他看来，“能有正确的审时度势的自我评价，对于那些有梦想却充满无力感的人尤其重要。如果我的冷水能够浇醒李宝宝或者电视机前和他有着同样梦幻的观众，我会很欣慰。”

某期节目的录制现场，一位来自英国叫做“王豆腐”的嘉宾让乐嘉印象深刻，这个家境富有的小伙子在准备的宣传片里，呈现出来的却是宿舍里满满的易拉罐，于是，女嘉宾集体灭灯。乐嘉很愤怒，他立即提问了“王豆腐”几个问题——你家很穷吗？你为什么要捡易拉罐？“问之前，我听说这个小老外家境不错，我是要通过反问来映射不少人以貌取人。”

乐嘉问话之后，话题被孟非接了过来——“小伙子很好，很有环保精神，现在是低碳时代，环保是我们应该倡导的。”多年新闻主播的历练，可以让孟非给许多问题一个社会性的挖掘和延展。两个光头男人，在他们的舞台上默契配合，相得益彰。

电视机前，有人不满意乐嘉的咄咄逼人。但这并不妨碍一些参与节目的嘉宾，事后把他当作良师益友。比如，与乐嘉在节目后联系的，就有那位国家救援队队员王松。王松有天在网上和乐嘉说，有记者报道，自己父亲已经去世了。王松不明白，父亲明明只是得了慢性病怎么就变成死了呢？“这是个极其朴实的小伙子，我们有时需要通过朴实来反省我们自己存在的意义。”乐嘉说。

舞台下，故事继续

和孟非一样，《非诚勿扰》也让乐嘉收获了更多粉丝。他的心理咨询邮件比过去多了50倍。

乐嘉收到的众多来信，其实很难一一归类：有人和他讨论马诺的言行，认为她是个“做事欠考虑的孩子，一不小心触动了不少人敏感的神经”；有人在夸奖，节目中一个节俭的“富二代”，“竟然能够一年之内不买衣服，真是个不错的小伙”；有人和他诉苦，自己收入中上、相貌中上、家庭中上、工作中上、人品端正，“可相亲之路为何如此坎坷”；还有人让他转告对制片人王刚的建议——舞台上灭灯的声音太难听，否定得太嚣张……

这些千奇百怪的讨论，或许映衬的正是《非诚勿扰》

资料来源
罗屿，苏枫. 两个光头男人的江湖. 小康，2010（7）.

飙升至4.5的收视率。从这个角度看，两个光头男人在他们的“江湖”确有王者风范。

但人心亦是江湖。在那里，一温一火的两个人，并不握有掌控权。

77 有冤无路诉，肚子里全是气
——香港人寿保险公司自动电话录音设备

启示
Enlightenment

服务企业使用信息技术的目的应该是为了提高服务质量，增强服务企业竞争能力，但是目前大多数服务企业使用电话录音设备只是为了降低成本。

有冤无路诉，肚子里全是气

小王最近接到小姨的电话，提醒他要快一点将有关文件寄回某跨国人寿保险公司作实。小姨与小王向人寿保险公司购买人寿保险已十多年了。过去他移民不在香港时，一切有关人寿保险供款的事宜，都是由他的小姨代办。回到香港工作后，供款转为自动转账，而与保险公司的联系就由自己处理。问题是：原来向小王提供个人服务的销售员已经离开十多年。除了早年希望说服小王加保时接过几次电话外，替代的人一向都没有与小王联系。

小姨所提及的文件与人寿保险公司在加拿大上市有关。从小姨那里得知，投保人可以依据保额大小和供款时间的长短派获股份。投保人可以决定将股份变卖成现金或拥有那些股份。作那一个决定，小王要填妥并签署一份文件，并必须于8月30日前寄回给保险公司。令小王吃惊的是他没有收到这份文件，因此有关送股事宜并不知情。于是他于台风过后的星期一（8月23日）早上十点半打了一个电话到人寿保险公司。那天早上天文台悬挂黑色暴雨警告讯号，很多企业为了员工安全都停止办公。由于不用上班的决定是由企业自己决定，所以小王也不知道保险公司办公的情况。时间只有数天，书信往返的时间似乎也不够，形势紧迫，于是小王拨了一个电话给人寿保险公司。电话通了，一个女性的声音出现了，小王立刻知道是电话录音，只好继续听下去。

“我们的办公时间是星期一至星期五，早上九点至下午五点。请你于办公时间再打来。”

小王脸上一片茫然。他不禁喃喃自语：“今天不是星期一吗？现在不是在办公时间内吗？真是语无伦次！”

故事还未完结呢！半小时后，小王决定再试一遍。这次有点不同。他听到另一个声音，但也是电话录音：

“欢迎你致电本公司客户热线。广东话服务，请按1字；普通话服务，请按2字；for services in English， press 3。”

小王按了1字，又听到一连串的服务项目，最后一个是：联系客户服务员，请按0字。小王试了其他几个号码都不对口，最后只有按0字。随着有一个声音说：“对不起，因有事故，客户热线中心不能提供服务。”

小王不禁啼笑皆非。花了五六分钟的时间，面对着机器，一点人气都沾不着，真是有冤无路诉，肚子里全是气。

资料来源

游汉明，梁伟强. 21世纪服务营销智慧. 香港：香港城市大学出版社，2002.

78 机票价格的秘密

——差别定价

李强在北京一家展览公司做市场销售，常年在国内城市飞来飞去。

2013年9月11日，他准备上网购买第二天从北京到烟台的机票。携程网显示，9月12日北京到烟台机票全价在690元左右，最低价也要打到8折的550元。此前他刚出差杭州，北京到杭州的机票价格要低于烟台，但北京到杭州的飞行距离

启示

Enlightenment

国际上航运业和酒店业使用收益管理系统进行收益定价（Yield pricing）。它们为数量有限的早期购买者提供折扣，而后期购买则价格较高，临近截止时点的空位价格最高。在同一次航班上，根据座位的等级、时间（早上或晚上）、日期（工作日或周末）、季节、乘客的雇主、过去的业务往来记录，以及身份（年轻人、军人、老人）等的不同而收取不同的费用。

更远，这让他纳闷。

的确，同一天，也就是2013年9月12日，北京到杭州的不同航空公司的全价机票基本在1100元左右，但有4个航班的最低价仅510元，比北京到烟台便宜。

机票价格让人看不懂的还有很多，诸如：上海到北京与杭州到北京的距离相近，而且中国两个最大城市之间的航班更多，开通了京沪空中快线，为什么上海到北京的机票价格远高于杭州到北京？为什么春秋航空卖票价1元的机票，公司仍然能赚钱？

一张小小的机票，它的价格有许多种变化，在外旅行的人司空见惯，只是在购票时被动地寻找更低价格或者适合自己出行需求的机票，却从未去想过机票的价格是怎么制定出来的，在貌似局外人无法解释现象的背后，有着专业领域不为人知的商业运作。

卖机票像卖苹果

“乘客感觉机票价格高或者低，实际上是打折和没打折、打折深和打折浅的价格对比。”业内人士高镇说，航空公司机票定价原理类似卖一筐苹果。假设一筐苹果有100斤，其中有个大的、品相好看的，也有小个的、烂的苹果，如果都按1元一斤卖，好苹果被顾客挑选完，剩下的坏苹果没有人要只能倒掉，100斤苹果只能卖出八九十元。换个卖苹果的方法，挑出大个、品相好看的卖2元一斤，再挑出一部分上等的卖1.5元一斤，普通的卖1元一斤，小个苹果卖0.5元一斤，烂苹果卖0.2元一斤。100斤苹果按照这种多等级的价格卖完，总收入超过原来统一价格的销售。

国家民航局公布的票价按照公路里程制定，一般来说，每公里0.75元计，从上海到北京1300公里，票价标准是1100多元。民航局规定，各家航空公司机票价格不能超过标准价，比如上海到北京的标准价就是上限。航空公司出于竞争动力和压力，在民航局公布的标准价格上限往下打折，即上限为全价票，推出多等级舱位销售法。机票最终打几折的价格，取决于乘客需求和市场竞争程度的差异化。

航班起飞时间是影响票价折扣的关键因素之一。比如下午两点的航班往往是首选，航空公司把低等级的机票投放数量少一些；而对于早晨7点的航班，航空公司知道这个时刻乘客少，低折扣机票多投放些，3折机票如投放50张，只是为了提高上座率，多填满些飞机座位。

廉价航空公司
——春秋航空

而当机票非常紧张的固定日期，比如即将到来的国庆节，这个时刻不需要再试探性销售，航空公司之前投放的低折扣机票数量少，而且折扣力度小。

同一个航班机票价格有高有低，只是因为购买的时间点不一样，买的早往往便宜，票价500元和票价800元的两个座位完全有可能挨在一起。

价格与距离无关

北京到杭州每天有22个航班，5家航空公司经营这条航线，其中国航10个航班，东航4个，海航3个，上航3个，南航1个，特别是国航从下午2点到6点，每小时一趟流水线班，航班密集。而北京到烟台全天8个航班，由国航、山东航空、东航三家航空公司经营。

有看法认为，虽然北京到杭州远于北京到烟台，但到杭州的乘客比到烟台的多，航空运输成本摊薄下来，飞杭州比飞烟台便宜。

高镇坚决否定上述看法，“绝对不是这个原因，票价高低与飞行距离远近没有关系。”

在北京飞烟台的航线上，山东航空数年前被国航收购，实际上国航和东航两家竞争。一位海航工作人员也认为，“只有两家航空公司经营的航线，竞争不激烈，甚至有可能彼此默契，形成价格上的联盟。”他说起2006年的时候，经常乘海航旗下天津航空的西安到榆林航线，当时其他航空公司看不上这条支线，实际上乘客对航空需求量高，而且陕西榆林地区盛产矿产资源，居民富裕，消费能力强。“这条航线非常火，班班卖满，基本上没有折扣。”于是吸引了其他航空公司争食。充分竞争后，再也回不到全价票时代，在2013年9月24日预售机票价格中，其中2折、2.3折、2.5折的超低价机票在13个航班中占据9个，低价票占据主流。

虽然与杭州相近，但上海的机票价格又与杭州不一样，这是因为上海乘客飞北京的需求不同。“上海到北京航班乘客满满的，而且大多都是8折票、9折票。上海到北京航线的商务客人多，到北京开会、出差，对票价不敏感。但上海到张家界、到桂林的票价就没有到北京的高，因为旅游客多，商务客少，这是两个不同的消费群体。”高镇说，如果出门旅游，可以选择张家界，也可以到桂林或者其他地方，成本是游客和旅行社首先考虑的问题。而到北京部委汇报工作、参加会议不能缺席，对机票刚性需求。商务线票价高，旅游线票价低，是市场差异化需求的反应。

春秋航空推出1元票价模式，采取过极端的市场促销手段。通常人们认为，比春秋机票价高得多的航空公司，要比春秋赚钱，但高镇称这是一个误区。“你不要看春秋的票价比东航低，但有时在一架飞机上，收入超过东航。”

春秋与其他航空公司不同的地方在于，完全由自己销售机票，不通过代理人。而其他航空公司除了自销，很大一部分通过其他合作的代理人销售，据高镇说，每卖出一张票，要给代理人9%~10%的代理费。取消免费行李、缩减空姐数量、压低机上餐标等都是其压低机票价格的手段。

还可以在飞机座位上做文章。东航A320有150个座位，但春秋A320有180个座位，坐在春秋飞机上拥挤狭小，里面的乘客走出去，外面的乘客需要站起来让路，如果乘客想换到第一排，要另外付50元。

春秋的上座率常年保持在95%到98%，而东航上座率只有七八成。

“还有飞机飞行时间的利用率，春秋也高一些。各项收入加起来，扣减掉成本，廉价航空盈利能力未必比其他大航空公司低。春秋的机票价低，但票价的高低不能说明航空公司是否赚钱。”高镇强调，票价高低与飞行距离远近、与燃油消耗数量、与飞机新旧等成本因素无关，只与市场竞争有关。

资料来源

缪舢. 机票价格的秘密. 经济观察报，2013-09-13.

79 美国“一元店”为何走俏
——价廉物美

由于经济不景气以及失业率居高不下，越来越多的消费者进入一元购物店寻找便宜商品。据美国研究集团的调查，全美约三成的消费者会在一元店等廉价商店购物。

一元店胜在定位上。一般情况下，当购买大量物品时，许多顾客会前往沃尔玛等大型超市，但由于一元购物店网点更多，居民在购买面包、牛奶、洗涤剂等日用商品时，常常会去一元店买。以总部设在田纳西州的大乐公司为例，它在35个州拥有超过9273家零售店，其零售店的数目超过任何一家零售连锁公司。

为了让这些居民感到方便，一元店的老板们很在意商店的选址、一般都会选择落脚于商业不集中的平民区，以此吸引周围居民。由于是一元店，所以装修也都很简单，主要是密密麻麻的货架和日光灯，还有就是丰富的日用品。这样不仅租金比商业区便宜得多，而且很容易与周围居民建立感情。

东西也确实比较便宜。以美元树连锁店为例，他们的口号是“所有物品一元”，在这家连锁店中，花1美元可以买到四分之一加仑的牛奶（约945毫升）、四节装1号电池、

启示
Enlightenment

美国“一元店”采用的是“单一价格定价策略”，即“样样一元钱”。“一元店”经营者的信条是：即使进价99分，每件商品只赚1分也干，只要大量的顾客前来光顾，不愁没钱赚。“一元店”自有其得天独厚的节流条件：它节省了贴标签等工作人员的开支；收款处只需要数商品个数即可，任何新手都可以简单操作。因此，一个“一元店”只需要一位店长掌管业务，其他人员则雇打工的即可，而不需要正式职工。

470毫升的漱口水、479毫升的洗发液、940毫升的果汁、一磅重的饼干、一盒120张的餐巾纸等商品。

便宜自有便宜的道理。让水流起来，是商业运作的关键，也是一元店的商机所在。一元店之所以能以低价战略生存，主要原因在于他们有办法从那些已经破产的公司进货，价格便宜得惊人，是名副其实的“跳楼价”。此外，那些因存货过多、打算削减过多库存的公司，也是一元店低价商品的来源，著名的“统统99”的经营秘诀就是在制造厂家清仓的时候进货。

与沃尔玛等大型超市纯利下降形成鲜明对比的是，一元店的平均毛利约为40%，利润率大大超过一般零售商。如今，由于一元店生意兴旺，越来越多的制造商开始专门为这类商店生产商品，尤其是清洁用品、化妆品和食品。

便宜也有好货。一元购物店虽然价格特别便宜，但并非次品推销店，其出售的商品质量并不差。在金融危机之后，一元店普遍脱胎换骨，除销售各种非知名品牌或地区品牌外，也开始大量销售全国知名品牌，大乐连锁店出售的商品，78%是全国知名品牌。

值得一提的是，保证一元店物美价廉声誉的，既有民众、媒体和市场监管部门的监督，更有中国制造的力挺。而为了在美国赢得声誉，那些出口商的产品，在质量上是很有保证的，并且来自其他国家的竞争，也使其不能掉以轻心。

美国“一元店”之一
——Dollar Fun

这其实也给了中国市场很大的启发。由于CPI的膨胀以及国际市场大宗商品价格的飞涨，带给中低收入家庭较大的消费压力，客观上抑制了消费。于是，在大中型超市感到压力的同时，一元店的模式却有了较大的生存空间，同时也给了那些库存压力大的企业以新的销售出路。不过，这一切的前提是产品质量，因为许多在国际上行得通的做法，在中国却往往会变味。在我们周围，耍小聪明、无诚信的商家不在少数。

耐人寻味的是，在美国，光顾一元店的，不只是中低收入阶层，很多富人也很开心去那里，与某些国家以买高价货为荣的暴发户不同的是，那里的有钱人并不觉得到一元店买东西有什么丢脸，因为精打细算是他们中许多人发家致富的关键。甚至于，有些家庭还把逛一元店作为消遣一天的方式。

资料来源

张国庆. 美国“一元店”为何走俏. 新京报，2011-03-05.

80 美式购物，价格与时间的博弈
——美国波士顿菲妮斯地下商场

美国波士顿市菲妮斯地下商场（Filene’s Basement）是美国最古老的低价零售商，它专注于高端产品，销售品牌和设计师设计的男女时装、装饰家居用品和珠宝首饰等等，并与其独特的、低技术自动减价系统闻名于世。

在美国，能让我深刻体会到“时间就是金钱”这个道理的，除了打的时不断跳动的计价表，就是在波士顿市中心的菲妮斯地下商场购物了。这里是世界知名的折扣商场，以出售名牌服装等商品以及年度婚纱大拍卖享有盛名，是许多人喜欢逛的地方。

开始我并不了解这个地下商场有何奥秘，只知道专门出售打过折的名牌商品，许多名牌服装如MaxMar、Gucci、Nine West、CK等都是以五折左右（甚至更低）的价格出售。不过即使这样，那些顶级品牌的标价还是很高，比其他品牌的正价衣服要高很多，像原价过万的三折后也要几千美元。当然，折价出售的衣服并不是过时的。

后来我才发现，这个商场的标价很特别——在每件商

启示

Enlightenment

在波士顿菲妮斯地下商场里，不仅存在着价格与时间的博弈，也存在着买家与卖家的博弈！

品价格标签的背面都有一个日期，它表示这个价格是在这一天确定的。然后，这价格会依据该商品在商场里呆的时间长短来变化：如果商品在两周内没卖出，便会自动降价25%；一个月还没有卖出，自动降价50%；一个半月都没有卖出，更会自动降75%——等于打了个两折半！再之后，商场表示将把该商品无偿捐献给慈善机构。

菲妮斯地下商场

菲妮斯地下商场优惠卷

时间与金钱的关系在这里被极大限度地博弈着，这正是商家在促销上的聪明之处：过期不候，好东西不及时买的话就没有了！还达到了加快商品周转与资金回笼的目的。

两层的地下商场里人流终日不断，人们都是先看看货物的价格标签牌后面的时间，再抬头望望高高悬挂的价格与时间对照表，心中盘算着现在买划不划算。如果能找着自己喜欢而又已经放了一个多月都没有人买走的衣服、鞋子或首饰时，那真是偷着笑了。即使不买什么，常来逛逛也可能会发现有自己喜欢的新货上架了。

前几天我看中了一套Nine West的羊毛职业套裙装，原价300美元，已折价为99.99美元/套，但一看此价格，时间才刚过了两天，马上买一点都不能再打折。我便想，再等些日子吧，说不定价格会再降——当然，这要冒被别人买走的风险。管它呢，反正不是非买不可的东西，让时间与金钱来个博弈本身就让我的购物充满了乐趣。

但是，我发现这个商场也会玩些小花招——并不是所有的商品都会被依时送往慈善机构的！我看好的一条裤子，本该再过两天就折价到50%的，可到我再去买时，却发现时间已经被商家更改了，还直接就在上面把原来的时间撕掉！它又始了新一轮的从高价向低价的“走过场”。

遇到这种情况，真后悔没有提前两天就在25%的价格上把它买下来，因为你不知道现在它会不会在两周内被其他人买走了。……

所以，如果你有机会到波士顿，一定记得去那“博弈”一下啦。

资料来源

蒋江敏. 美式购物，价格与时间的博弈. 羊城晚报，2006-06-13.

81 十点八分四十五秒
——全世界手表广告中时间所指位置

我时常留意在报章杂志上的钟表广告，发现大部分的钟表都指在一个接近的时间上，十点八分四十五秒是最普遍的，也有十点九分零秒的，也有十点十分三十秒的。不管表针指的时间是多少，十针和分针一定是呈V字形。

据说钟表之所以指在这个时间上，是经过西方的许多心理学家共同研究出来的。一则它呈V字形，在西方是胜利的象征；二则它同时上扬，有美学形式，令人感到欣悦；三则它的形状如鸟展翅，给人奋发之感。有这种种的好理由，所以全世界的钟表广告，不分地域不分种族，时间全指在十点十分左右。

可是，有一个更重要的实质因素，却被心理学家忽略，就是十点十分在一天之中到底象征了什么？

钟表是工商时代的产物，一有了钟表，人们就脱离了日出而作日入而息的农业时代。那么工商时代的生活如何呢？一般公家机关是八点左右上班，私人机构约在九点上班，商店是在十点钟开门，十点十分无疑是一个人一天中最好的时间。八点刚刚睡醒不久，头脑还处在昏沉状态；九点则尚未安心，工作不能就绪。到了十点十分左右，头脑也清醒了，工作也安顿了，正处在精神与效率的巅峰，不论做任何工作，这个时候大概都是最能得心应手的。

十点十分也是决策的时间，许多公司在这个时间开主管会议，许多决策也多是在这个时刻决定，那是因为大家在这个时间最清醒的缘故。所以说，正如钟表广告所指出的，十点十分是人一天中最好的时刻，是最好的定点。我想，世

启示
Enlightenment

全世界的钟表广告，时间全指在十点十分左右，这是台湾著名作家林清玄细心观察发现，V字形的表针蕴含了胜利、欣悦、奋发；十点十分是一个人一天中最好的时刻、最清醒的时刻，也是最善良、最清净的时刻。因此，世界著名品牌手表广告中的表针一律指向十点十分左右。

宝玑手表（Breguet）广告图片

界上大概很少有人在十点十分赌博、杀人、淫邪、放纵的，那么，它不只是最好的时刻，也是最善良、最清净的时刻。

我有时路过钟表店，总会注意店中悬挂钟表的时间，假如看到所有的钟表都指向十点八分四十五秒，就感觉这是美感和讲究品质格调的店；反之，若看到一壁的时间都是乱七八糟指向不同的方向，则会大为感叹，为什么不能选择最好的时间呢？

钟表如此，人生亦然，如果我们常把一天或一生的标准定在十点八分四十五秒的巅峰，常保持那样的上扬、奋发、清明、觉醒、善良、清净，充满了活力与干劲，则成功又有什么困难呢？

资料来源

林清玄. 紫色菩提. 北京：国际文化出版公司，2012.

82 植入式广告

——冯小刚电影的商业探索

启示

Enlightenment

植入式广告就是一种隐性广告，做好了可以达到“广告不像广告”的最佳状态，让目标受众在没有任何戒备心理的情况下不知不觉的接受。

中国最成功的贺岁片导演，冯小刚的系列电影越来越呈现票房高、观众多、利润高的趋势，还有一大趋势不容忽视——电影中的植入式广告也逐渐多了起来。

植入式广告的历史与现状

任拯廷先生在《浅议植入式广告》一文中，对植入式广告的定义是：植入式广告（Product Placement）又称植入式营销（Product Placement Marketing），是指将产品或品牌及其代表性的视觉符号甚至服务内容策略性融入电影、电视剧或电视节目内容中，通过场景的再现，让观众留下对产品及其品牌的印象，继而达到营销的目的。

在国外，有据可查的最早的植入式广告是1951年由凯瑟林·赫本和亨莱福·鲍嘉主演的《非洲皇后号》，影片当中明显地出现了戈登杜松子酒的商标镜头。在我国则是20世纪90年代由葛优和吕丽萍主演的《编辑部的故事》，首次采用了类似植入式广告的表现形式，使“百龙”矿泉壶一夜之间名声鹊起，从此植入式广告就进入了中国的影视节目中。

在中国众多的导演中，冯小刚显然是电影植入式广告的首席CEO，同张艺谋、陈凯歌等人相比，冯小刚在影片中更能对广告植入处理得驾轻就熟。冯小刚导演的《没完没了》可以说是首开中国电影作品植入广告的先河。中国银行为该剧投入了大量的资金赞助，因此在该片中，中国银行的产品在剧中多次现身，电影与广告相得益彰，双方受益。

冯小刚电影中的广告植入方式

常见的广告植入方式有置景道具植入、对白式植入、情节式植入、场景式植入。

置景道具植入，主要是指品牌视觉符号或商品本身作为影视作品的置景或道具出现，这是最早的电影广告的植入方式。最常见的道具是电子产品、汽车、珠宝服饰、生活用品。汽车尤其引人注目，所以能第一时间让观众记住其品牌，其他品牌则通常都是采用特写镜头的方式，如:《天下无贼》中，惠普、佳能、长城润滑油等，都有定格在商品上的镜头，但这种方式只能为品牌带来了观众大体的记忆效果。

对白式植入可以增加品牌的植入效果，让观众留下深刻的印象，尤其是经典对白。对白式植入，就是在影视剧中通过人物的对话巧妙地将产品、品牌、服务植入其中，使品牌的形象更生动，而且更有说服力。在影片《一声叹息》中，傅彪把张国立和刘蓓送到三亚的总统套房，临走时悄声对刘蓓说:“打电话用吉通卡。”而张国立给徐帆打电话，问买房子的事情，徐帆则说:“欧陆经典不错，就是太贵。” 后来徐帆在剧中一再提醒亲朋好友:“我家特好找，就在欧陆经典。”通过特殊场景的结合或者反复的强调，使品牌在观众的脑海中留下了“这就是徐帆的选择”这一隐性的效果。在电影《大腕》中，相继出现“搜狗”“彪驴”“补钙”“不求最好，但求最贵”等经典对白时，观众会心一笑。而剧中的非常语录通过公众口头传播，亦能达到行之有效地进行产品传播这一效应。

情节式植入，是指在影视剧中，灵活地将产品的特性和诉求点，融入到电影中，成为推动整个故事情节的有机组成部分，达到“广告不像广告”的最佳境界。真正好的隐性广告是把剧情跟产品完美地结合起来，最好的植入式广告不一定要展现它的品牌标志，而是让受众无形之中被影响。在电影《手机》一片中，剧中所有演员使用的全是清一色的摩托罗拉手机。如:电视刚刚开场时出现的是388c，结尾出现的是A760；而在整部剧中，严守一用的是彩信388c，费墨用的是T720，沈雪用的是V860，春燕脖子上挂的是E380，武月用的则是E365。手机在这里是作为一个道具而存在的。正如在《天下无贼》一片开头时，刘德华、刘若英这对贼男女为了勒索富翁傅彪，刘德华扮演的男贼用佳能摄像机摄下富翁对女贼的不轨举动。而后在西藏的寺庙，男贼窃得一大袋手机，无一例外都是诺基亚手机。但是正是这些道具的存在，使影片的发展、情节的安排都得到了合理的解析，达到了情节植入的完美表现。

在2008年的影片《非诚勿扰》中，凭借电影里面的西溪招亲，杭州作为一个城市品牌被植入其中，游戏中融入文化风情，对于西溪这样的新景点也是一种极佳的宣传。

冯小刚电影中植入式广告的优势

（1）冯小刚电影是成功的商业娱乐电影

没有人愿意对一部烂片去投放资金。近年来冯小刚导演的贺岁电影，都获得了成功，许多经典对白也深入人心，可以说他的电影是票房的保证，这也使他的电影成为了商家投资广告的理想载体。而且纵观冯氏电影，多数是现实题材的都市剧，为现代商品的销售提供了合理的剧情和时空。在角色的设定上，他也是将商品与特定的目标消费群结合得十分恰当。

（2）巧妙的情节融合

随着冯小刚电影精彩剧情的展开，不同的商品在影片的背景下，透露着不同的品牌信息。而这一切，观众都是在无意识中接受的，这就是冯小刚电影中植入式广告的高明之处，利用巧妙的情节融合，使商品的诉求和剧情有机地结合在一起。

（3）好的品牌和好产品

看过冯小刚电影的观众都有一个共识，里面的车、手机等道具都是名牌产品， 既有优良的品质和公信度，又有靓丽的外形，使观众加强了对这些商品的品牌印象，产生消费的欲望，再回到生活中去寻找它的原型进行购买。如果企业品牌的美誉度达不到消费者心目中的期望值，品牌的社会公信度不足，那么在节目中频繁出现就会引起观众反感。

冯小刚电影中植入式广告还有很多方面值得我们去参考，作为一个植入式广告，好的载体+好的情节+好的产品=产生购买欲望，正是冯小刚电影中植入式广告的优势公式。

植入式广告有其独特的魅力，是否能发挥功效主要是看如何使用。电影中广告的商业性与影片的艺术性、文化性是此消彼长的不可调和的矛盾体，如何更好地协调二者的关系，使电影与产品的宣传真正实现双赢，将成为制片人和商家共同思考的重点。

资料来源

方怿.浅析冯小刚电影中的植入式广告.电影文学，2009（12）.

83 用昆明方言做产品商标或广告的得与失

——“子弟”牌土豆片、“板扎”牌卫生纸

启示

Enlightenment

促销的本质是买卖双方信息的沟通，若用汉语方言来做商品广告仅仅适用于某一特定区域，在更大区域则无法实现买卖双方信息的有效沟通，会造成信息沟通上的障碍，达不到促销宣传的目的。

“板扎”牌卫生纸

“子弟”牌土豆片

汉语方言俗称地方话，只通行于一定的地域，它不是独立于民族语之外的另一种语言，而只是局部地区使用的语言。现代汉语各方言大都是经历了漫长的演变过程而逐渐形成的。

某一种方言在特定的区域通俗易懂、妇孺皆知，用它来做商品的商标或做广告宣传，朗朗上口，很容易被当地消费者接受，有利于迅速占领市场，取得在当地市场的成功。但是，由于方言的地域性和局限性，很多外地人完全不知所云，有如云里雾里，起不到广而告之作用，不利于该产品走出当地，走向全国，走向世界市场。

例如，云南本土薯片第一品牌——“子弟”牌土豆片，是云南久负盛名的风味食品，精选纯正新鲜马铃薯为原料加工而成，片片都保留了高原马铃薯的美妙味道。它就是用昆明方言“子弟”来做产品商标并进行广告宣传的，其广告语为“吃洋芋长子弟！”。在这句广告语中它用了两个昆明方言词汇“洋芋”和“子弟”，使得一般外地人更不容易理解其含意。昆明土话把马铃薯，即土豆（potato）叫做“洋芋”，把男孩子长得英俊（handsome）叫做“子弟”，把女孩长得漂亮（pretty）叫做“子妹”。

昆明方言“吃洋芋长子弟”的意思是说，常吃土豆的男孩子会长得英俊。这一说法让外地人不好理解，为什么常

吃土豆的男孩子会长得英俊？女孩子、中老年人可以吃“子弟”牌土豆片吗？

又例，云南本土卫生纸第一品牌——“板扎”牌卫生纸，是100%原生木浆纸，质量优良，就是用昆明方言“板扎”来做产品商标并进行广告宣传的，其广告语为“板扎牌卫生纸，太板扎了！”。“板扎”是昆明的一句土话，是非常好的意思。昆明方言常说“唛唛嗓，太板扎了！”，其含意英文翻译为“Oh My God， Excellent! /Perfect!”。昆明本地消费者都懂得“板扎”的真实含意，而外地人常常不知所云，甚至会将“板扎”误解为结实的意思。

84 耐克的生意经
——押宝刘翔

刘翔，中国男子田径队110米栏运动员。中国体育田径史上、也是亚洲田径史上第一个集奥运会冠军、室内室外世锦赛冠军、国际田联大奖赛总决赛冠军、世界纪录保持者多项荣誉于一身的运动员。

2004年8月28日，刘翔在雅典奥运会上以12.91秒的成绩追平了世界纪录，夺得冠军，成为中国田径项目上的第一个男子奥运冠军。2006年7月11日，在瑞士洛桑田径超级大奖赛中，以12秒88夺得金牌，并打破了保持13年的世界纪录。2008年北京奥运会、2012年伦敦奥运会，刘翔因伤退赛。2015年4月7日，刘翔在微博上发文“我的跑道！我的栏！”，正式宣布退役。

耐克最早与刘翔签约是在2002年，当时，刘翔还是一个19岁刚刚崭露头角的青年田径运动员，耐克就看好刘翔的前途、押宝刘翔。2004年雅典奥运会刘翔一战成名，在我们国

启示

Enlightenment

刘翔曾经是中国的民族英雄、一块金字招牌，他的运动成绩以及个人魅力，使他极具商业价值，成为世界上许多知名品牌的代言人。耐克公司作为刘翔的赞助商，押宝刘翔押对了，耐克在成就刘翔的同时，也成就了耐克自己。作为营销策划，耐克对刘翔的营销是可圈可点的！

内大力宣传刘翔为国争光的同时，耐克公司也在宣传耐克产品如何使一个没有肌肉和缺少爆发力的亚洲运动员，在田径直道短距离项目上成为奥运会冠军、世界冠军。耐克陪伴着刘翔从2008年北京奥运会走到了2012年伦敦奥运会，始终不离不弃！十三年来，耐克一直伴随并助力刘翔，无论高峰还是低谷。在刘翔看来，耐克的一路相伴，就像家人的感觉。刘翔在退役宣言中唯一提到的赞助商就是耐克——“感谢我职业运动生涯中所有的赞助商们，尤其是耐克，一路走来，风雨同舟。”

2008年8月18日，北京奥运会男子110米栏预赛，刘翔因伤退赛。耐克花150万连夜做广告为刘翔造势。2008年8月19日，刘翔退赛第二天，耐克便在《华西都市报》《南方都市报》《北京青年报》头版刊登半版广告。广告词为“爱比赛、爱拼上所有的尊严、爱把它再赢回来、爱付出一切、爱荣耀、爱挫折、爱运动，即使它伤了你的心”。

2012年8月7日，英国伦敦奥运会上，刘翔在110米栏预赛中摔倒，无缘半决赛。刘翔摔倒16分钟后，耐克就推出“伤痛广告”——“谁敢在巅峰从头来过，即使身体伤痛，内心不甘。让13亿人都用单脚陪你跳到终点。活出伟大，一起为飞翔而战！”。

2015年4月7日，刘翔正式宣布退役。耐克发布“平凡也能飞翔”为主题的平面和视频广告，向刘翔致敬。耐克在文章中用总结性的语调说“刘翔是中国田径的骄傲，他向全世界证明亚洲人也能在短道赛场飞翔，更让无数人从此关注田径，爱上跑步。”

表4-4　刘翔历年来运动成绩、广告代言与广告收入一览表

年份	运动成绩	广告代言	广告收入（万元）
2003	2003年3月16日英国伯明翰第9届国际室内田径锦标赛季军	耐克、可口可乐	160
2004	2004年雅典奥运会冠军12秒91，中国田径项目第一个男子奥运冠军	耐克、可口可乐、EMS等8家	2300
2005	2005年第十届世界田径锦标赛亚军，13秒08 2005年上海轨迹田径黄金大奖赛冠军，13秒05	耐克、可口可乐、EMS等8家	2600
2006	2006年瑞士洛桑田径超级大奖赛冠军，12秒88，并打破保持13年的世界纪录 2006年德国斯图加特国际田联田径大奖赛总决赛冠军	耐克、可口可乐、EMS、中国移动通信、VISA、伊利、康佳等8家	5800
2007	2007年日本大阪世界田径锦标赛冠军，成为集奥运会冠军、世界田径锦标赛冠军和世界纪录保持者于一身的男子110米栏大满贯得主	耐克、可口可乐、EMS、中国移动通信、VISA、伊利、NUTRILITE等13家	16300

年份	运动成绩	广告代言	广告收入（万元）
2008	2008年8月18日，北京奥运会预赛，因伤退赛	耐克、可口可乐、VISA、中国平安、凯迪拉克、EMS、NUTRILITE、杉杉、伊利、腾讯微博、ThinkPad、中国移动等16家	13000
2009	2009年东亚运动会冠军13秒66	耐克、可口可乐、VISA、中国平安、EMS、NUTRILITE、杉杉、凯迪拉克、伊利、腾讯微博等10家	6460
2010	2010年广州亚运会冠军13秒09	耐克、可口可乐、VISA、中国平安、EMS、NUTRILITE、杉杉、凯迪拉克、伊利、腾讯微博等10家	1825

年份	运动成绩	广告代言	广告收入（万元）
2011	2011年，国际田联钻石联赛上海站冠军13秒07 2011年，亚锦赛冠军13秒22并破赛会纪录 2011年，大邱田径世锦赛亚军13秒27	耐克、可口可乐、VISA、中国平安、EMS、NUTRILITE、杉杉、凯迪拉克、伊利、腾讯微博等11家	2800
2012	2012年，国际田联钻石联赛上海站冠军12秒97 2012年，国际田联钻石联赛尤金站冠军12秒87（顺风超速） 2012年，伦敦奥运会小组赛，因伤退赛	耐克、可口可乐、VISA、中国平安、EMS、NUTRILITE、伊利、腾讯微博、宝马等？家	？

资料来源

那些年，刘翔“跨过”的成绩与金钱. 看天下，2012（22），74-75.

85 货好还需会吆喝

——火腿、云南宣威火腿及其促销

启示

Enlightenment

酒香也怕巷子深，货好还需会吆喝！

火腿是世界三大发酵美食之一，它是用猪腿腌制或熏制而成。火腿在中国烹饪界被划归为禽畜制品类加工性烹饪原料，火腿（Ham）也是西餐中重要的烹饪原料之一。世界著名火腿有：意大利的帕尔玛火腿、西班牙的伊比利亚火腿、中国的金华火腿、法国烟熏火腿、德国黑森林火腿等等。

中国有三大著名火腿：浙江金华火腿（“南腿”）、云南宣威火腿（“云腿”）和江苏如皋火腿（“北腿”）。

据考证，中国火腿创始于南宋建炎二年（1128年），由宋高宗命名，迄今有近900年的历史。相传宋高宗赵构南渡时，抗金名将宗泽的家乡金华府义务县腌制咸肉犒劳军队，咸肉味道鲜美，将士们称之为宗泽的“家乡肉”，这就是金华火腿的前身。宗泽回朝，便将“家乡肉”敬献给皇上品尝。高宗见割开的肉颜色鲜红，又因宗泽的家乡义务为浙江金华府所属，便欣然赐名为“金华火腿”。后来，火腿业尊宗泽为祖师。当时腌制火腿不是像现在这样晒干，而是用火熏干，所以，也叫火腿。有“金华火腿出东阳，东阳火腿出上蒋”之说。清朝光绪年间，金华火腿已畅销日本、东南亚和欧美等地。1915年在巴拿马万国商品博览会上，金华火腿荣获优质一等奖。1981年，金华火腿获国家优质产品金质奖章。

浙江金华火腿

1923年，爱国实业家、邓小平岳父浦在廷生产的“双猪牌”宣威火腿罐头获得孙中山先生曾亲笔题词“饮和食德”褒奖，于是云南宣威火腿名声大震。“饮和食德”的意思是：“给人吃（喝）后感觉到自在、享受和乐，享受到先人的德泽”，简单说，饮要和谐，食应道德。

孙中山先生题词
“饮和食德”

中国火腿产地比较多，浙江、江苏、上海、云南、四川、湖北、安徽、贵州、江西、甘肃、台湾等省市都产火腿。但是，为何人们只知道中国有三大名腿？云南除了宣威火腿外，还有大理鹤庆圆腿、大理诺邓火腿、禄劝撒坝火腿、丽江三川火腿等等，为何一般人只知道宣威火腿？

1128年，宋高宗为“金华火腿”赐名，让其名扬天下。1923年，孙中山先生“饮和食德”题词，使云南宣威火腿名声大震。2012年5月，CCTV纪录片《舌尖上的中国》中一段6分钟长的关于云南诺邓火腿的影像，让诺邓火腿后来居上、瞬间名声大噪。

目前，由于腌制宣威火腿的原料并非传统的乌金猪，而是用吃饲料的洋猪，腌制火腿时每公斤后腿一般仍用7钱盐来腌制，宣威火腿的特点可以总结为“傻大黑粗、死咸”，因此，对宣威火腿在恢复传统基础上加以改良、加强宣传促销，迫在眉睫！

资料来源

改编自 宁德煌. 酒香也怕巷子深——谈谈火腿、宣威火腿及其促销. 宣威年鉴（2002）.

86 广告也雷人！——开发商常用的“楼盘宣传语”

地产广告一字千金，各广告公司、中介商和地产商都对楼盘广告词精雕细琢，惜墨如金，力求达到一鸣惊人的目的。地产广告语具有本行业独特的语言风格，精湛的广告语是楼盘产生良好传播效果的最佳途径。

2011年11月1日的《人民日报》曾对当下房地产开发商爱用的一些“楼盘宣传用语”进行了“汇总”按地段篇、规划篇、配套篇三部分“罗列”了25组开发商爱用且常用的“楼盘宣传语”：

[地段篇]

地段偏僻——告别闹市喧嚣，独享静谧人生

周边嘈杂——坐拥城市繁华，感受摩登时代

荒山秃岭——与大自然亲密接触

刚有规划——轨道交通在即

零星班车——无缝接驳CBD

挨着铁道——便利交通，四通八达

地势很低——私家领地，冬暖夏凉

价格奇高——奢华生活，贵族气息

[规划篇]

启示

Enlightenment

买房必看！这是揭露房地产行业潜规则的最佳注脚！

雷人的“楼盘文化”

规划不好——小资情调，折射后现代生活
户型很烂——个性化设计，稀缺绝版户型
弄个圆顶——巴洛克风情
搞个楼尖——哥特式风格
前后楼快挨上了——邻里亲近，和谐温馨
弄个喷水池——英伦风情，北欧享受
门口有保安——私人管家，尊贵生活
[配套篇]
挨着臭水沟——绝版水岸风光
挖了小池塘——临湖而居，演绎浪漫风情
周围荒草地——超大绿化，无限绿意
旁边小土包——依山而居，享受山里人的清新
有家信用社——坐拥中央商务区
有个居委会——核心地标，紧邻中心政务区
有家小学校——浓郁人文学术氛围，让你的孩子赢在起跑线上
有家小诊所——零距离就医，拥抱健康
有五平米超市——便利生活，触手可及
有个垃圾站——人性化环境管理

资料来源

雷人的“楼盘文化”. 人民日报，2011-11-01第16版.

87 鲨鱼巴士

——新西兰奥克兰“凯利塔顿海洋世界”免费接送游客班车

启示

Enlightenment

俗话说“世界上没有免费的午餐”，可新西兰“凯利塔顿海洋世界”有免费接送游客的鲨鱼巴士！

凯利塔顿海洋世界（Kelly Tarlton’s Underwater World and Antarctic Encounter）是新西兰首都奥克兰最著名的旅游景点之一，它位于通往奥克兰东海岸地区著名的海岸公

路——塔马基大道旁（Tamaki Drive），有著一望无际的美妙海景。它是著名的新西兰海洋考古学家凯利·塔顿先生的杰作。经过10年的努力，海底世界于1985年对公众开放。

进入凯利塔顿地底海洋世界，映入眼帘的是一片银白的雪世界——南极体验（Antarctic Encounter）。游客可以在这里看到难得一见的了充满趣味和独特的南极世界的景色和有趣的极地野生动物。可看到小巧可爱小企鹅在人工雪花世界里左右摇摆的行走。

新西兰“凯利塔顿海洋世界”免费接送游客的鲨鱼巴士

继续往前行即可经可到达360度的圆形海底世界（Underwater World）通道，在通道透过玻璃可以观赏四周五彩缤纷的热带海洋生物。有大型的魟鱼优雅的在水里滑翔，害羞的海鳝在石头里偷懒。最受瞩目的就是这里的大鲨鱼，在海底隧道当中这些大鲨鱼就在离您不到几厘米的距离之外虎视眈眈！

凯利塔顿海洋世界融冰、雪、水与一体。在这里，您能探索南太平洋海底的奥秘和自然宝藏，亲身体验著名新西兰南极探险家罗伯特·斯考特完成人类首次抵达南极的艰辛历程。

凯利塔顿海洋世界距离奥克兰中心商业区仅10分钟车程，旅游者每天可以在奥克兰市中心码头乘坐免费的鲨鱼巴士（Shark bus）直达。奥克兰旅游者普遍认为，鲨鱼巴士造型奇特、醒目、免费、方便、快捷。

资料来源

凯利塔顿海洋世界官网 http://www.kellytarltons.co.nz/

88 一会儿哭？一会儿笑？——麦当劳“婴儿篇”视频广告

麦当劳公司曾经拍摄了一个麦当劳“婴儿篇”视频广

告：

在这则电视广告中，一位躺在摇椅里的婴儿，一会儿哭，一会儿笑。当摇椅悠起来，靠近窗口时，这位婴儿就高兴地露出笑脸；而当摇椅悠下去时，婴儿就哗哗地哭。这一简单的过程反复持续了多次。怎么回事？给人留下强烈的好奇和追根的心情。在广告的最后，当把镜头从婴儿的角度对准窗外时，一切恍然大悟：原来婴儿是因为看到窗外金色的麦当劳双拱门而笑，因为看不到它而哭。

有人认为，这个广告创意极为单纯，情节却充满了与生俱来的戏剧性，此则广告的创意在于：设计一个连语言、步行尚不会的婴儿对麦当劳的简单的挚爱。将婴儿作为一个载体，烘托轻松、幽默的气氛是其次，关键在于传达一种真实的感受。婴儿都爱麦当劳，这是一种真切的、直观的、不带任何虚假的信息传递。同时也是对产品功能特点最好的阐述。

麦当劳公司的创始人雷·克罗克（Ray Kroc）把麦当劳销售定位到孩子们身上，雷·克罗克认为："一个喜欢我们电视商业广告并且拉着祖父母去麦当劳餐馆的孩子，给我们的不止是两位顾客。"

麦当劳一份备忘录试图解释许多惠顾麦当劳的顾客的内在心理活动：父母带着孩子去麦当劳是因为"想要让孩子爱他们……使他们觉得自己是好父母。"

启示

Enlightenment

出自对怀旧的、童年对一个商标的记忆所导致终身购买的指望，国外一些公司现在计划采取"从摇篮到坟墓"的广告策略。它们开始相信雷·克罗克和沃尔特·迪斯尼很早以前就认识到的关于一个人的"商标忠诚"可以早在两岁时就开始确立。确实，国外市场研究发现，孩子们在他们认出自己的名字之前往往已经能够认出商标。

婴儿是纯洁、天真的，而麦当劳的广告竟然从婴儿下手！

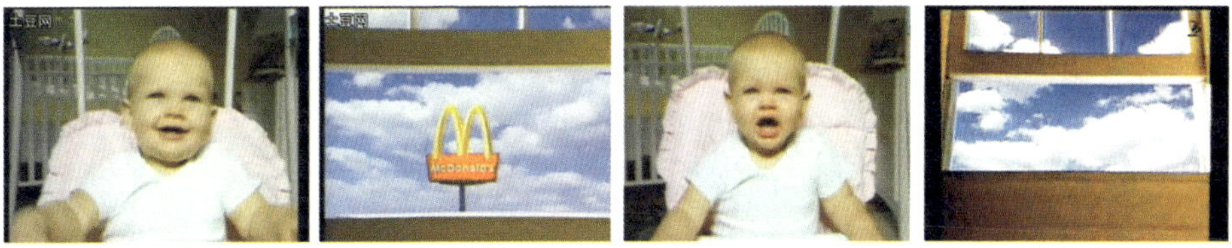

麦当劳"婴儿篇"视频广告

资料来源

刘小萱，方晓. 魅力金拱门. 广州：广东旅游出版社，1998；艾里克·施洛瑟. 快餐国家：发迹史、黑幕和暴富之路. 北京：社会科学文献出版社，2002.

89 挨骂也是营销?

——恒源祥再次推出12生肖广告引争议

你也许没用过恒源祥的绒线，但不会没看过恒源祥的广告。

鼠年除夕，一则以“鼠鼠鼠”为起端一直叫到“猪猪猪”的毛纺品牌“恒源祥”的广告，在上海东方卫视等电视台的黄金时段反复播出。

1 分钟的时间里，从“鼠”到“猪”，十二生肖“一锅端”。单调的创意和高密度的“轰炸”引起一片责骂，被网民评为“挑战观众忍耐极限”。

观众：比“脑白金”更让人“崩溃”

恒源祥“贺岁广告”一经播出，立即在舆论中引起哗然，旋即被众多观众定性为“恶俗广告”并免费“登”上了绝大多数视频网站，网民恶评如潮，上万条帖子铺天盖地。

一位新华网友说：“旧版恒源祥电视广告简单而生动，新版广告把羊扩充到十二生肖大家庭，这样简单机械的重复抹杀了旧版良好的创意，而且还是对观众忍耐力的挑战，比‘脑白金’、‘黄金搭档’一类的广告更折磨人。”

“恒源祥羊羊羊”曾经是家喻户晓的广告经典。

从起家的1991 年，恒源祥总经理刘瑞旗就使出一个广告奇招，使上海市南京路上一家绒线商店——恒源祥声名鹊起：每5秒钟可以读2次的“恒源祥羊羊羊”6个字成为正在热播的《婉君》的贴片广告，每集播完重复6次，让全国广大观众记住了“恒源祥”。

启示

Enlightenment

企业营销也得讲文化、重品味、有底线，挨骂并非营销！恒源祥再次推出的12生肖广告属于恶俗广告，哗众取宠，挑战电视观众忍耐极限；制造争议事端，挑逗媒体，玩事件营销。

恒源祥“十二生肖”广告漫画

这种“土法上马”的广告收获奇效，成为恒源祥品牌推广的“杀手锏”，即使是在央视投广告，依然如是“重复”下去。

而成为奥运会赞助商的恒源祥，其“鼠鼠鼠，恒源祥，奥运会赞助商猪猪猪，恒源祥，奥运会赞助商”的“贺岁广告”，更是创下60秒钟重复12次的“恒氏新记录”。

恒源祥：“要的就是这效果”

“挨骂就是营销！”恒源祥集团广告部一人士接受《中国经济周刊》电话采访时毫不隐讳，“这个效果，意料之中。”

该人士坦言，眼下舆论引起的波澜，随着时间的推移，大家能记住的一定只剩下广告，这就是广告创意追求的商业价值。

重复、持续，宁愿被骂也不能被忘记，是一叫10 年的“恒源祥”广告的延伸，这些一开始就确定的营销方针，至今仍是恒源祥营销部门的案头格言。

广告丑陋有罪么?

但恒源祥的作为，却遭到了一些业内人士的“不齿”。

上海交通大学安泰管理学院朱启贵教授接受《中国经济周刊》采访时说，“企业广告应该传达文化内涵，最后是价值观输出。作为成为北京奥运赞助商，恒源祥获得了传达品牌文化内涵甚至是输出价值观的好时机。可惜，这家企业还在原地打转，没有利用好。”

在恒源祥主页显著位置刊登的集团“创新人物招聘”启事，下方有一行小字注解：“左撇子，右脑思维者优先”。

“左撇子不能左道，更不能低俗重复，进行‘暴力’传播，狂轰乱炸，达到品牌推广的目的。”朱启贵说。

“广告的唯美诉求理论上没有错，但是，对于企业，‘记得住’的广告才最实惠。恒源祥的生肖广告已经达到这个效果。”上海资深品牌专家金炜告诉《中国经济周刊》，“我的经验中，丑广告好企业，只要不违反国家法律法规，诉求清晰，广告形式上‘丑陋些’有什么可以指责？”

资料来源

张俊才. 恒源祥广告：“挨骂也是营销”？. 中国经济周刊，2008（7）.

90 先拿左脚的鞋子给客人试穿！

——卖鞋子的技巧之一

二十多年以前，因为工作关系，本书著者调研过一位新中国成立前在昆明某鞋店做过店员的老师傅。听他说，当时若想在鞋店做店员要先跟师傅学徒两年，等掌握了鞋子的相关知识和服务技巧以后，才可以出师独立承担店员工作。

老师傅说了很多有关鞋子的各种知识；怎样给不同的顾客推荐不同款式的鞋子；假如是农民进城买鞋，店员还要先打热水让他们把脚洗干净，然后再试穿鞋子；人的脚在每天走了很多路，而且吃饱了晚饭以后会最大等等。客人来买鞋合脚最重要，店员通常要给客人先试左脚，就一般人而言，左脚会比右脚稍大一点！等等。

卖鞋子的技巧：首先，要了解顾客喜爱的款式，要快速找出顾客所穿尺寸的鞋子，让顾客试穿是否合意，正确的判断是否合脚，合脚是疏忽不得的，否则不仅夹脚，还会损伤脚部。然后，当顾客试鞋时，如果顾客先脱去鞋子的是左脚，那么今后拿给顾客试的鞋子就一律先拿左脚，直到顾客

启示

Enlightenment

商店服务员仅仅英俊或漂亮是不够的，重要的是学习商品知识和服务营销技巧，这样才能更好的为顾客服务！

卖鞋子的技巧之一——先拿左脚的鞋子

试到满意。最后，再将同一双鞋子的右脚拿给顾客试穿，一直试到顾客双脚舒适满意为止。总之，店员不能一会儿拿左脚鞋，一会儿又拿右脚鞋让顾客试穿，不能让顾客反复脱鞋，否则顾客就会感觉很不方便，店员真正的要为顾客着想。

91 Dinner In The Sky
——在天空中举行宴会、婚礼和音乐会

启示
Enlightenment

在这个餐厅顾客吃什么食物并不重要，关键是它能给顾客带来一种在高空中就餐的独特体验。该餐厅设计突出了“餐饮工作十字诀”中的“境”字。

“在天空中的宴会”（Dinner In The Sky）起初是一家新颖的比利时餐厅，这个餐厅可以容纳22名客人，它是用起重机把食客、餐桌和服务员吊到45米的高空中，上演一场味觉与视觉的盛宴，能给客人们带来神奇的餐饮体验，并留下终身难忘的印象，它是名副其实的高空“饕餮盛宴”。“福布斯”杂志称其为世界上10个最不寻常的餐厅之一。“在天空的宴会”目前已在意大利、美国、英国、中国等41个国家或地区提供移动服务，并已在多个城市经营。

在天空中举行婚礼

在天空中举行宴会

Dinner In The Sky——作为世界上最独特的户外活动经营方式，它使任何事情都可以在高空中完成（“events in the sky”），现在它致力于在全球范围内打造最出色的包括私

人聚餐、豪华盛宴和鸡尾酒会、婚礼、音乐会、汽车巡展和各种娱乐等一系列活动。它最吸引人的地方在于可以在几乎任何您想去的地方举办各种活动。

92 在缤纷绚丽的海洋世界中用餐——马尔代夫Ithaa海底餐厅

在马尔代夫的康拉德的Ranlifinolhu岛上，有一个不用潜水就可以观看水下世界的去处，这就是全世界第一家全玻璃海底水下餐厅“Ithaa”。餐厅位于海平面以下6米，长9米、宽5米，可容纳14人同时就餐，外层为透明丙烯有机玻璃屋顶，通过弧形屋顶可以欣赏到270度海底景色。

这家别具一格的餐厅名为“伊特哈（Ithaa Undersea Restaurant）”，当地语意思为“珍珠”。餐厅被颜色艳丽的珊瑚暗礁环抱着，各种海洋生物在珊瑚礁间穿梭往来。该餐厅的设计者为一家新西兰公司，他们用抗水压、透明的丙稀酸脂材料为餐厅制作了四壁和屋顶。

有幸在此享受大餐的人们，可以透过玻璃观赏外面的热带鱼和珊瑚礁。人们在里面用餐，就好像置身于鱼缸内，而鱼在外面往里看。

马尔代夫Ithaa海底餐厅

马尔代夫Ithaa海底餐厅

启示
Enlightenment

该餐厅设计也突出了“餐饮工作十字诀”中的“境”字。

资料来源

马尔代夫的海底餐馆. 中国经济网，2009-01-12. http://travel.ce.cn/sjzl/200901/12/t20090112_17932579.shtml.

93 农村包围城市
——沃尔玛

启示

Enlightenment

可以这样说，正是由于发展初期的沃尔玛采取了“农村包围城市”——以小城镇为主要目标市场的发展战略，才使得沃尔玛得以在美国零售业占稳脚跟。但是，沃尔玛在中国的店址选择还得要“因地制宜”才好！

美国小城镇的沃尔玛

沃尔玛（Wal–Mart）不仅是一家从偏远地区小城镇发展起来的巨型零售商业，而且在其发展过程中一直遵循避开大城市的战略。

在沃尔玛创业初始，山姆·沃尔顿（Sam Walton）面对像西尔斯（SEARS）、凯马特（K–Mart）这样强大的竞争对手，采取了以小城镇为主要目标市场的发展战略。也就是说在别人忽略的小城镇开设大型的折扣商店。在小城镇开店最明显的一个好处就是，由于一般大型连锁公司忽视这些小城镇，因此沃尔玛难得遇上竞争对手，从而可得以一路顺利发展。在20世纪60年代，凯马特是根本不屑于到任何一个人口少于5万人的小城镇去开店的，而山姆·沃尔顿的信条是即使在少于5 000人的小城镇也照开不误。这些小城镇在全美多不胜数，其数量要比大中城市的数量多得多，而且大多数的小城镇都极具发展潜力。因此，沃尔玛实际上比那些走大中城市路线的竞争对手获得了更多的发展机会。在沃尔玛高速发展的20世纪70年代和80年代，几乎所有的抚尔玛分店都开在人口几千到2.5万以内的小镇。一般折价百货业公司认为，这么少人口的小城镇难以支持折扣店低价竞争所需的销售规模。但山姆·沃尔顿认为，只要商品价格确实低、品种确实多，就能吸引来周围几十英里范围内的居民，事实也确实如此。

另外，山姆·沃尔顿对商店选址也有严格要求，首先要求在围绕配送中心600公里辐射范围内，把小城镇逐个填满后，然后再考虑向相邻的地区渗透。这样正好使沃尔玛避开了和那些强大的对手直接竞争，同时，抢先一步占领了小城镇市场，等到凯马特意识到沃尔玛的存在时，沃尔玛已经牢牢地在小城镇扎下了根，并开始向大城市渗透。

沃尔玛进入中国市场以后，由于多方面的原因，在相当长时间里，它仅将店址局限在深圳、东莞、厦门等华南城市，直到1999年起才逐步走向昆明、贵阳、成都、长春、南宁等城市，但是它在经济相当发达的华东地区开店极少。即使是沃尔玛已经进入的城市，它的店址选择也多受人质疑。沃尔玛最初多选择相对偏远的城郊结合部，既不接近大的居民区，公共交通也不方便，结果限制了来店的客流量。因为在中国城市中，人口居住集中，私家车还没有进入大多数家庭，人们的购物消费多数还集中在步行范围内或公共交通便利的地方。

资料来源

摘编自 宁德煌. 沃尔玛的营销战略. 中外管理导报，2001（10）.

94 十字路口

——Carrefour（家乐福）

选址对零售商业来说是至关重要的，好的店址是成功的一半。家乐福在中国市场超越沃尔玛的一个关键原因在于其鲜明的选址布局策略。从目前家乐福分布情况来看，它一直注重抢占一线城市市中心的繁华商圈在华北、华东经济发达地区店铺最为集中，而其老对手沃尔玛大多选择相对偏远的城郊结合部以及社区之中。相比之下，家乐福的开店选址就更适应当前中国城市居民的购物活动规律。

为方便消费者，家乐福很注重店址交通的便捷性，机动车、非机动车都能很方便地到达，无论是现在还是未来，都是“很容易进入的地段”。

具体来说，家乐福选择店址的准则有以下几条：

启示

Enlightenment

对于零售行业来说，店铺的地理位置是一个稀缺性的资源，谁先争得了这一稀缺性资源谁就获得了发展的先机。

（1）开在十字路口

Carrefour在法文里的意思是指十字路口，而家乐福的选址也不折不扣地体现这一标准——几乎所有的店都开在了十字路口，其中一条马路还要求为主干道，它巨大的招牌500米开外都可以看得一清二楚。

十字路口的家乐福

（2）方便停车

家乐福门店要求具备相当面积的停车场，比如在北京至少要求600个以上的停车位。

（3）灵活地适应当地特点

家乐福店可开在地下室，也可开在四五层，但最佳为地面一、二层或地下一层和地上一层。家乐福一般占两层空间，不开三层，这比沃尔玛、麦德龙灵活。

（4）3 ~ 5公里商圈半径

这是家乐福在西方选址的标准。在中国一般标准是公共汽车 8 公里车程，不超过20分钟的心理承受力。

（5）进行严格的市场调研

为了保证开业后一定能吸引和迷住当地顾客，家乐福每决定开一家分店时，都要对当地的生活方式、消费水平、人口增长、都市化水平、居住条件、兴趣爱好、传统习俗、储蓄情况、宗教信仰、意识形态、中产阶级比例、女性化程度等因素进行详细而严格的调查与论证。据说这项市场考察工作一般要用掉两年的时间。

家乐福在中国一线城市黄金地段的排兵布阵，为它的后续发展奠定了良好的基础。

资料来源

宁德煌. MBA营销管理团队项目精选及评析. 昆明：云南科技出版社，2012.

95 如何Hold住消费者？
——零售场所背景音乐

英国爱丁堡博士曾经说过：“音乐是店堂动起来的传声器。”随着零售市场竞争进入白日化阶段，零售商之间的竞争已转变为消费环境营造的比拼。在如今多样化的购物体验环境中，店堂音乐的设置对于消费者而言有着不容小觑的作用，随着声波的传递，其间接体现品牌终端场所经营的文化以及所涵盖的文化价值。不难发现，背景音乐已经成为了当下各大零售场所经营者进行感官体验的不二选择。

例如，澳门的“壹号广场”（One Central Macau）就非常擅用背景音乐。它是汇集购物、餐饮、娱乐和住宿于一体的澳门旗舰级Shopping Mall。“壹号广场”购物中心面积约为2万平米，网罗众多国际顶尖设计品牌，包括Louis Vuitton，Gucci，Dior等均于此开设旗舰店或其在澳门的首家分店。汇聚国际大牌的“壹号广场”，不光为旅客提供优质的奢华购物体验，更是展现了全球时尚潮流和休闲娱乐完美融合的生活理念。澳门“壹号广场”的目标营销专为高端、奢华消费品人群定制，目标顾客群中除了来自欧美的高消费人群，中国内地顾客的比例也在逐日增大。在圣诞节及春节期间，澳门“壹号广场”的一楼大厅有着弦乐四重奏乐队进行演奏。这支乐队演奏的曲目中西风格兼有：消费者步入Shopping Mall 便沉浸于阳光《喜洋洋》氛围中；维尼亚夫斯基的《D大调第一华丽波兰舞曲》让人不时想起华丽殿堂内人们翩翩起舞时的情景，无形中传播着Shopping Mall 中产品社会地位的象征意义，极大程度地迎合了消费者对高品质、高贵身份的追求，从而激发消费者高层次的消费欲望。

科学的背景音乐可以提升企业的软环境，有助于企业

启示
Enlightenment

商业时代的背景音乐需求并不单单只靠简单机械化的播放就能满足，无论从理念到曲单搭配，每一步都需遵循原环境的装修风格、色彩、经营主体、受众等多方位、立体的包容性思维方式，从而筛选出更加合适的背景音乐。背景音乐是商家用来Hold住消费者的重要法宝之一。

自身环境的完美塑造。在大众消费文化与品位需求日益提升的环境下，通过更加优化的软环境与硬环境的搭配，无疑会有助于商家抢占市场竞争的先机。

要选择合适的背景音乐，必须先了解音乐，包括对其创作背景、风格及音乐表现内容等的知晓，决不可单凭管理人员喜好而选择背景音乐。其次，选择精良的卡带、CD、音响设备，随后进行倾听音乐、熟悉音响效果，控制音量与节奏。不可不顾音乐表现内容随便乱放，带来负面效果。切不要把播放背景音乐看作是简单的操作，随随便便，掉以轻心。

择曲与设计的基本原则

并不是所有的音乐都可做背景音乐，选择时需遵循如下原则：

（1）轻柔。轻柔的背景音乐使人轻松愉快、舒适安逸、心旷神怡；沉重、聒噪的背景音乐令人心烦意乱，疲劳和易怒，而无声的空间又使人孤寂难熬。因此，选择背景音乐应遵循轻柔原则。首先要考虑的是对音乐作品的要求——旋律流畅、生动，风格高雅、结构简单。其次，背景音乐播放的操作及管理一般采用中央音乐控制系统，要求整套播音系统设备品质精良、安装合理化。操作人员要求具有娴熟操作技能，同时播放时不宜使用过多的混响，造成声音的浑浊不清，听觉不舒服，形成噪音破坏消费气氛。

（2）舒缓。音乐节奏会影响消费者作出决策。根据美国学者Kahneman（1973）的研究表明，快节奏音乐能够激发消费者的购物欲望，并能使消费者更加快速地分析购物环境。节奏舒缓的音乐则能安抚消费者的心情，产生更多逛商场的情绪，连带购买也会增多。

（3）融合。背景音乐需要与零售场所的建筑风格及经营特色相融合。所选择的背景音乐应与零售场所整体形象、风格一致，给消费者以舒适、无障碍的消费感受。

（4）愉悦。酒店、品牌体验店等是为消费者提供餐饮、休息、文化的场所，为了满足消费者平静、愉悦的心理需求，零售场所提供的背景音乐不宜是主题太过突出而又激烈的。

乐队在澳门“壹号广场”一楼大厅演奏（2010年春节）

择曲需因时而异

（1）背景音乐需要根据零售场所的经营时间段及天气变化情况而变换。轻松、舒缓的音乐可使人们大脑及神经功能得到改善、焕发精神，可以在早上开门迎宾、客流量较大或天气晴朗的时候播放，在《天籁森林》中，美妙愉悦、不染尘世的绿色音乐，让人犹如身处山林湖畔，沐浴晨光雨露，在感受自然的音乐中放松自己，享受生活；欢愉、轻快的乐曲更容易激发顾客消费的欲望，在中午客流少或天气阴郁的时候旋律优美的音乐能安定情绪，使人心情愉悦，并增进食欲，此时可以考虑海顿、莫扎特或贝多芬的音乐，在茶香余韵之中营造出一份闲情优雅的意境，在这种轻松愉快的氛围下，顾客会自然而然地延长在商场里停留时间；而在夜晚，节奏缓慢、优雅的音乐则具有降压、镇静、放松的作用，此时可以选用舒伯特、德彪西的作品。在《神秘园之歌》那优美深情的旋律陪伴下，让人重回那个曾经失落的心灵天堂。然而在促销活动期间或客流高峰期可以选择节奏欢快的音乐，暗示顾客该尽快购买。

澳门“壹号广场”宣传海报（2010年春节）

（2）根据节假日的特点而定。遇到节假日，可播放与此有关的音乐，烘托出祥和喜庆、热闹的气氛。如元宵节、中秋节、春节等，可选择相应主题的歌曲，如《相思曲》《彩云追月》《花好月圆》《新春乐》等。而圣诞节的平安夜时，可选择《欢乐颂》《圣诞歌》《平安夜》等外国艺术歌曲，渲染节日气氛。

音量及节奏要适宜

影响人们对音乐感知的因素有很多，除曲调、旋律外还包括极为重要的音量大小。一般而言，背景音乐的音量高出现场噪声4～7分贝比较适宜。通过音量大小可以调节购买决策，大分贝的音乐可以衬托出热闹的气氛，但是小分贝的音乐却可以鼓励顾客与销售人员进行对话，并作进一步的互动。例如，当商场比较冷清需要聚拢顾客（如拍卖会或促销会）时可以播放稍大分贝的音乐。如果销售已告一段落，顾客需要进行深层沟通时（如古董字画、家具或高级服饰等），应该调低音量更加恰当。

音乐节奏不同，给人的感受也是不一样的。当播放慢节奏音乐时，人们感觉会比较放松、沉静，让人整个动作都会慢下来，轻松的沉浸其中，从而会相对延长在卖场内停留的时间，浏览更多的商品，产生更多的消费。相反，快节奏的音乐能让人动作快起来，加快决策的速度，提高购买量。所以说在节假日或者客流高峰的时候可以播放节奏较快的背景音乐，可以鼓励消费者提高采购速度，缩短消费者在店内的停留时间，缓解人流压力。

背景音乐是零售场所管理的重要组成部分，运用得好可以巧妙地安抚客人的情绪，满足客人的身心需要，也加强零售场所同客人感情交流，促进销售；而忽视背景音乐，易使零售场所在客人心目中的地位下降，零售场所形象受到影响。所以，现代零售场所从筹建到运作、管理的整套环节到零售场所设计、装饰、运行等环境都必须考虑背景音乐的巧妙运用，以发挥出背景音乐应有的功能。

资料来源

宁德煌，李乐康. 背景音乐Hold住消费者. 销售与市场（管理版），2011（12）.

96 吃啥好呢？

——吃鱼和吃醋

营养学家说：

吃四条腿的不如吃两条腿的，

吃两条腿的不如吃一条腿的，

启示

Enlightenment

鼓励消费者多吃鱼和多吃醋，这是健康饮食观念的营销。

吃一条腿的不如吃没有腿的。

卖鱼老板说：
吃鱼的母亲最漂亮，
吃鱼的爸爸最强壮，
吃鱼的孩子最聪明，
吃鱼的爷爷奶奶最长寿。

鱼

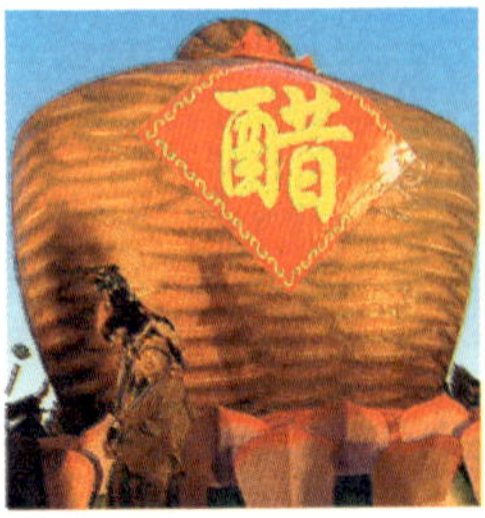

醋

卖醋老板说：
男人不吃醋，感情不丰富；
女人不吃醋，家庭不和睦；
小孩不吃醋，学习不进步；
老人不吃醋，越活越糊涂。

启示

Enlightenment

POP广告（Point of Purchase Advertising）是指零售商店的橱窗里、走到旁、货架、柜台、墙面甚至天花板上，以消费者为对象的彩旗、海报、招贴、招牌和陈列品等广告物。例如：“金融海啸，要钱不要命！”、“清仓大处理，一件不留！”、“铺面搬迁，不惜血本大甩卖，最后三天！”、“跳楼价，一折就卖！”等，这是那些无良商家最喜欢采用的POP广告。商业经营，诚信为重！

97 老板娘跑了

——小老板的促销花招

网络上有一个经典段子，说的是：

某条街上有个小店，每天用录音播放的广告就是：

“老板娘跑了，老板娘跑了，老板无心经营，清仓大处理。”

POP广告——“老板娘跑了”

持续一个月后换为：“老板娘回来了，老板娘回来了，老板庆祝，打折大酬宾。”

下一个月是“老板娘又跑了，老板娘又跑了……”

98　80后童年最美好回忆
——小浣熊“水浒”108将英雄卡

20世纪90年代，“小浣熊干脆面”风靡中国各中小学校园，无数中小学生为它疯狂，不是因为它好吃，而是为了面条中附赠的那“水浒”108将英雄卡，英雄卡共计108张！

当时特别流行吃干脆面。一到学校，能看到地上到处都是小浣熊干脆面的包装袋，价格是一元一袋，是统一公司生产的第一款产品。20世纪80年代、90年代初出生的人对它记忆尤深，对于80后来说，这个是一个关于童年的美好回忆，购买“小浣熊干脆面”获得英雄卡，与同学们交换相互缺少的卡片，以小游戏的方式赢得自己想要的卡片。能够收集齐全一整套小浣熊“水浒”108将英雄卡是每一个孩子的梦想。

可是，有一个小男孩连着买了20包“小浣熊干脆面”，得到的英雄卡全是“宋江”唉！

启示
Enlightenment

销售促进（Sales Promotion）是指为鼓励对某个产品或服务的试用和购买而进行短期激励。统一公司对儿童买“小浣熊干脆面”送“水浒”108将英雄卡的做法，就属于销售促进，只是英雄卡共有108张，统一公司的心也太黑了点！这是因为，小孩子要想通过买“小浣熊干脆面”集齐一整套“水浒”108将英雄卡，几乎是不可能的。

小浣熊“水浒”108将英雄卡之一——宋江

小浣熊干脆面

99　麦当劳赚钱手段之一
——玩具促销

在水皮的思维中，赚钱的手段在合法的前提下无非两种，一种是合理的，一种是不合理的，中国人喜欢“君子聚财，取之有道”，这个道，说的就是一种合理，一种境界。

当然，并不是所有的人都能认同这一点。

比如，麦当劳。否则，就不会出现以玩具促销快餐而闹出的“史努比”风波，也不会引起媒体议论什么“企业与社会”这样的命题。

去过麦当劳的成年人都知道，麦当劳的儿童套餐搭售玩具是长玩不怠的促销游戏，越是星期六星期天，麦当劳的孩子就越多。爱玩是孩子的天性，所以很难分清楚有多少孩子是因为喜欢那儿的薯条和汉堡才走进麦当劳，还是因为贪图那里的玩具才不得不买上那份说便宜不便宜的儿童套餐。令人叫绝的是麦当劳的玩具绝少单件的，且每日每次推出的更不配套，要凑齐，要玩好，就得连续买上几星期。“史努比”小狗仅仅是其中的一款，单是这一款也是花样百出，每年的主题都不一样。

1999 年，“史努比”要作“环球之旅”，就穿各国的民族服装，世界上有几个国家，小狗就可以穿几种服装。

2000 年，“史努比”做的是“巡游花车”的游戏，小狗的不同姿态成了卖点。

2001 年，“史努比”玩的是“缤纷麦乐园”，小狗的扮相就是6款造型各异的卡通公仔。

“史努比”的销售狂潮年年上演，今年4月推出时，四天在广州卖出了六个星期的量，而且还不在往年学生暑假结束的9月份。

麦当劳做这些，当然是不犯法的，而且如果不是广州发生了伤人事件，恐怕也未必就会引起公愤，问题是这种赚钱法合不合理。

水皮认为不合理。

不合理的表现并不在于麦当劳有没有预见到发售当日会如此拥挤，以致场面失控门窗挤破，人员挤伤；也不在于故弄玄虚，限量销售，人为制造紧张空气；更不在于麦当劳的销售“以产品为本”而没有“以人为本”。

不合理在于，麦当劳的所谓促销利用的是未成年人的

启示

Enlightenment

销售促进（Sales Promotion）是许多营销活动的关键组成部分，它是为鼓励对某个产品或服务的试用和购买而进行的短期刺激。针对消费者的销售促进方式主要有：样品、优惠卷、免费品尝、免费试用、买一送一、POP广告、现金返还、降价、奖励、奖品等等。麦当劳和肯德基采用的“买套餐送玩具”的促销方法就属于销售促进。

“史努比”交通大队小狗公仔（2000年）

不良消费心理和消费行为，发掘、放大的是一种缺陷。这种缺陷导致高三女生的母亲为了孩子能安心上课而请假排队；导致众多学生为抢购而旷课逃学，导致连麦当劳公关经理自己都承认的四天销出六星期量的奇迹。

你说麦当劳是卖什么的?

任何一个人，在任何一个人生阶段；任何一个社会，在任何一个历史时期都有其自身或难以察觉或难以克服的致命缺陷，而对这种缺陷，拥有不同道德观和社会责任感的人会作出不同的选择，有的人会从教育的角度加以引导，而有的人则会从中发现商机，说白了赚钱。

索罗斯就是这方面的高手。

麦当劳也不逊色。

说明一点，水皮并不认为麦当劳就是奸商。

资料来源

水皮. 麦当劳赚什么钱？中国市场，2001（7）.

100 洛阳牡丹天天开
——神州牡丹园

启示
Enlightenment

“天天看牡丹”是每一个到洛阳旅游的旅游者的潜在需求，河南洛阳“神州牡丹园”实施开发市场营销，开发出了四季牡丹，实现了旅游者的需求。

河南省洛阳市是十三朝古都，有“千年帝都，牡丹花城”的美誉。“洛阳地脉花最宜，牡丹尤为天下奇。”其栽培始于隋，鼎盛于唐，宋时甲于天下。洛阳牡丹雍容华贵、国色天香、富丽堂皇，寓意吉祥富贵、繁荣昌盛，是华夏民族兴旺发达、美好幸福的象征。洛阳牡丹花朵硕大，品种繁多，花色奇绝，有红、白、粉、黄、紫、蓝、绿、黑及复色9大色系、10种花型、1000多个品种。

洛阳牡丹花期一般为每年4月中旬到5月上旬之间，只有一个月不到的时间，在一年中余下的时间里，旅游者是看不到牡丹花的。为了满足全世界、全国慕名而来旅游者“天天看牡丹”的迫切需要，洛阳“神州牡丹园”利用其科技优

资料来源

神州牡丹园 http://www.chinapeony.com.cn/.

势，开发出了四季牡丹。在“神州牡丹园”高科技四季牡丹展示区，一年365天，旅游者天天都可以看到盛开的牡丹花，使“一代女皇武则天”的梦想变成了现实。

“神州牡丹园”位于中国佛祖释源——洛阳白马寺对面，占地面积600余亩，盛唐建筑风格，山水园林景观，集中收集国内外名优牡丹品种1021个，40余万株。园内分为五大景区（牡丹文化区、牡丹休闲观赏区、牡丹精品观赏区、高科技四季牡丹展示区、商品牡丹综合区）。“神州牡丹园”是牡丹旅游观赏最佳目的地、全国唯一四季牡丹专类园。

神州牡丹园高科技四季牡丹种苗生产温室（2012.7）

7月份神州牡丹园内盛开的牡丹花（2012.7）

101 洛阳水席的故事
——“真不同”传奇

河南“洛阳水席”始于唐代，已有1300多年的历史，是中国迄今保留下来最古老、最有特色、最完整的一套宴席。由于它隆重典雅、风味独特、选料广泛精细、烹制极为讲究、味道鲜美多样，口感舒适爽利，博得古今中外宾客赞誉。“水席”起源于洛阳，这与洛阳的地理气候有很大关系。洛阳四面环山，地处盆地，雨量较少，气候干燥寒冷，民间饮食多用汤类，喜欢酸辣以抵御干燥寒冷。

所谓“水席”有两个含义：一是全部热菜皆有汤——汤汤水水；二是菜吃完一道，撤后再上一道——有如行云流水一般。

洛阳水席全席以序分为：前八品（8个冷盘下酒菜）、四镇桌（4大件热菜）、八中件（8件陪衬菜或调味菜）和四扫尾（4件压桌菜），有8个冷盘和16道热菜，共计24道菜。洛阳水席的菜肴，冷热、荤素、甜咸、酸辣兼而有之。

启示
Enlightenment

河南洛阳“真不同”饭店通过拍电影、文学创作出书等形式记载企业发展史及其文化传承者，实施品牌营销，达到促销、宣传“真不同”饭店和“洛阳水席”的目的的做法，在全国餐饮行业中值得提倡和大力推广。

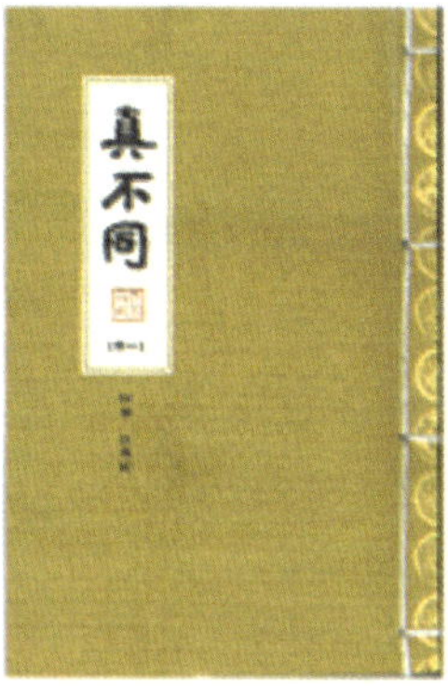

长篇小说《真不同》

“真不同”饭店始创于1895年，迄今已有百余年历史，是中华老字号、中国餐饮名店、国家级非物质文化遗产、中华第一宴、中国美食十大盛宴、中国餐饮优秀民族品牌……现在，“真不同”洛阳水席第五代掌门人、国家级非物质文化遗产代表性传承人是洛阳酒家有限责任公司董事长、总经理姚炎立。

为了传承洛阳水席这项国家级非物质文化遗产，更好的将其推向世界、推向全国市场，“真不同”讲了一个“洛阳水席”的故事，姚炎立策划拍摄了一部电影，出版了一本品牌文化手册、一部长篇小说和一部报告文学等。

电影《洛阳水席》DVD

电影《洛阳水席》

影片《洛阳水席》取材于洛阳作家张元纯的长篇小说《真不同》，由北京电影学院教授王海洲担任总编剧，著名青年导演韩万峰执导，洛阳酒家有限责任公司董事长、总经理姚炎立担任总策划、总顾问，著名艺术家李万年、台湾青年演员赵擎担任主演。2012年6月，电影《洛阳水席》曾在CCTV-6首播。

洛阳“真不同”饭店

这部以真不同洛阳水席为背景，讲述其百余年风雨变迁，创始人及继承者为发扬我国优秀民族品牌，弘扬厚重古都文化的力作，以一名毕生都在探寻水席真谛的老厨师为主人公（白秋实），再现了发生在他身边的家庭变故，最终恢复大唐盛宴洛阳水席的曲折故事，阐述了洛阳水席独特的文化内涵和厨艺真谛。

该影片将洛阳水席这一餐饮奇葩通过电影艺术的形式传播，不仅向观众展示了洛阳水席的美食传奇，还将洛阳厚重灿烂文化推向了新的高度，对于洛阳打造国际文化旅游名城将起到积极的推动作用。

真不同品牌文化手册——《真不同传奇》（剪纸礼品·盛世典藏）

《真不同传奇》采用以“千年宫廷剪纸”记录“千年宫廷御宴”的创意，记录反映了“真不同”的品牌文化内涵和人文价值。

在本书中，“真不同”将“龙门石窟、洛阳牡丹、洛阳水席”并称为“洛阳三绝”，提出民间有“不进真不同，未到洛阳城”之说。讲到了千古一帝武则天与洛阳水席，人民总理周恩来与洛阳水席，前国家主席、党中央总书记、中央军委主席胡锦涛与洛阳水席等的故事。洛阳水席获名的三层含义和洛阳水席秘制流程。用两句话、十四个字将洛阳水席的特点总结为“热冷焦软稀稠干，海河荤素甜辣酸”。以及掌门人姚炎立的传奇和“真不同”饭店的辉煌成绩。

长篇小说《真不同》——“记录”真不同企业发展史

公元1895年，一家小饭店在千年帝都洛阳开业了，它主要经营“三汤一面”（即豆腐汤、丸子汤、白汤和大碗面）。很多年以后，店面扩张，遂增添了洛阳水席业务，由于特色突出，老百姓赠予这家饭店一个响亮的名字——“真不同”。

“真不同”洛阳水席第五代掌门人姚炎立认为：“餐饮文化是河洛文化的重要一枝，1400年前的洛阳水席是迄今为止保留下来历史最久远的名宴之一。从古到今，前者因武皇赐燕而流传千年，从皇宫到民间，百吃不厌；后者因敬爱的周总理设宴招待国际友人而锦上添花，名扬四海。”

为了“记录”真不同企业发展史，弘扬洛阳水席这一餐饮奇葩，姚炎立邀请洛阳作家张元纯以现代作家的文笔、文化人的思路，参考了大量古今文史资料，历时三载，创作出了长篇小说《真不同》（2005年）。长篇小说《真不同》分为四卷，共计22章，为内部交流，免费赠阅。这部小说虚构了一个故事：清朝光绪年间，洛阳进士赵天尧由于仕途失意，开饭馆“民天居”以卖洛阳水席谋生，使洛阳水席古筵回春，获得老佛爷慈禧太后奖赏和由光绪皇帝亲笔御“赐”的“真不同”店名。

报告文学《洛阳水席人》——国家非物质文化遗产“真不同”代表性传承人传记，“真不同”洛阳水席第五代掌门人、国家非物质文化遗产“真不同”代表性传承人姚炎立，还邀请洛阳作家张元纯创作出了报告文学《洛阳水席人》（2009年）。《洛阳水席人》分为四卷，为内部交流，免费赠阅。

报告文学《洛阳水席人》的序言写道：“《洛阳水席人》运用文学的手法，在中国烹饪文化万紫千红的春园里，捧起了‘洛阳水席’这朵奇葩，让其折射出中国烹饪文化的深厚内涵来。作家通过艺术的笔触，让人们领略了从中国烹饪的漫漫长路上，走来的魅力四射的‘洛阳水席’。并深情地讴歌了以尧言鬲为代表的‘洛阳水席人’的进取精神，他们是中国一代代烹饪人的缩影和楷模。”

（注：尧言鬲与姚炎立同音）

资料来源

真不同内部资料 张元纯. 真不同（卷一至卷四）；张元纯. 洛阳水席人（卷一至卷四）；电影《洛阳水席》DVD. 潇湘电影制片厂音像出版社；真不同传奇——真不同品牌文化手册.

“陈光标好人”系列罐装新鲜空气

“陈光标好人”系列饮料

102 谁是好人？

——“陈光标好人系列”饮料

2012年10月18日上午，“亚洲首善”陈光标出现在第87届全国糖酒商品交易会现场，推出自己新的产业“好人系列”饮料。陈光标在此间高调亮相，为其好人系列产品进行宣传。在活动现场向媒体及观众发放暖茶、凉茶等产品，并与观众合影留念。陈光标宣布启动中国食品行业好人联盟。

据了解，陈光标此次推出的好人系列饮料包括好人暖茶和好人凉茶。暖茶由南京中医院专家研发，配方中包括生姜、红枣、红糖等，具有祛湿驱寒、暖心暖胃的功能。而凉茶则跟市场销售的王老吉和加多宝有相同的成分，相同的口

陈光标在第87届全国糖酒商品交易会现场
(2012·10·18)

味。

他说，推出好人系列饮料是为了传播做好人、长好心、行好事、做环保的理念。而每开一罐饮料，将捐出2毛钱直接做慈善。所以，百姓每喝一罐陈光标好人牌饮料，就等于捐2毛钱。

陈光标强调，基本不会拿钱出来为饮料产品做广告，想更多地让利给消费者，更好地利用利润做慈善事业和宣传环保产业。并且，陈光标好人牌暖茶、凉茶以全国最优惠的政策大力支持青年创业，他表示，欢迎全国的经销商前来洽谈代理。

消息一出来，立刻引起了众多网友的转发，有网友颇为幽默的指出：这是为了叫板加多宝和王老吉的么？网友"何旭斌"认为："之前是卖空气，现在是卖饮料，看来的附加的产业还真多，这个不是一个纯粹的慈善人士，而是有具体商业目的的商人。"

也有网友表示：支持好人，学习好人，争做好人，向标哥致敬！但是，"说句心里话，非常希望标哥能把善款多用于那些处在社会角落里的、过着饥寒交迫生活的或者是正在苦苦寻找生的机会的人身上，像莫言这些已经成功的人士就不要考虑再送他们那么值钱的东西了，他们也不一定要。"

资料来源

陈光标义卖"好人"食品. 网易 http://news.163.com/photoview/00AN0001/28414.html；继罐装空气后，陈光标再推"好人系列"饮料. 财经中国 http://finance.cjzg.cn/gundong-baodao/1350544432500069.html；陈光标好人饮品官方网站 http://www.chenguangbiao.cc/index.asp.

启示

Enlightenment

"陈光标好人"系列饮料的包装与先前卖的"陈光标好人"新鲜空气包装如出一辙，这不禁让人们猜测，陈光标卖"空气"背后的真实目的。中国人常说："施恩莫望报，望报莫施恩"。陈光标先后推出自己新的产品——"陈光标好人系列"空气和饮料，陈光标此举，是一种慈善行为？还是一种商业行为？是一种噱头或炒作？他是为了将自己的产品区别于竞争产品呢？还是为了将自己别于竞争对手？"陈光标好人系列"产品到底能够走多远？

对于"陈光标好人系列"饮料来说，陈光标、经销商、消费者，谁是好人？值得我们思考！

103 去“胸展”看车了吗？

——变性的车展

启示
Enlightenment

在国际著名车展上，汽车永远是主角，美女仅是绿叶，绿叶衬红花而绝不喧宾夺主。而在中国的车展上，车展变成了“胸展”、“肉展”，汽车与车模的关系本末倒置了。实际上，在车展上拼车模，在国际车展中早已是一种很过时的营销手段，选择与符合车款特色的模特、策划更有创意的展示手段才是成熟品牌的营销策略，才是消费者审美品味的发展方向。

国外车展历史悠久，国际上驰名全球的五大车展分别是日内瓦、巴黎、法兰克福、北美和东京车展。这五大车展，不管是哪一个，都是以新车、概念车、新能源车的发布，以及汽车文化的传播等具有鲜明个性的特征享誉汽车界，具有很高的声誉和影响。海外车展并非以规模取胜，观展者多为媒体与专业观众，偶尔在新车旁边会站着一两位车模，但只要有观展者想要打开车门或者后备箱，车模会礼貌的让开。在那些车展上，车是绝对的主角，而非中国的车展变得车模喧宾夺主了。

国内越来越多的车展让人应接不暇，而每次国内车展都不乏各种花边新闻作为茶余饭后的谈资，而2012年5月初落幕的第十二届北京国际车展也不例外。北京车展虽然被誉为“国际A级车展”，但是可悲的是从上演到落幕，直到现在它留给人们印象最深的不是一款款新车，而是各种暴露的车模，此次北京车展甚至被人们戏谑地称为“北京国际胸展”，或许这也是国内的“中国特色”车展。尽管本届车展有多款车型亮相，但暴发户、富二代、美女车模却成了不和谐的主调。车模和裸露已经成为中国车展一大特色。跨国汽车公司进入中国后也未能免俗，经常逛车展的人可以从车模身上所穿衣服的多少判断出汽车品牌知名度，越是边缘品牌，越是要靠车模裸露身体吸引人们关注。

在2008年北京车展，翟凌因为其靓丽的外形和高挑的身材获关注。这位昵称为“兽兽”的漂亮女孩以青涩的表情和魔鬼般的身材被广大网友誉为“第一车模”。在2010年“兽兽艳照门”曝光后，兽兽的知名度呈几何式暴涨。尽管是负面影响，但与此同时，兽兽却不经意间就成为“性感车模”的代名词。在给展览方带来大量的人气的同时，还在无形中让公众形成一个模糊的概念：像这样的性感车模，更容易引起受众关注。在爆出“兽兽艳照门”后不久，干露露借势带着“中国微博第一裸模”之称杀入车展。其大胆的着装，无论走到哪里都有长枪短炮一路“追杀”。干露露的各种布条装、露臀装……无底线的炒作，彻底让车展成为了“肉展”，并且一发不可收拾。

从首席车模“兽兽”意外走红，到干露露肆无忌惮的露肉……如今再延伸出各种“湿露露”“露点女神”……各厂商在国内车展的宣传噱头，似乎正在向无底线的暴露越走越远。车展变“肉展”，到底是谁的问题?

资料来源

戴丽．车展之惑．时代汽车，2012（7）；变性的车展 http://auto.163.com/photoview/53FP0008/153911.html#p=8HD71LS653LP0008.

104 金字塔——美国拉斯维加斯卢克索（Luxor）酒店

在美国拉斯维加斯最值得游览的地方就是分布在拉斯维加斯南大道两旁的超大型主题酒店和赌场。每一个主题酒店不仅外观，内装修与主题相符，就连从业人员的服饰也与主题一致。在这里，不关是可以参加赌博，整体气氛也非常娱乐，只是参观游览就已经非常值得了。在拉斯维加斯游览，就好象到了巴黎、纽约、埃及、威尼斯、地中海、中东，感受到世界旅行的气氛。

拉斯维加斯卢克索（Luxor）酒店，建成当时被称作是“世界第八大奇迹”，是以古代埃及为主题的酒店。卢克索

启示

Enlightenment

拉斯维加斯卢克索（Luxor）酒店外观的奇特造型设计极具吸引力，激起广大游客有进去参观游览、娱乐、住宿等的兴趣。

酒店的外形酷似埃及的金字塔，是一个四棱锥结构，酒店的豪华客房设计在四棱锥的四个面上，而在四棱锥的中间是无数的赌场、酒吧等娱乐场所，酒店外面有狮身人面雕像、大量的古埃及石雕像等等，使游客仿佛置身于埃及沙漠之中。从酒店36层金字塔顶层放出的光芒非常抢眼。赌场的上层设有IMAX剧场以及金字塔探索博物馆。

卢克索（Luxor）酒店

金字塔造型的卢克索（Luxor）酒店

卢克索（Luxor）酒店内景

卢克索（Luxor）酒店赌场

第五篇 市场营销理论和方法的新发展

市场营销理论和方法的新发展概述

历史在延续，营销在发展。进入20世纪70年代以来，国外市场营销理论和方法取得了许多新发展，例如：服务营销、内部营销、全球营销、关系营销、体验营销、网络营销、营销道德、品牌营销、社会责任营销和绩效营销等等。

市场营销理论和方法的新发展概述

体验营销

体验营销（Experiential Marketing）是一种伴随着体验经济的产生而产生的新营销方式。

市场营销领域对“体验”的界定主要是以社会心理学的界定为基础，并融入营销管理的特色。美国著名学者伯德·施密特（Bernd Schmitt）于1999年指出，体验是思维的反映，体验是个体对某些刺激作出的反应，这些刺激包括诸如售前和售后的一些营销努力，体验来自于直接观看或参与某事件——无论真实的、梦幻般的，还是虚拟的。2003年，汪涛和崔国华指出，体验是在“公司”提供的场景中，顾客将自己作为事件中的一员参与表演所产生的美妙而深刻的感觉。

从国内外学者对“体验”的定义出发，通过体验与传统经济提供物产品和服务进行对比，见表5-1，可以看出，体验作为一种特殊的经济提供物，与商品或服务有一定区别。

表5-1　商品、服务和体验的差异比较表

	商品	服务	体验
产品形态	有形的	无形的	难忘的
产品属性	同质	异质	完全个性化
产品传递	生产、分销与消费过程分离	生产、分销与消费过程同时发生	生产、分销与消费过程同时发生，并可延续到消费过程以后
产品特征	一种物品	一种活动或过程	一个过程，一种影响，一种感受
产品价值实现途径	工厂生产	买卖交互过程中实现	买卖交互过程中及交互过程后实现
产品所有权	交换牵涉到所有权的转移	不牵涉到所有权的转移	体验不属于体验的提供者，只属于每个消费者

（**资料来源**：改编自 郭国庆.营销理论发展史.北京：中国人民大学出版社，2009：359–360.）

体验营销——是指公司从感官、情感、思考、行动和关联等五个方面设计营销理念，以产品或服务为道具，激发并满足顾客的体验需求，从而达到公司目标的营销模式。

体验营销通过看（See）、听（Hear）、用（Use）、参与（Participate）等手段，充分刺激和调动消费者的感官（Sense）、情感（Feel）、思考（Think）、动（Act）、联想（Relate）等感性因素和理性因素，重新定义，设计的一种思考方式的营销方法。

体验营销策略包括五个方面：

（1）感官营销

感官营销是通过视觉、听觉、触觉、味觉和嗅觉建立感官上的体验，其诉求目标是创造知觉体验，引发快乐的感觉。

（2）情感营销

情感营销是触动顾客的内心情感，目的是给消费者创造兴奋、快乐的情感体验。因为当今社会，快乐体验营销已成为一种制胜武器。

（3）思考营销

思考营销启发的是人们的智力，创造性地让顾客获得认识和解决问题的体验。思考营销已被用于产品的设计、促销和与顾客的沟通上。

（4）行动营销

行动营销在于影响人们的身体体验、生活方式和相互作用。行动营销通过增加身体体验，指出做事的替代方法、替代的生活形态与互动，丰富用户的生活。而消费者生活形态的改变是自我或由偶像角色激发的。

（5）关联营销

关联营销诉求的是自我改进的个人渴望，要别人对自己产生好感。它和一个较广泛的社会系统，通常是一种亚文化，一个群体等产生关联，从而建立个人对某种品牌的偏好，同时让使用该品牌的人们形成了一个群体。

体验营销的特征有三个：顾客参与、体验需求、个性特征。

体验营销与传统营销的差异比较，见表5-2。

表5-2 体验营销与传统营销的差异比较

	传统营销	体验营销
理论基础	顾客是理性的	顾客既是理性的也是感性的
关注焦点	商品或服务的特色、质量和服务水平	顾客的体验
营销传播	公司到顾客的单向活动	公司和顾客的互动
顾客角色	接受者或参与者（被动、一定程度的互动）	主角（绝对主动）

（**资料来源**：改编自 郭国庆. 营销理论发展史. 北京：中国人民大学出版社，2009：362.）

关系营销

关系营销理论于20世纪80 年代，由西方国家的营销学者提出并发展起来的。1983年，美国学者伦纳德·贝利（Leonard Berry）最早提出关系营销概念。他认为：关系营销就是保持顾客。1994年，芬兰著名学者克里斯廷·格罗鲁斯（Christian Grönroos）对关系营销的定义更加全面："关系营销是为了满足公司和利益相关者的目标而进行的识别、建立、维持、促进同消费者的关系，并在必要时终止关系的过程，只有通过交换和承诺才能实现。"

关系营销（Relationship marketing）就是要与关键的利益相关者建立起彼此满意的长期关系，以便赢得和维持商业业务。

关系营销的最终结果，就是要建立起独特的公司资产——营销网络（Marketing network）。一般而言，营销网络包括公司以及为其提供支持的利益相关者——顾客、雇员、供应商、分销商、代理商和大学研究人员等，公司已经跟这些利益相关者建立起互惠互利的商业关系。

关系营销是建立在对顾客关系管理基础之上的。只有当公司以关系导向来处理与所有的顾客（至少是重要的顾客）的关系时，关系营销才会产生。衡量关系营销的一种方法是看某个特定的顾客从同一家公司购买产品的频率。如果顾客对这家公司产品的购买具有连续性，而且与公司的接触也是积极有效的，那么，我们可以说，这家公司与顾客已经建立起相互的关系。

目前，西方国家公司的市场营销已经由交易营销发展为关系营销。关系营销从关注交易成功到集中于关注建立长期的、有利益的顾客关系。

交易营销——以交易为中心，以销售活动为主，追求销售额增长，关注的是新顾客。

关系营销——以顾客关系为中心，追求留住顾客、多次成交和更持续的生意关系，最关注的是顾客满意度。

关系营销的本质特征：

关系营销是一种理念，一种与顾客共同创造价值（而不是将现成的价值分销给顾客）的全新的营销理念。公司与顾客之间是一种相互合作和相互依赖的关系，而不是相互冲突和相互独立的关系。关系营销的目的是让公司与顾客、利益相关人建立起双赢的关系，而且让处于关系链条上的各方共同创造价值。

表5-3　关系营销与交易营销的区别

标准	关系营销	交易营销
适合的顾客	具有长远眼光的和高转换成本的顾客	目光短浅和低转换成本的顾客
核心概念	长期关系的建立、保持与加强	交换
着眼点	长远利益	中近期利益
基本目标	关系	单纯交易
时间视角	长期	短期
基本战略	注重维系老客户	注重开发新客户
利润来源	通过顾客满意获利	通过新顾客获利
价格弹性	顾客对价格不那么敏感	顾客对价格更加敏感
相互依赖的程度	一般都高	一般都低
生产的重点	大规模个性化	大规模生产
主要质量指标	沟通的质量	产出的质量
营销管理的追求	与对方关系最佳化	单项交易的利润最大化
市场风险	小	大
内部营销的作用	内部营销对成功具有非常大的战略意义	内部营销对成功影响不大

内部营销

内部营销（Internal marketing）最初是作为一种改善服务质量的方法被提出来的。它从一个全新的角度看待公司与员工的关系，认为公司与员工是平等的交换关系。

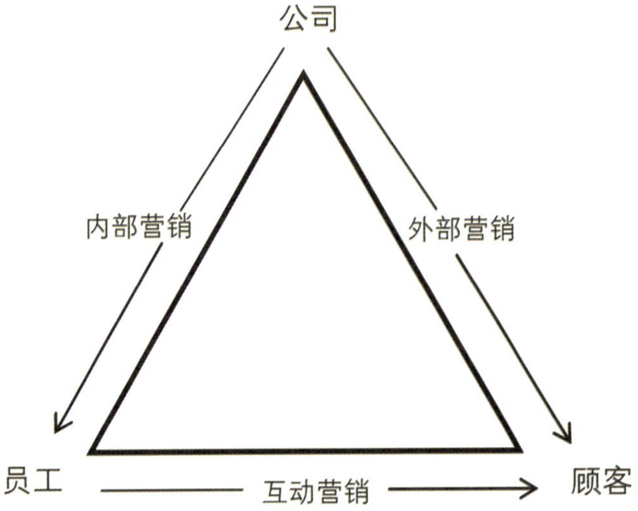

图5-1 服务业营销的三种类型

“内部营销”概念最早由从事服务营销研究的两位开拓者芬兰著名学者克里斯廷·格罗鲁斯（Christian Grönroos）和美国学者伦纳德·贝利（Leonard Berry）提出，是为了构建和提升服务业竞争力而引入的一种管理理念。伦纳德·贝利于1985年最早使用“内部营销”一词，他认为：“内部营销是指将雇员当作顾客，将工作当作产品，在满足内部顾客需要的同时实现组织目标”

公司实施内部营销的最终目的是提高公司绩效。

由于服务接触是复杂的交互过程，受多种因素的影响，采取全方位营销方法尤其重要。服务业全方位营销要求进行外部营销、内部营销和互动营销，见图5-1。

内部营销——是指培训并激励员工更好地为顾客服务的工作。伦纳德·贝利认为，营销部门最重要的贡献是“善于帮助组织内的其他所有员工采取营销活动”。

外部营销——是指公司为向顾客提供服务进行的准备、定价、分销和促销等常规工作。

互动营销——是指员工为顾客服务的技能。

内部营销是一种将员工视为顾客的管理哲学。内部营销是成功的外部营销和互动营销的基本前提。

网络营销

所谓网络营销（E- Marketing，Marketing on the Internet），是指利用信息技术去创造、宣传、传递客户价值，并且对客户关系进行管理，目的是为公司和各种利益相关者创造收益。简单地说，网络营销就是将信息技术应用到传统的市场营销活动中。

互联网以及其他的各种新技术在三个方面影响着传统的市场营销活动。第一，它们提高了传统营销工作的效率；第二，网络技术改变了许多营销战略；第三，互联网从根本上改变了消费行为，因为在传统营销中，占据主动权的是厂商，而在网络营销中，则是手持鼠标的消费者。随着营销技术和营销方式的改变，出现了许多新的商务模式，它们提高了客户价值，改善了客户关系，同时也增强了公司的盈利能力。互联网有助于收集第一手调研资料和第二手调研资料，因此成为制定营销计划的有效工具。此外，网络技术和计算机技术还对4P产生着影响：

产品（Product）：互联网催生出各种各样具有创新意义的产品（例如，方便编制、传递和接受信息的各种工具）和服务（例如，反向拍卖、B2B交换和交易、互动游戏等）。

价格（Price）：互联网彻底颠覆了传统的定价策略。如今，在网络上讨价还价、竞价、进行动态定价、或者一个人一个价，都成了司空见惯的事。在互联网上，许多厂家利用销售代理软件，使得同样的产品价格变得模糊。

地点/渠道（Place）：网络厂商利用互联网进行电子化销售，同时，直接递送数字产品（例如，新闻、音乐、实况转播等）。但是，这些都只是表面现象。真正的意义在于，人们利用供应链管理和渠道整合，提高了经济效益。这样，既有利于降低产品价格，又有利于增加公司利润。

促销（Promotion）：互联网帮助人们开展双向沟通和交流，比如，个性化的网页、电子邮件交流、手机短信，以及利用新闻组和邮件列表召开在线会议。互联网厂商利用互联网开展推销活动，把电子优惠卷和数字产品的样品直接递送给消费者。

互联网技术对营销的意义：掌握了互联网技术，厂商就能够将信息技术与营销实践结合在一起。表5-4显示了互联网技术的基本属性，这些属性能够帮助公司进行营销实践变革。

表5-4 互联网技术对营销活动的影响

互联网技术的属性	对营销活动的意义
传递字节，而不是原子	数字形式的信息、产品、交际可以近乎实时地存储、传递和接受。文字、图像、照片、音频、视频都可以数字化，但是，数字产品不能被触摸、鼻闻或品尝。
充当沟通的媒介	不管身处何方，志同道合的人（比如，进行在线拍卖和音乐文档共享）可以聚集在一起，进行商业合作。技术方便了人们进行实时的沟通，分享信息（比如，供应链中的多家公司）
全球化	互联网开辟了新的市场，人们可以在全球范围内合作，员工可以跨国协调，销售人员也能进行远程信息交换。
网络延伸	利用自动化沟通的便利，公司可以扩展市场，消费者则可以在第一时间告知他人自己的品牌感受。
跨时空	消费者对公司的沟通效率抱有更大的期望，希望公司的工作流程能够更快一些。
信息对等	公司可以对信息进行规模定制，使消费者对产品和价格等信息有更多的了解。
信息存储的可扩容性	公司可以根据需要租用数据库空间和服务器空间。数据的存储空间大。
工作的自动化	网络的自动服务功能降低了运营成本。出现了自动交易、自动支付、自动实施等功能。

（**资料来源：**改编自 朱迪.斯特劳斯，等.网络营销（第4版）.北京：中国人民大学出版社，2007.12.）

互联网技术的这些属性，不仅使得营销战略和策略得到更加有效的实施，而且帮助改变了营销活动的方式。例如，人们发明了信息数字化的方法（即传递字节，而不是原子），这样就彻底改变了信息和软件的传递方式，并且开发出了新的交易渠道。此外，由于人们能够平等地分享信息，所以对信息的控制从向厂商倾斜转变为向消费者倾斜。

105 体验营销的成功典范
——星巴克咖啡（Starbucks）

星巴克公司是美国全球咖啡公司和连锁咖啡店，总部位于美国华盛顿州西雅图市。

事实上，星巴克的发展正是充分运用“体验”的表现。星巴克除了擅长咖啡外，对于气氛管理、个性化的店内设计、暖色灯光、柔和音乐等都有独到的一面，这些因素反映了星巴克把美式文化逐步分解成体验的东西。

感官（Sense）营销

在视觉体验上，星巴克的外观建筑正是吸引消费者视觉体验原因之一。在星巴克的美国总部，拥有一批专业的设计师和艺术家，专门设计全世界所开设出来的星巴克店铺。他们会依据当地的商圈的特色设计出属于星巴克风格的店面。例如上海星巴克设定以年轻消费者为主，因此在开店时，他们会去找寻具有特色的店址，结合当地景观进行设计。例如，位于城隍庙商场的星巴克，外观就像座现代化的庙；而濒临黄埔江的滨江分店，则表现花园玻璃帷幕和宫殿般的华丽，消费者可以边欣赏外滩夜景，边品尝香浓的咖啡。

在听觉体验上，星巴克的咖啡音乐，能够充分让顾客放松心情。在美国，星巴克甚至还买下一家公司专门出版星巴克的音乐，以及专门负责挑选在星巴克中播放的音乐。

在味觉体验上，星巴克内常常会遇到店员用小杯子装一些试吃的新推出糕点、或是试喝的新口味咖啡，顾客除了感到惊奇外，也能透过这种新产品试吃及试喝的动作，帮助顾客了解这些新产品。

在触觉体验上，星巴克在桌椅及柜子甚至还包括地板

启示
Enlightenment

体验经济时代即将来临，消费者已开始从注重产品本身逐渐转变成注重使用与接受产品时的感受，中国企业若想建立一个受消费者喜爱的品牌，为顾客创造独特感受将会是第一要事，而体验营销也将成为重要的营销手法之一。

都倾向使用木质材料，让消费者感受到高雅、稳重及温馨的感觉，而星巴克的沙发更是让人爱不释手，坐起来很舒服。

在嗅觉体验上，星巴克以独创的“星巴克烘焙法”烘焙咖啡豆，以提供不同于速溶咖啡与即饮咖啡以及其它咖啡馆的重烘焙式咖啡来挑逗消费者的嗅觉，在磨豆以及煮咖啡时所散发出来的香味相当浓郁。此外星巴克内全面禁止吸烟，也严禁员工擦香水，以及绝对不采用化学香精的调味咖啡豆和不卖味道浓烈的热食及羹汤，以保全室内既浓郁又自然的咖啡香味。

情感（Feel）营销

星巴克致力推动所谓的第三好去处，让忙于工作的现代人有个可以喘息的场所；而萧兹在杂志专访中也曾经提到：星巴克就是现在生活中的绿洲，你可以一个人、也可以跟朋友或家人一起去星巴克，喝一杯咖啡、听听店里的音乐、沉浸在店里优美的环境中，重新整理自己的思绪，星巴克就是家庭与办公室之外的“第三好去处”。

思考（Think）营销

星巴克以马克杯取代传统咖啡馆的精致咖啡杯，这跳脱了“既定范畴”的作法，让消费者对星巴克有了家的感觉，因为马克杯通常是他们在家用来喝水或牛奶的杯子，又或者是播放各国语言的音乐，让消费者产生彷佛身在米兰咖啡馆的感觉，星巴克同时还附设一个可以让你自己添加的备品柜，如纸巾、吸管、砂糖、鲜奶、肉桂粉等等，让消费者感受到星巴克不只是一个咖啡馆，而是另一个家。

行动（Act）营销

星巴克为了教育中国的消费者饮用咖啡，常通过自己的店面，以及到一些公司去开“咖啡教室”，并通过自己的网络，成立了一个咖啡俱乐部，来与消费者进行互动。而星巴克的“熟客俱乐部”，除了固定通过电子邮件发新闻信，还可以通过手机传简讯，或是在网络上下载游戏，一旦过关就可以获得优惠券。

“海洋魅力号”星巴克（皇家加勒比国际游轮）

泰乌节电影娱乐城星巴克（新加坡）

资料来源：
http://news.xinhuanet.com/food/2013-07/14/c_124999520_4.htm；
http://news.xinhuanet.com/food/2013-07/14/c_124999520_11.htm

资料来源
沈巧雯. 体验营销的最佳典范——星巴克咖啡. 管理现代化，2005（4）.

关联（Relate）营销

星巴克推出的随行杯，使购买的消费者感觉自己是忠诚的“星巴克顾客”，觉得购买星巴克的咖啡是一件值得骄傲的事。他们认为，星巴克是一个充满人文气息的地方，他们藉由到星巴克消费，以提升自己的品味，并区分和他人之间的不同。

106 关系营销的先行者——马莎百货（Marks & Spencer）

启示
Enlightenment

从20世纪90年代兴起，关系营销被视为“对传统营销管理的一次革命”。马莎百货是最早（20世纪30年代）深入实施关系营销的企业，《今日管理》杂志（Management Today）曾评论说：“从来没有哪家企业能像马莎这样让顾客、供应商和竞争对手都心悦诚服”。

马莎百货（Marks & Spencer）是英国最大的连锁百货商店。1884年，米歇尔·马克斯（Michael Marks）在英国的利兹开设了一个摊铺。而后的10年中，托马斯·斯宾塞（Thomas Spencer）作为合伙人投资了300英镑。1903年，马莎有限公司正式成立。马莎百货因售卖高质量的流行服饰，广受赞誉的食品以及款式新颖的家居用品而被全球人们所熟知和喜爱。

目前，马莎百货经营的商品80%都使用一个“圣米高”牌。马莎百货的做法是：由商店从顾客中收集对于商品的意见和要求，再由马莎百货的技术开发部门进行产品创意和设计（或与制造商一起设计），然后交付制造商进行生产，最后再通过马莎百货的销售系统进行分销。因此，马莎百货就成了世界上最大的“没有工厂的制造商”。总之，几乎100%销售自有品牌是玛莎与一般零售商的最大区别。这种独树一帜的品牌策略使得自有品牌成了英国购物文化中特有的一部分，而玛莎百货也因此拥有了令人望尘莫及的品牌资产。

顾客关系

美国波士顿公园丽思卡尔顿酒店

“令顾客满意”一直是马莎百货的经营理念。顾客首先看重的是高质量、低价格的商品，这正是马莎百货孜孜以求的标准。顾客也越来越注重产品设计和售后服务，因此马莎百货也相应采取了一系列措施。近几年，马莎百货喊出了“永不满足”的口号，更加注重了解顾客需求，内部采取简单的管理结构和快速的决策机制，把重心从“如何采购”转向“如何销售”。在深入市场了解消费者需求的基础上，马莎百货与供应商一起根据消费者的需要来设计、生产商品，当然，有时也也由马莎自己亲自设计商品。这样，既大大降低了商品成本，又最大程度的满足了消费者的需求，实现了“为目标顾客提供有能力购买的高品质的商品”这一目标。

YOUR M&S

丽思卡尔顿酒店Logo

顾客购买了马莎的商品觉得不够满意可以无条件退款。对一部分顾客实行了会员制，销售专员的记录本上有会员多方面的资料，包括生日、服装号码、特殊偏好、结算账户等。马莎百货会及时以电话的形式向会员通报新品的上市，每月还会以信函的形式征求会员的意见。1999年开通的网上购物服务，又培养起一批忠实的顾客，人们对马莎百货的满意度越来越高，顾客对马莎品牌的归属感也培养出来了。

供应商关系

马莎百货对供应商的管理更是充满智慧。它与供应商之间远远超过了一般合作关系，而是成为一种同谋共事的关系，甚至可以说是生死与共的关系。马莎百货有近千家供应商，与供应商迪沃斯公司合作的时间超过了100年，超过50年合作时间的供应商也有60家以上。一方面，马莎百货严格

资料来源

马莎百货中国官方购物网站，http://www.marksandspencer.cn/about-us.html?link=the-company；杨育谋. 玛莎百货：百年老店，历久弥香. 中外企业文化，2008（3）；杨育谋. 玛莎百货：百年老店历久弥香的秘密. 连锁与特许，2008，（4）；菲利普·科特勒，等. 营销管理（第13版. 中国版）. 北京：中国人民大学出版社，2009.

要求供应商保证产品质量；另一方面，马莎百货又以帮助供应商降低成本为己任，关心供应商的技术改造和员工福利等等。

于是，这些供应商与马莎百货共同设计、制造新产品并且一起努力降低成本、一起很抓产品质量。就这样，供应商们也随着马莎百货共同发展壮大。现在，许多零售商都开始认识到，如果频繁的更换货源，零售公司就会丧失供货效率，付出大量的转换成本。因此，百货公司往往与供应商采取互相合作、双赢互利的关系模式，马莎百货就是这种合作的典范。

员工和社区关系

无论对待员工，保护环境还是服务社区，马莎百货一直恪守信誉第一的理念。

107 以内部营销为本——丽思卡尔顿（Ritz-Carlton）酒店

启示

Enlightenment

在从事服务业的公司中，内部营销十分重要。首先，公司要通过内部营销让员工满意，然后，满意的员工才会去努力工作，通过互动营销让顾客满意，最后，满意的顾客会为公司创造销售量和利润，最终让股东满意。丽思卡尔顿酒店满足三类群体需要的顺序是：员工、顾客和股东！

1927年，丽思卡尔顿波士顿酒店（The Ritz-Carlton Boston）迎来了它的第一位尊贵客人的下榻。从此，狮头与皇冠徽标便一直标志着一种华贵至尊和美丽传说般的盛情款客之道。时至今日，总部设在美国的丽思卡尔顿酒店公司（The Ritz-Carlton），已发展成为世界上著名的顶级豪华酒店管理公司。在国际高档酒店业，丽思卡尔顿被公认为首屈一指的超级品牌。丽思卡尔顿公司承诺，以精益求精、品质高贵和杰出的服务、尊贵奢华的酒店设施与精致可口的美味佳肴，长久以来一直占据它在国际一流酒店中的领先地位。

丽思卡尔顿坚持“以内部营销为本”，它清楚的认识到吸引、拥有并保持出色的员工群体是公司的首要任务。当大多数公司都只注重外部营销和外部顾客满意时，世界顶级豪华酒店丽思卡尔顿最早实施从内部入手的营销创新，提出“照顾好那些照顾顾客的人——员工”，开启了内部营销之路。

丽思卡尔顿酒店认为：并非所有的客户都是你的上帝，只有那些忠诚客户才是你真正的财富。顾客保持忠诚的时间越长，为公司带来的利润就越多，因为他们创造稳定的收入流，营销费用也会减少，而且随着顾客对公司越来越熟悉，服务顾客所需的费用也会下降；同时，忠诚的顾客还会带来关联销售——他们会向亲朋好友积极推荐。这样一群人在丽思卡尔顿酒店被称作“终生客人”。

丽思卡尔顿酒店所造就的“终生客人”传奇背后是热爱工作，高度投入，有着超高工作满意度的员工，只有他们才会千方百计地为客人创造独特难忘的亲身体验。丽思卡尔顿酒店员工薪酬虽然只是行业平均水平而已，但是它的员工平均离职率较低、只是美国同行业平均水平的1/3。其秘密在于：①在丽思卡尔顿酒店，从门童到高级管理人员，内部的轮岗制度和员工职业通道清晰，为员工的自我成长提供了全面而完善的帮助。②酒店培养员工的工作自豪感——“我们是全世界最顶尖那1%的服务人员！”。丽思卡尔顿的座右铭：我们以绅士淑女的态度为绅士淑女们忠诚服务。酒店员工将客人视为绅士、淑女，也视自己为平等的，用专业服务赢得尊重的绅士、淑女。因此，在这里工作的人们非常看重自己的价值，也认同自己是最优秀的专业人士。为此，当遇到行为不端，轻视或辱骂员工的客人时，酒店会保护自己的员工，将客人拒之门外。③丽思卡尔顿有一个闻名遐迩的规定，就是任何一位员工，无论是客房服务、门童，还是行李员，无须上级批准，都有2000美元的额度去服务有需要的客人。正是因为这个授权，客房人员会在发现客人落在房间的护照时，立刻打车到机场，从洛杉矶追到旧金山，在客

THE RITZ-CARLTON®
HOTEL COMPANY, L.L.C.

丽思卡尔顿酒店Logo

美国波士顿公园丽思卡尔顿酒店

人出国之前送还护照。酒店非常相信自己的员工，同时，员工也热爱酒店，员工也没有人滥用这笔授权。员工非常珍重酒店给予他们的权力，大家致力于在不花钱或少花钱的情况下，努力让客人得到最极致的服务，在客人遇到问题时负起第一份责任并立刻解决。

资料来源

徐汉群. 传奇服务背后的秘密. 中外管理，2012（8）；菲利普·科特勒，等. 营销管理（第13版·中国版），北京：中国人民大学出版社，2009.

108 网络营销开创者——亚马逊公司（Amazon·com）

启示

Enlightenment

亚马逊公司准确把握住了互联网技术发展趋势，抓住了商机，开创了互联网时代图书发行选购的新纪元，并使网上购物成为巨大的潜在市场。

杰夫·贝佐斯（Jeff Bezos）于1995年7月创立了“全世界最大的书店”——亚马逊公司（Amazon·com）。作为一家虚拟书店，亚马逊并不实际拥有图书，亚马逊承诺要革新零售业。

亚马逊通过比传统实体书店提供更有用的信息和更多的选择，为每位顾客提供个性化服务。读者可以评论图书，并且用1～5颗星来进行打分。然后浏览的人可以评价哪些评论有帮助，哪些没有。亚马逊的个人推荐服务聚集了顾客购买数据，因此可以推测谁将购买哪一本书。网站提供“书内搜索”功能，可以搜寻书的内容简介、目录以及开始的几页，同时顾客甚至可以搜索到12万本图书的全部内容——这大约相当于巴诺书店的全部存书。亚马逊的“一次点击式购物”，让购买者只需点击一次鼠标即可完成全部购买。

（注：巴诺书店（Barnes & Noble）是美国最大的零售连锁书店，以大型的实体零售书店闻名。）

多年以来，亚马逊已对自己的产品线进行了多样化扩展，现在销售的产品包括DVD、音乐CD、电脑软件、电脑游戏、电子产品、服装、家具、食品、玩具等。同时，亚马

亚马逊公司Logo

逊已经在加拿大、英国、德国、法国、中国和日本建立了独立网站。

为了克服产品购买和送货之间的延迟，亚马逊提供快速、便宜的送货服务。交纳79美元年费成为亚马逊高级服务Amazon Prime的会员后，亚马逊为大部分商品提供每年的无限制免费送货。虽然对投资者来说，提供免费送货和价格折扣可能损害亚马逊的盈利，但是杰夫·贝佐斯相信这一机制有效提高了顾客满意度和忠诚度，增加了消费者的购买频率。

亚马逊已经将自己定位于允许各类商家在其网站（Amazon·com）上销售商品的电子市场。它为塔吉特（Target）百货、NBA、天美时（Timex）手表、玛莎百货（Marks & Spencer）的零售网站提供运营支持。亚马逊销售额的40%来自于数以百万计的称为“伙伴”的合作者，它们是独立的商家或公司，如果它们向顾客推荐亚马逊产品并且顾客完成最终购买，它们可以在交易完成后收取佣金。

亚马逊公司的成功在于：高度细分的产品、低廉的价格、登录便捷、快速搜索和优质的产品信息。亚马逊的员工从了解客户的需求入手，然后用产品去满足客户的需求，而不是先开发一款新产品，然后为产品寻找市场。

资料来源

菲利普·科特勒，等.营销管理（第14版）.上海：格致出版社，上海人民大学出版社，2012；朱迪·斯特劳斯，等.网络营销（第4版），北京：中国人民大学出版社，2007.

后 记

本书作者在二十多年的营销教学和科研工作中发现，社会上许多消费者没有认识到营销的真正含义，普遍认为营销就是销售或促销。甚至有人认为，营销学就是传授如何低价买进、高价卖出、坑蒙拐骗、推销积压商品等的手段和伎俩。大多数消费者都对营销活动持否定态度。事实上，营销是一门发现顾客和创造真正顾客价值的科学。为了使大众能够把握营销的真正含义，对营销学有一个科学、全面的认识，我们特撰写了本书，希望它能对推动我国市场营销学知识普及工作，做点力所能及的贡献。

承蒙美国罗佑拉马里兰大学赛灵格商学院市场营销学系终身教授章启宇博士审阅了全部书稿，并为本书作序，在此谨表诚挚谢意。

本书作为2013年度云南省社会科学普及规划项目“生活中的市场营销学”的研究成果，感谢云南省社科联云南省社会科学普及规划项目经费资助本书出版。本书同时也是昆明理工大学第一批非工程领域专业学位研究生课程案例库建设项目“MBA《营销管理》案例库”建设成果之一。

本书由宁德煌和云南师范大学教育科学与管理学院张晓霞教授合作完成，张晓霞教授撰写了其中27个案例，共计6万字，余下部分81个案例由宁德煌撰写，共计19万字。在本项目研究和著作写作过程中，我们参考了国内外许多书籍和报刊资料，并且援引了一些观点，在此特向有关作者表示我们最诚挚的谢意。

感谢云南省社科联科普部主任阮凤平先生对本项目研究和著作出版的关心和支持。

感谢云南科技出版社责任编辑胡凤丽、罗璇，整体设计晓晴，责任校对叶水金，责任印制翟苑等，对本书出版的关心和支持，感谢他们为本书精心编辑出版所作出的努力和贡献。

宁德煌 张晓霞

2015年3月

于昆明理工大学莲华苑